사이클을 탄 소크라테스

SOCRATE À VÉLO

사이클을 탄 소크라테스
SOCRATE À VÉLO

최정상급 철학자들이 참가한
투르 드 프랑스

기욤 마르탱 지음
류재화 옮김

나무옆의자

차례

I 투르를 향하여

II 경기

일러두기

- 사이클 용어는 국내 사이클 동호회 및 스포츠 중계 방송에서 주로 통용되는 영어 표현으로 옮겼다. 프랑스어 원어는 각주에서 짧게 설명을 붙이기도 했다.
- 외국의 인명, 지명 표기는 국립국어원 외래어표기법을 따랐다.
- 본문의 각주는 모두 옮긴이가 단 것이다.

I

투르를 향하여

뜻밖의 소식

우리의 이야기는 12월 10일 올림피아에서 시작된다. 데뷔시즌이 시작되기 약 2개월 전, 그리스 국가대표 팀이 소집될 무렵이었다. 첫 경기일까지는 아직 많이 남아 있었다. 그렇긴 하지만 선수들은 나름대로 경기 준비에 집중했고, 다들 얼굴 하나 찌푸리지 않고 안장을 몇 시간에 걸쳐 점검했고, 가장 강한 레이싱 팀을 만들어 집단력에 승부를 걸 수 있도록 같이 뛸 그룹의 선수들을 정하느라 여념이 없었다. 산 하나가 헬라스인*들을 기다리고 있었다. 다음 해 여름, 역사상 처음으로 그들의 투르 드 프랑스**가 시작되는 것이다.

---

*   고대 그리스인을 헬레네인 또는 헬라스인이리 부르기도 힌다.

이 선수들은 세계에서 가장 큰 사이클 경기에 본인들이 참가하리라고는 상상도 못 했다. 통상적으로 보면, 2존 지역에서 경기를 하므로 방송국이 중계를 해주는 것도 아니고, 이들의 레벨은 동유럽 아니면 아시아 선수급에 불과했다. 투르 드 프랑스는 멀찌감치서, 그러니까 신문이나 그들이 주로 쓰는 서판을 통해서나 접했을 뿐이다. 이 경기는 위대한 선수나 챔피언들을 위한 것일 뿐, 그들에게는 너무 먼, 아니 결코 다가설 수 없는 하늘의 별과 같았다.

그런데 올해만큼은 경기 조직위원회가 선발 기준을 바꿨다. 세계대회라는 타이틀을 버리고, 재정 수익도 별로 개의치

**　　투르 드 프랑스(Tour de France)는 1903년 창설되어 매년 7월 프랑스에서 개최되는 세계 최고 권위의 도로 일주 사이클 대회이다. 프랑스 전역과 인접 국가를 3주 동안 일주하며, 대회 기간 및 경기 구간, 거리는 해마다 조금씩 다르다. 보통 21~23일 동안 경주하고, 대략 4,000킬로미터를 달린다. 1개의 프롤로그 구간과 20~21개의 구간으로 이루어지고, 하루에 한 구간을 달린다. 보통 파리 서쪽에 있는 어느 한 도시에서 출발하여 반시계 방향으로 프랑스를 일주한 뒤 파리 상젤리제 대로에 입성한다. 같은 그룹 선수들의 구간별 소요 시간은 모두 같은 기록으로 측정된다. 구간별 측정 기록으로 선두와 득점(포인트) 우승자를 가려 각 선수에게 색깔이 다른 경기복(프랑스어로는 '마이요', 영어로는 '저지')을 수여한다. 종합 선두는 옐로저지(노란색 경기복), 득점(포인트) 우승자는 그린저지(녹색 경기복)를 입고 다음 구간을 달린다. 평지, 중간 난이도, 고난이도 등 스테이지(프랑스어로는 '에타프') 등급에 따라 선수에게 주어지는 점수도 달라진다. 산악 구간 우승자에게는 별도로 폴카도트저지(붉은색 점무늬 경기복)가 수여되며, 구간별 총합 기록 시간이 가장 짧은 선수가 최종 우승자가 된다.

　　　　　　　　　　　　　투르를 향하여

않기로 했다. 물론 저명한 팀들을 참가시키되, 일종의 훈련처럼 국내 경기 수준 정도로 규모를 줄이기로 한 것이다. 그리스 연맹은 이 절호의 기회를 잡기 위해 초청 요청문을 보냈다.

선수들을 따라다니는 경기 관계자들은 물론 선수 자신들도 깜짝 놀랐는데, 이 요청이 받아들여진 것이다.

지원 서류는 특별히 잘 작성되어야 했다. 그리스는 근대 스포츠의 요람이 아니던가. 그들은 다양한 주행 코스, 이상적 기후, 압도적 경치 등 사이클의 발전을 위해 경기를 치를 이 새로운 참가 국가의 잠재력을 강조했다. 그리고 야망과 의욕이 넘치는 팀이 되리라 약속하는 것도 잊지 않았다.

특히, 포트폴리오 스타일이 조직위에 영향을 미쳤다. 문장이 잘 구성되었을 뿐만 아니라 논법도 완벽한 논리에 따라 전개되었다. 서류가 제출되자마자 그리스 팀 초청은 결정된 것이나 다름없었다.

더더욱 놀라운 것은 선수들 자신이 직접 포트폴리오를 작성했다는 것이다! 이러니 그들의 참여는 당연지사였고, 그들의 지성도 증명되었다. 운동선수들이 자기 소개서를 쓰려면 시간을 내야 하고, 조용히, 깊이 생각도 해야 하는데, 어떻게 그걸 할 수 있었을까? 모든 것이 호기심을 자아냈다. 더욱이 그들 대부분은 사이클 선수일 뿐만 아니라, 자신을 철학자라 부르는 자들이었다. 결정적으로, 이 그리스인들은 정말 그곳 출신이었다. 그래서 이들은 더 알려질 필요가 있었고, 그럴 자격이 있었다.

그리스 팀 초청이 공식화되자마자 미디어들은 일제히 선수들의 개인적 특성에 대한 정보를 취합하는 등 이 소규모 팀에 대한 취재에 들어갔다. 전화와 인터뷰 요청이 쇄도했고, 모두가 단독 기사를 원했다. 사안들을 정리하고 이런 사안들을 너무 분산하지 않으려면 일명 프리시즌 무대 때 공동 기자회견을 할 필요가 있었다.

세계 각국에서 온 기자와 수많은 미디어 방송 중계팀이 12월 초, 마침내 올림피아에 모였다.

오후 5시로 예정된 회견이 곧 시작될 참이었다. 신들의 영역이라는 뜻의 '르 도멘' 호텔 회의실이 일부 개조되어 기자회견 장소로 사용되었다. 아직은 비어 있지만, 긴 테이블 하나와 의자 세 개가 작은 단상 위에 놓여 있었다. 그 맞은편에는 기자들이 앉아 있었다. 호텔 로비를 지나가던 사람들도 호기심이 동했는지 몇몇은 옆에 와서 서 있었다. 벽에는 푸른 하늘색 경기복* 두 개가 다음 투르 경기를 소개하는 포스터 옆에 나란히

---

*   사이클 선수들이 입는 경기복을 프랑스어로는 '마이요(maillot)', 영어로는 '저지(jersey)'라고 한다. 마이요는 원래 배내옷을 뜻하다가 타이즈처럼 몸에 꽉 끼는 옷을 가리키며 운동선수들의 경기복을 뜻하는 단어로 굳어졌다. 저지는 직물 천 이름에서 파생했다. 투르 드 프랑스 우승 종목 및 우승

붙어 있었다.

시간이 되자, 그리스 팀을 대표하는 선수 세 명이 무대 단상으로 올라왔다. 맨 앞에는 살짝 벗겨진 이마와 자신의 오랜 경험을 드러내듯 다소 심술궂은 눈을 한 소크라테스가 보였다. 카르파티아 라운드와 펠로폰네소스 투어에 참가해 이미 여러 차례 우승한 바 있는 소크라테스는 이론의 여지 없이 팀 리더였다. 그의 충실한 부관인 근육질의 플라톤이 뒤를 이어 입장했다. 플라톤은 권투 선수를 하다 최근 사이클로 종목을 바꾼 터였다. 고원에서 '바람을 몽땅 들이마셔야' 할 때, 소크라테스에게 없어서는 안 될 소중한 도움을 줄 선수였다. 마지막으로 아리스토텔레스가 등장했다. 긴 이빨을 자주 드러내는 야심만만한 청년으로, 그의 전략전술은 이미 특별히 세련되고 정련된 것이었다. 그는 지난해 열린 마케도니아 투어를 통해 이름을 알렸는데, 특히 명성 높은 스테이지에서 우승을 거머쥐기 위해 주요 구간들 위주로 집중 공략한 게 주효했다.

기자들의 질문을 선별해서 받아도 해가 저물 때까지 회견이 끝나지 않을 것처럼 보이자, 소크라테스는 슬슬 불안해지기 시작했다. 오전부터 다섯 시간이나 달렸고, 내일 또 여섯 시간을 달려야 한다. 이런 인터뷰에 응하느니 차라리 마사지

자를 가리킬 때만 국제적으로 통용되는 '저지'를 쓰고 일반적인 표현에서는 '경기복, 운동복' 등으로 옮겼다.

에 응하고 싶었다. 하지만 다른 선택지가 없었다. 경기에 참여한 이상, 미디어에 노출되는 것도 받아들여야 했다. 이것도 그 직업의 일부였다. 지금은 겨울 인터뷰이기라도 하지, 그리스 선수들을 기다리고 있는 7월의 뙤약볕 인터뷰에 비하면 이건 아무것도 아니었다.

선수와 등번호

"인간은 매일매일 발명된다."
— *사르트르*

그 견해를 다 받아들이는 건 아니지만, 사람들은 일반적으로 스포츠인은 다소 우둔하다고 생각한다. 그러나 운동선수만큼 꿈과 희망을 주는 자가 어디 있는가. 국가와 클럽을 빛나게 해주는 건 또 어떻고. 그러니 그들의 어눌한 말은 좀 봐줄 수 있다. 인터뷰 중 단어 세 개를 간신히 배열하는 축구 선수를 보면 사람들은 킥킥댄다. 축구 선수가 발재간만 있으면 됐지 말까지 천재적으로 잘해야 하는가. 다리만 제대로 붙어 있으면 됐지 머리가 대수일까. 결국 스포츠인의 지성 문제는 굳이 입 밖으로 잘 꺼내지 않는다.

사람들이 운동선수들 머릿속에 무엇이 들어 있는지 굳이 알려고 하지 않는 것이 나로선 그렇게 놀라운 일이 아니다. 오히려 그것이 이치에 맞는다는 생각이 든다. 왜냐하면 스포츠는 어떻게 말하든 간에 우선은 몸의 사안이기 때문이다.

반면 내가 놀라는 것은, 스포츠인이 지적일 수도 있다는 것에 사람들이 놀란다는 사실이다. 사이클 선수가 프랑스 퀼튀르*를 들으면 좀 엉뚱하다고 생각한다. 인문학을 하는 운동선수가 있으면 유난히 부각된다. 사실 이런 게 나를 더 화나게 한다. 스포츠 선수는 사색하고 성찰하는 능력이 없을 거라는 모종의 편견이 작동하고 있기 때문이다. 그런 자질은 그에게 부여된 게 아니라는 식이다. 그가 잘 해야 하는 것은 달리고, 뛰고, 던지고, 페달을 밟는 거지! 스타디움의 선수는 일종의 움직이는 기계로, 자기 종목에서 프로면 됐지 다른 존재 양태에 굳이 관심을 가질 필요는 없다는 뜻이기도 하다. 실상 이것은 스포츠 선수가 한 인간 존재라는 사실을 망각한 것이다. 그의 인생이 등번호로 요약되는 건 아니잖은가.

사이클 선수이면서 동시에 철학자라고 하면 사람들이 필시 놀라고 재밌어할 텐데, 어쩌면 철학자의 표상이 짧은 반바지로 나타나서이기도 할 것이다. 레스토랑에서 웨이터를 볼 때 그 기능만 생각하지 일일이 개성을 지닌 사람으로 보지는 않는 것처럼, 사이클을 타고 달리는 선수는 자전거 위에 있는

---

*   프랑스 공영 라디오 방송 채널로, 문학, 철학, 역사, 사회, 예술, 문화 등을
     주로 다루는 교양 채널이다.

하나의 몸일 뿐 다른 게 아니다. 더욱이 사이클 선수가 자기 직업이 아닌 다른 분야에 열정을 갖고 있다면, 아마추어리즘으로 볼 것이다. 월등한 수준의 프로 스포츠 세계에서는 다른 활동을 일절 배제한다.

그렇지만 자전거에서 일단 내려오면 삶을 살아야 하지 않는가. 봄을 가지고 하는 다른 직업과 마찬가지로 사이클 선수가 아주 다양한 프로필을 갖는 건 그렇게 이상한 게 아니다. 사람들이 다들 그러는 것처럼 선수들도 자기만의 특성을 갖는다. 나는 영화광인 사이클 선수도 알고 있고, 현대 미술 애호가인 사이클 선수도 알고 있다. 훈련 후 여가나 취미로 농장에서 하루 종일 일하는 선수도 알고 있다. 누구는 굉음을 내며 달리는 멋진 스포츠카를 좋아하고, 누구는 시골의 조용한 공기를 좋아한다. 어부, 힙스터, 로커. 하나의 펠로톤*을 만들기 위해서는 모두가 다 필요하다.

물론 사회적 요인도 작용한다. 자전거를 타는 이 대가족 안에 경영자의 자제보다 농부의 자제가 더 많은 건 사실이다. 물론 별로 흥미가 당기지 않는 그저 그런 사람들도 있다는 것을 굳이 감추지 않겠다. 어디나 허튼사람이 있는 법이니까. 하

---

* peloton: 프랑스어로는 원래 '실 뭉치'라는 뜻인데, 사이클 선수들이 수십 명씩 모여 달리는 형태를 뜻한다. 공기 저항을 덜 받기 위해 이렇게 한 무리로 모여 달리는데, 펠로톤의 중앙을 파고들기 위한 치열한 몸싸움이 벌어지기도 한다.

기야 세상에서 가장 흔한 게 허튼짓이니까.

그럼에도 내 작은 경험으로 말하건대, 사이클 선수 중에는 충분히 알려질 만한 독특한 이력을 가진 사람이 상당히 많다. 문제는 이런 사람들을 새로 찾아내는 게 아니라 매번 똑같은 휴먼 스토리를 지겹게 반복한다는 것이다.

내가 처음 출전한 2017년 투르 드 프랑스 때, 당시 언론들은 나의 스토리에 제법 관심을 표했다. 뒤셀도르프로 출발하기 며칠 전이었는데, 『리베라시옹』의 기자였던 피에르 카레가 일종의 내 프로필을 만들어주었다. 아마추어 시절부터 나는 피에르를 알고 있었고, 지금까지도 그와 우정을 맺고 있다. "마르탱, 핸들 잡은 니체". 그가 쓴 기사 제목은 아주 그럴 듯했다. 기욤 마르탱, 프로 사이클 선수, 철학 석사. 틈틈이 쓴 몇 편의 연극 시나리오 작품이 있음. 이 프로필에 대해 내가 더 덧붙일 말은 없다. 감사할 뿐이다. 아니, 이 기자가 보여준 철학적 지식과 그 정확함에 나는 깊은 인상을 받았다. 철학에 대한 지식에 기반을 두고 나를 정확히 파악했기 때문이다.

이어 나에 관한 기사가 다른 몇몇 잡지에 실렸고, 그 덕분인지 한 라디오 아침 방송과 인터뷰가 잡혔다. '기사를 쓰기 위해서'라며 다른 기자들에게서도 연락이 왔다. 뒤이어 같은 기사들이 나오고, 또 나오고…… 한마디로, '인텔리 사이클 선수'를 둘러싼 취재 열기가 잠시나마 불어닥친 셈이다.

며칠 전 나는 한 과학적 연구에 대해 듣게 되었다. 미디어 및 언론 기사들의 독창성이 어느 정도인지 정량화한 연구였는데. 결과는 좀 충격적이었다. 인터넷 기사의 64퍼센트가 이른바 '복붙'(복사 후 붙여넣기)이었다. 연구가들은 언론들이 서로 돌아가며 기사를 베낀다고 설명했다. 어떤 정보가 도처에 퍼지려면 신문이나 유명 사이트에 한 번만 나와도 충분하다는 것이었다. 나도 바로 그런 요지경 속에서 미디어를 탔던 것이다.

올림피아 기자회견

선수들이 자리에 앉자 회견은 시작되었다. 첫 번째 기자가 한껏 예의를 갖춰 시합 준비는 어떻게 했느냐고 질문했고, 두 번째 기자의 질문으로 이어졌다.

"모든 사이클 선수의 꿈의 무대인 투르 드 프랑스에 처음 참가하시게 되었는데, 소감 한마디 부탁드립니다."

"제 나이로 보나 이력으로 보나, 기대도 안 했습니다." 소크라테스가 꾸밈없는 투로 대답했다.

"제 나이로 봐선 유망한 일이었죠." 아리스토텔레스는 장담하듯 말했다.

플라톤은 늘 정확하게 말하는 인물이라, 자신의 나이로 보면 적기이고 절호의 기회가 왔다고 설명했다. 그리고 덧붙였다.

"사이클 경기 하면, 곧 투르 드 프랑스입니다. 대중들이라면 달력에 이 경기 말고 다른 걸 적어놓을 수가 없습니다! 저는 제 자유 시간에는 사이클 센터를 운영합니다. 일종의 아카데미*죠. 사이클 문화가 그다지 발전하지 않은 나라, 그러니까 그리스를 비롯한 그 밖의 다른 나라에서 온 젊은 선수들을 돕고 실력을 향상시킬 목적으로 만든 겁니다. 젊은이들이 저에게 자주 묻더군요. 투어에 참가해본 적이 있느냐고요. 그러면 전 그들에게 '당연하지!' 하고 대답해줍니다. 이미 펠로폰네소스 투어에 여러 번 참가했으니까요. 그러면 우리 젊은이들이 갑자기 웃음을 터뜨립니다. '투어가 아니라 투르라면서요!' 프랑스에서 열리니까 투어가 아니라 투르라고 해야 한다나요? 저는 이제야 비로소 우리 아카데미 젊은 선수들에게 '그래요, 난 정말 투르에 참가했어요!' 하고 대답할 수 있게 되었습니다. 그러니 얼마나 기쁩니까!"

"저도, 저의 첫 운동 감독이셨던 아낙사고라스 선생님께서 해주신 말이 생각나는군요." 기자들이 플라톤의 말을 받아

---

* 아카데미는 원래 플라톤이 철학을 가르치기 위해 만든 모임으로, 기원전 387년 시작되어 기원전 86년까지 존속한 것으로 알려져 있다. 아카데미에는 정원과 회랑이 있었고, 바로 가까이에 영웅 아카데모스의 무덤이 있었다. '아카데미'라는 용어는 이 영웅 이름에서 파생했다. 플라톤과 아리스토텔레스가 이 아카데미에서 기르쳤디.

적고 있는 사이 소크라테스가 끼어들며 한마디 거들었다. "'승리 후 월계관을 써도 자만하지 말라.' 선생님께서는 늘 이 말을 반복하셨죠. '진정해라. 투르 드 프랑스에 출전하지 않았다면 아직 진정한 선수라 할 수 없다.' 7월 이후면 저도 이제 진정한 선수가 되었다고 말할 수 있게 됩니다."

기자들의 입가에 미소가 흘렀다. 기자들은 왠지 모르게 이 그리스 선수들이 마음에 들었다. 약간 튄다고 할까? 거기 모인 여느 사람들과는 달라 더욱 좋았다. 이건 분명 특종이다!

투르에 처음 참가한 이 팀의 야망과 포부에 관해 '좋아, 빨리 가자!' 하고 신속히 넘겨도 좋을 두세 개의 질문이 있은 후, 좀 낯가죽이 두꺼워 보이는 한 젊은 기자가 다들 머릿속으로 생각만 하고 입 밖으로 꺼내지 못하고 있던 주제를 마침내 던졌다.

"모두들 철학자라고 들었습니다. 우리가 그리스에 있다는 것을 저도 잘 압니다. 사이클 선수이자 철학자, 아니면 철학자이자 사이클 선수인 것이 독특하다고 생각하시는지요? 어쨌든 그렇다면 우리는 여러분을 어떻게 불러야 합니까? 시클로조프*?"

이 기자는 자신의 신조어를 내심 자랑스럽게 여기는 것

---

*   Cyclosophe: 자전거를 뜻하는 '사이클'(cycle)과 철학자를 뜻하는 '필로조프'(philosophe)의 끝말 '조프'(sophe)의 합성어이다.

같았고, 동료 기자들 앞에서 으스대듯 말했다.

"맞소. 우리가 철학에 관심이 있는 건 사실이오. 만물이 질서정연하듯 우리도 그런 방식으로 성찰하오." 소크라테스가 다소 차갑게 대답했다. "그러나 우리는 무엇보다 우선 라이더요. 우리를 사이클 선수 플라톤, 아리스토텔레스, 소크라테스라 불러주시오. 우린 그에 대해선 재론하지 않겠소."

"너무 겸손하신 말씀입니다. 탁월한 기량의 스포츠와 철학의 실천을 결합하는 것이 아무것도 아니라는 것처럼 말씀하시는군요. 그건 아무것도 아닌 게 아닙니다!" 소크라테스의 답이 약간 찬물을 끼얹은 것처럼 느껴졌는지 이 젊은 기자는 소크라테스의 말을 물고 넘어졌다.

그러자 또 다른 기자가 질문을 쏟아냈다. "그건 그런데 언제 철학할 시간을 마련하십니까? 자전거 위에서도 철학을 하십니까?"

소크라테스는 인터뷰가 이상한 방향으로 흘러가자 약간 당황했다. 경기에 초청된 팀원의 명단이 발표된 후부터 사람들이 자신에게 이상한 시선을 던지고 있다는 것을 느끼던 참이었다. 말하자면 매혹과 몰이해가 뒤섞인 시선이었다. 자신의 답을 기다리고 있는 청중은 별로 신경 쓰지 않고 소크라테스는 속으로 생각했다. '철학은 시간을 내서 하는 활동이 아니야. 생각한다는 건 선언되는 게 아니야. 철학은 솟구치지. 그건 삶의 예술이야. 생각은 내용만이 아니라 양식이기도 하지. 이런 생각의 양식이 왜 사이클의 삶과 양립 불가능하다는 거지?'

생각에 잠긴 소크라테스를 본 아리스토텔레스가 이어받았다.

"물론 자전거 위에서 생각할 때도 있죠! 생각하는 데 시간과 장소가 따로 있어야 하는 건 아닙니다. 생각은 모든 것에 관개(灌漑)하죠. 아니, 차라리 이렇게 말하겠습니다. 자전거는 생각하는 데 도움이 된다고요. 플로베르는 '생각은 앉아서만 할 수 있는 것'이라고 말했죠. 니체는 플로베르와 반대로 말합니다. '걸으면서 하는 생각만이 어떤 가치가 있다.' 아, 그렇다면 자전거는 두 조건을 하나로 모을 수 있으니 니체와 플로베르가 절충되지 않겠습니까. 페달링을 할 때 우린 앉기도 하고 동시에 걷기도 하니까요! 따라서 철학을 하려면 자전거를 타야 합니다!"

이러한 추가 답변에 약간 당황한 기자들은 그래도 급소를 찌르는 마지막 구절을 얼른 받아적었다. 한편, 플라톤은 반론을 제기하고 싶어 하는 것 같았다.

"아리스토텔레스, 난 자네만큼 그렇게 열광적이진 않아. 물론 자전거 위에서도 우리 정신은 자유롭게 배회할 수 있지. 순간적으로 어떤 철학적 직감이 생기기도 하고. 하지만 어쨌거나 사이클 훈련을 할 때는 정밀하고 논리적이며 이성적인 추론에는 집중이 잘 안 되지. 신체 훈련 중에는 어쩔 수 없이 지적 활동이 둔화되네."

"아, 친애하는 플라톤, 당신에게 신체는 정신을 가두는 감옥, 아니면 '무덤'에 지나지 않는다는 것을 저도 잘 알고 있습니다." 아리스토텔레스는 몸이 달아올랐다. "감각을 그저 지성의 창백한 반사체 정도로 여기는 것도 잘 알고 있죠. 당신의 실손에 있어 스포츠는 그저 적당한 자리를 차지할 뿐이군요. 사이클을 애호하는 정도로 타고 있을 뿐이라는 것을 저는 알고 있습니다. 당신은 자신으로부터 자유롭죠. 하지만 이건 아셔야 합니다. 투르 시합에 나가고 싶지 않을 수도 있지만, 그 시합에 나가기를 꿈꾸는 수많은 젊은 선수들이 있다는 것을 말입니다. 그렇게 오래된 일이 아니지만 고등학교 때 저는 체육과 공부를 병행하는 반에 있었어요. 그래서 말씀드리는데, 우리들은 라이딩을 하면서도 철학을 했어요. 더욱이 우리는 우리를 '소요학파'라 부르며 좋아했습니다. 산책하는 철학자 아닙니까. 우리의 사색은 스포츠 활동을 통해 더욱 풍요로워졌죠. 철학 개념 하나에 집중을 하면서 페달을 밟고 나면, 훨씬 그 개념이 명징해지죠. 공부는 우리를 스포츠 활동에서 한발 물러나 객관적으로 상대화해 스포츠를 다시 보게 만듭니다. 저는 아직도 이런 철학을, 그러니까 실천 지향의 철학을 공유하는 고등학교 친구들이 많아요. 투르에 참여한 사실이 지성인으로서의 눈부신 이력에 그다지 도움이 안 될까 봐 걱정이라면, 제가 수크라테스 선생님께 그들의 의향을 살짝 전할 수도 있습니다. 이번 7월, 그들도 선생님과 함께 달리면 정말 좋겠다고 말입니다."

"아니, 그게 무슨 소린가?" 플라톤은 자기 자리가 약간 걱정이 되어 반박했다. "당연히 나는 투르에 가고 싶지. 소크라테스를 돕기 위해서라도 가야 하네. 나는 나의 스포츠를 사랑하네. 내가 그것을 사랑하는 이유도 확실히 있네. 사유를 더 잘하게 해주거든. 훈련으로 인한 신체적 피로로 가끔은 몸뚱아리가 다 성가셔질 정도라네. 기력이 확 떨어지지. 그런데 내 지성은 바로 그때 비로소 자유로워져 다시 살아난다네. 이해하지? 안 그런가?"

반박하던 기자들은 갑자기 공손해져서 이를 인정한다. 사실, 그들이 다 이해한 것은 아니지만 이쯤이면 됐다 싶은 것이다. 그게 그렇게 중요한 것도 아니고 일단 주제는 잡혔으니 말이다. 스포츠에 대해 성찰하는 능력, 가끔 급발진하기도 하지만 대화를 할 줄 아는 기술, 그리고 그리스인 특유의 기교 섞인 미문으로 자신의 생각을 표현하는 방식. 이 모든 것이 노이즈 마케팅을 하기에 딱 좋다. 이제 연출만 잘하면 되는 것이다.

세 명의 기자가 그들 머릿속에 있던 것을 보완하기 위해 몇 가지 질문을 던졌다. 경기 중 킬링타임용으로 선수들이 들고 다니는 책이 있다면 어떤 책이냐, 경주를 할 때 전략적 관점에서 유용한 철학이 있다면 어떤 거냐. 아리스토텔레스와 플라톤은 상대가 하는 말은 신경 쓰지 않으면서* 차례로 대답했다.

그런데 소크라테스는 시종일관 마치 거기 없는 사람**처럼 아무 말도 하지 않고 있었다. 더욱이 몇몇 기자들은 그가 거기 있다는 것을 까마득히 잊고 있었다.

아리스토텔레스와 플라톤은 소크라테스가 그렇게 자주 없는 사람처럼 있는 것에 익숙했다. 설명을 하다 갑자기 중간에 말을 멈춘다거나 아예 모습을 감추는 것도 잘 알고 있었다. 그러니까 이게 '그의 악령***'이 그러는 것이라는 말인데. 기자들은 아리스토텔레스와 플라톤이 주고받는 말에 몰두하느라 이 세 번째 선수에게 신경 쓸 틈이 없었다.

기자회견이 거의 막바지에 이르러 하나둘 가방을 싸기 시작할 때, 소크라테스가 약간 잔기침을 하더니 장난기 있는 모습으로 좌중을 향해 질문을 던졌다.

---

*   플라톤과 아리스토텔레스의 철학이 서로 상반되거나 대치됨을 암시한 표현이다.
**   소크라테스는 '아토포스'(atopos)라는 별명으로 불렸다고 한다. 아토포스는 '토포스(몸, 형체)가 없는'이라는 뜻으로, 특정한 범주에 넣을 수 없고 그 누구와도 잘 비교되지 않는 특이한 인물이라는 점에서 소크라테스는 서양 사상사 최초의 개인이었다고도 할 수 있다.
*** 소크라테스가 자신을 가리켜 자주 했던 말로, 악령(daimôn)은 인간과 신 중간쯤에 있는 것으로 그에게 어떤 영감을 주는 정령(좋거나 나쁘거나)이다. 소크라테스는 자신이 알지 못하는 것에 대해서는 안다고 생각하거나 믿지 말라는 조언을 하면서, 때로는 이성이 아닌 악령의 자신이 생각하고 말하고 있다고 보았다.

"이 대회의 세계 최정상급 선수들과 우리가 경쟁할 수 있을 거라 생각합니까?"

기자들은 좀 놀랐지만, 이어 이해한다는 뜻의 미소를 지어 보였다. 문제는 그게 아니었다. 어디에서 왔건, 어쨌거나 이 그리스 팀이 세계 최고의 사이클 경기에 참여한다는 것 아닌가. 그 자체로 이미 대단하지 않은가! 그리스의 두 선수는 소크라테스가 이렇게 중간에 끼어들어 질문하는 것에 약간은 놀랐다. 그러나 소크라테스는 아까 지었던 미소를 그대로 유지한 채 팀 동료들의 시선에 아랑곳하지 않고 다시 똑같은 질문을 했다.

"여러분, 우리가 이 대회의 세계 최정상급 선수들과 경쟁할 수 있을 거라 생각합니까?"

철학자 소크라테스는 질문에 답하는 것을 좋아하지 않는다. 그는 그런 것에 익숙하지 않다. 반면에 그는 질문하는 것을 좋아한다.

소크라테스는 그저 사이클 선수일 뿐, 선수이자 철학자라는 두 가지 타이틀로 자신이 소개되는 것을 원치 않는다. 그저 실력으로 평가받고 싶은 것이다.

그는 투르 시합을 목표로 하되, 두 배는 더 열심히 준비하리라 결심한다. 7월 시합에서 펠로톤을 이끌 위대한 리더의 수준에 도달하기 위해.

투르를 향하여

나는 왜 이 책을 썼는가

"진지해지기 위해서는 놀아야 한다."
— 아리스토텔레스

불평하는 건 아니다. 첫 투르 출전 때 나를 둘러싸고 생긴 이느닷없는 노출을, 그러니까 이 작은 '노이즈 마케팅'을 나는 십분 활용했다. 이런 게 나를 알리는 데 다 도움이 되었다. 분명 나는 '사이클 선수-철학자'라는 캐릭터를 약간 과장하기도 했다. 하물며 온갖 사연을 목도하며 후광으로 둘러싸인 그 대단한 '깃털 펜'을 날리는 자들과 가까이 지낼 때는 그것을 즐기기도 했다.

이 모든 놀이가 나를 즐겁게 해주었으나, 얼마 못 가서 지겨워졌다. 어떤 몇몇 기자들은 『리베라시옹』에 나온 첫 기사를 그냥 재탕하기를 원하는 것 같다는(아니, 재탕할 수밖에 없다는) 생각이 들었다. 피에르 카레가 예전에 내게 했던 질문과

거의 비슷하거나 아예 똑같은 것만 물어왔다. "자전거에 대해 어떻게 생각하십니까?" "사이클 선수라는 직업 속에서 철학은 당신에게 무엇을 가져다줍니까?" "투르 경기를 나갈 때 어떤 책을 가져가십니까?" "스테이지 경기를 마치고 나면 책 읽는 시간을 따로 가지십니까?" 같은 질문.

선수의 일상과 그 일상이 주는 느낌에 매료될 수 있다는 것을 나는 충분히 이해한다. 문제는 그 답의 대부분이 이미 처음 나간 기사에 쓰여 있는데, 나를 인터뷰하는 기자들이 매번 그걸 참조해 똑같이 질문한다는 것이다. 내가 좀 다르게 대답할 수도 있다는 생각을 과연 하기는 할까? 내가 가져온 세 권의 책 가운데 그때그때의 욕구에 따라 또는 인터뷰하는 기자에 따라 어떤 책을 다른 책보다 더 강조할 수도 있다. 그러나 전체적으로 보면, 나도 항상 거의 똑같은 발언을 하고 있었다. 가끔은 같은 단어를 쓰기도 했지만.

흔히 자전거 위에 앉아 있는 사이클 선수를 기계처럼 묘사한다. 사실 이런 비교는 카메라와 마이크 앞에 앉아 있는 선수와 비교하는 것이나 마찬가지다. 방송 채널을 상대하는 사이클 선수가 자동적으로 응답하는 기계처럼 되지 않는 것도 쉬운 게 아니다. 인터뷰가 이어지면 이어질수록 자동기계처럼 되지 않기란 거의 불가능하다. 인터뷰에 무슨 알고리즘이 작동하는지 매번 그 질문에 그 답이다. 나는 예전에 배우들이 영화 개봉 전 홍보를 위해 무대 인사를 나가면 지치지도 않고 매번 같은 에피소드를 말하는 것을 비웃은 적이 있다. 이제는 그 배우들이 이해가 간다. 언론 플레이란 시간이 지남에 따라 평이하고 무미하며 인위적이고 몰개성적인 것을 주구장창 떠드는 일과 다르지 않다.

하지만 이미 말했듯이 나는 투르 경기 때 촉발된 미디어 노출을 활용했다. 특히 『레퀴프』*의 유명한 기자인 필리프 브뤼넬의 소개로 그라세 출판사와 접촉하게 되었다. 브뤼넬은 이미 그 출판사에서 책을 낸 바 있었다. 샹젤리제**에 도착한 바로 그다음 날 그 출판사와 약속이 잡혔다. 출판사는 형식이나 내용 모두 완전히 내 재량에 맡긴다면서 나에게 책 한 권을 써보면 어떻겠냐는 제안을 했다. 나는 바로 수락했다. 왜냐하면 책을 쓰면 기계적 논리에 따라 알고리즘처럼 반복되는 인터뷰로부터 빠져나올 수 있고, 내 나름의 뉘앙스와 방점을 찍어 나를 잘 표현할 수 있을 것 같았기 때문이었다.

그렇다면 이 책은 왜 필요한가? 우선, 대중들이 스포츠 선수, 특히 사이클 선수를 인식하는 방식에 대해 이의제기를

---

* L'Équipe: 프랑스의 일간 스포츠 신문. 『레퀴프』의 전신인 『로토』 (L'auto)가 1903년 신문 판매량을 늘리기 위해 투르 드 프랑스 경기를 처음 개최했다. 노란색 경기복은 1919년 대회 때부터 착용했는데, 노란색은 당시 노란색 종이를 써서 인쇄하던 이 신문사의 상징이었다.

** 투르 드 프랑스의 최종 도착지.

하고 싶어서다. 내가 보기에 그들의 인식은 너무 과장되어 있거나 단편적이다.

원인은 오늘날 스포츠 이벤트를 둘러싸고 벌어지는 모든 미장센 때문이다. 간혹 우리 같은 운동선수를 동원해 흥행 요소를 갖춘 장터 등 상품 전시장이 들어선다. 물론 이것은 사람들의 이목을 끄는 등 좋은 측면도 있다. 그러나 별로 좋지 않은 측면도 있다. 투르 경기 때 선수들을 둘러싸고 무슨 7월의 대종교 집회가 있는 것처럼 과잉된 열기가 조성되어 선수들은 판매 상품이 된 것만 같은 기분을 느끼게 된다. 마치 종합 성적에 따라 자산 평가를 받는 상품이 된 것처럼 말이다.

전 스포츠계가, 특히나 사이클계는 카테고리를 나누고 라벨을 붙여 일반화해 보급하는 것을 아주 좋아한다. 히메네스*가 산악 구간에서 긴 브레이크어웨이**를 해냈다? 그렇다면 화려한 깃털 장식 선수. 오카냐***가 공교롭게도 경사가

---

* José María Jiménez(1971~2003): 스페인의 사이클 선수로, 특히 산악 구간에서 강세를 보였다. 2003년 마드리드에서 심장 마비로 사망했다.

** 프랑스어로는 '에샤페'(echappée: 이탈자, 탈주자)라고 하는데 브레이크어웨이(break away)로 많이 쓰인다. 공기 저항을 최소화하기 위해 선수들은 하나의 덩어리(펠로톤)로 뭉쳐 달리지만, 이런 이점을 포기하고 앞으로 뛰쳐나오는 것 또는 이렇게 하는 선수를 가리킨다.

*** Luis Ocaña(1945~1994): 스페인의 사이클 선수로, 1973년 투르 드 프랑스 최종 우승자이며, 프로 선수로 활동한 1968년부터 1977년까지 크고 작은 경기에서 110번의 우승을 거머쥐었다.

심한 구불구불한 길에서 넘어졌다? 그렇다면 불운한 내리막 길을 잘 달리는 선수. 피뇽*은 안경을 썼다? 그렇다면 펠로톤의 인텔리. 풀리도르**가 매번 앙크틸***에게 패했다? 그렇다면 영원한 2등.

스포츠 선수들이 캐리커처화 되는 것은 어쩌면 당연한데, 그렇게 노출되고 전시되기 때문이다. 그런데 얄궂게도 그냥 가끔 무의식적으로 그렇게 되긴 하지만, 많은 선수들이 사람들이 붙여준 라벨에 자신을 맞추게 된다. 일종의 위험한 사기충족예언****처럼 되는 것이다. 공격수라는 자신의 위상을

* Laurent Fignon(1960~2010): 프랑스의 사이클 선수로, 1983년과 1984년 두 번을 연이어 투르 드 프랑스에서 우승했다. 은퇴 후 사이클 경기 자문위원이자 해설위원으로 라디오와 텔레비전에 자주 출연했다.

** Raymond Poulidor(1936~2019): 프랑스의 사이클 선수로, 대중적 인기는 있었지만 1962년부터 1976년까지 프로 선수로 활동하는 동안 한 번도 우승하지 못했으며 옐로저지를 한 번도 입어보지 못했다. 투르 드 프랑스의 '영원한 2등'이라는 별명이 생겼다.

*** Jacques Anquetil(1934~1987): 프랑스의 사이클 선수로, 1953년부터 1969년까지 프로 선수로 활동하는 동안 셀 수 없을 정도로 수많은 상을 거머쥐었고, 사이클 경기 사상 가장 위대한 선수이자 거의 전설로 불리고 있다.

**** 20세기 초 활동했던 사회학자 윌리엄 토머스가 처음 쓴 말. 나쁜 일이 벌어질 거라고 예언하면 정말 나쁜 일이 벌어지고, 좋은 일이 벌어질 거라고 예언하면 정말 좋은 일이 벌어질 수도 있다는 것으로, 우리가 어떤 상황을 마음속에서 '실제'라고 결정해버리면 그 결과와 상황이 실제가 될 수 있다는 뜻이다

확신하기 위해, 히메네스는 브레이크어웨이에 실패할 게 뻔한 구간에서도 계속해서 브레이크어웨이를 하려고 할 것이다. 피농은 항상 지식인처럼 안경을 쓰고 페달을 밟을 것이다. 오카냐는 자신감 부족으로 내리막길은 늘 힘들어할 것이다. 그리고 푸푸, 그러니까 우리의 '영원한 2등'은 옐로저지를 한번도 입어보지 못할 것이다. 이렇게 한 방향으로 정해진 표상이 생기면 생각도 고정되어버린다.

결국 각자 가면 하나씩을 쓰고 있는 셈이다. 진짜 본래의 자신이 누군지 모른 채 실제는 감추고 환상은 드러내면서 말이다.

분명히 해보자. 사이클 경기, 대대적인 미디어 홍보, 이 대축제에 참석하는 관중, 이 모든 것이 이런 규칙을 모두가 알고 있다는 조건하에서 진행된다는 것은 나도 인정한다. 장터에 나온 가축처럼 이리저리 살펴봐도 좋다. 하지만 제대로 알고 합당하게 해야 한다. 상투적 일반화나 클리셰는 진실의 일부일 뿐이다. 덩어리째 다 거부하는 게 아니라, 다만 이런 것들이 부분적 진실에 불과하다는 것을 알아야 한다는 말이다. 어떤 사람에 대해 말할 때 보통 이런 식이다. "그 사람은 이래" 또는 "그 사람은 저래". 이렇게 성격을 규정하는 것은 말하는 방식에 불과하다. 이렇다 저렇다 할 때 부과되는 서술어 '-이다'는 유용한 언어 요소에 불과하다. 왜냐하면 사물과 달리 인간은 '-이다'로 존재하는 게 아니라, '-이게 되다'로 존재하기 때문이다. 그 정체성은 늘 모호하고 불안정하며 변화한다. 죽음이 닥치지 않은 이상 인간은 진정으로 '-이다'로 존재한다고 말할 수 없다. 사이클 선수로 태어나거나 철학자로 태어나는 것이 아니다. 사이클 선수이자 철학자로 태어나는 것도 아니다. 그저 그것이 되어가는 것이다.

이런 전제가 인정되어야 비로소 이런저런 정체성 따위를 즐겨볼 수 있을 것이다. 사이클 선수-철학자 놀이를 하는 게 가능해질 수 있다는 것이다. 일반화, 고정화, 상투화 같은 것들을 가지고 곡예를 하듯 재주를 부려볼 수도 있다. 그러면 거기서 새로운 것이 틀림없이 튀어나올 것이다. 진실, 질문, 설명과 해명, 익살과 농담 같은 것들.

어떤 독자들은 앞부분에 내가 발제해놓은 사르트르나 시몬 드 보부아르의 말을 떠올릴지 모르겠다. 이 책 내내 철학 문제가 제기될 것이다. 하지만 철학에 대해 거의 모르거나 아예 모르는 사람이라도 겁먹지 않아도 된다. 사르트르가 사이클 라이더라고 실제 믿는 사람이 있어도 괜찮다. 철학은 흔히 아주 진지하고 준엄한 표정을 짓고 있지만 사실 그것도 일종의 놀이 형식이다. 이 책도 마찬가지다.

어떤 승자도 우연을 믿지 않는다

1월 26일 목요일 아침 7시 반. 투르 드 프랑스가 시작되기 6개월 전이다. 선수는 기상해서 시즌 첫 시합인 그랑프리 데 되클로셰*가 시작되는 다음 주 일요일까지 '즙을 짜내기' 전의 마지막 강도 높은 훈련을 한다.

일어나니 다리가 약간 쑤시지만 정상적인 반응이다. 전날 특별히 속도를 높여 야외 훈련을 하면서 '안을 파고들듯' 훈련했기 때문이다. 하지만 여기에 만족해서는 안 된다. 피로해도 이 마지막 어려운 훈련을 해내야 한다. 그래야 과잉보상 작용**이 예상대로 발휘될 거라는 기대가 생기면서 그랑프리

---

*   되클로셰는 프랑스 중부 산악 지방에 있는 마을 이름이다.

두베르튀르°까지 계속해서 달릴 수 있을 것이다. 시즌을 잘 시작하는 것이 중요하다. 운동은 역학의 문제이기도 하니까.

사이클 선수는 쉽게 저혈압이 올 수 있기 때문에 현기증을 피하기 위해 침대 위에서 천천히 몸을 가다듬은 후 체중을 재본다. 61킬로 200그램. 이 정도면 전에 없던 최상의 컨디션이다. 이제 다리를 점검한다. 힘줄이 튀어 나와 있으면 좋은 신호다. 이어 습관처럼 오늘의 날씨를 분석하기 위해 블라인드를 건는다. 젠장! 비, 바람, 끔찍한 태풍. 하루 종일 비가 내린다. 전날만 해도 이런 예보가 없었고, 기상청 뉴스는 항상 신뢰할 수 있었는데…….

그렇다면 달릴 것인가 말 것인가. 이것이 문제로다. 안 나가는 게 상책이다. 이렇게 비바람이 칠 때에는 바로 낙차°°하기 쉽다. 더욱이 시즌 초가 시작되기 전 부상을 입으면 큰일난다. 이렇게 건조한 겨울 날씨에 습기는 우리에게 특히 좋지 않다. 감기에 쉽게 걸리니까.

그런데 훈련표 오늘 날짜에 '강도 높은 훈련'이라고 적혀 있다. 우리 사이클 선수는 훈련 일정과 계획을 지키는 걸 대단히 중요하게 생각하며 의지가 선수의 가장 큰 자질이라고 말

**　　** 심리학 용어로, 능력 부족을 보충하려고 지나치게 어려운 일을 해내려는 심적 태도를 뜻한다.

○　　프랑스 오트가론 지방에서 2월경에 치러지는 프랑스 국내 사이클 대회.

○○　경주용 자전거가 트랙에서 쓰러져서 뒹구는 상황을 뜻한다.

한다. 경쟁자가 아직도 잠을 자고 있거나 혹은 소파에서 뭉그적대고 있는 동안 밖에 나가서 돌풍과 추위 속에 있어야 한다고, 오늘의 고통이 내일의 성공으로 이어질 것이라고 말한다.

격렬한 바람이 벽을 뒤흔들 정도라면, 그렇다면 안에서 훈련하는 게 훨씬 현명하다. 하늘이 잠시라도 갤 것을 기대하며 처음에는 적어도 그렇게 해야 한다.

훈련은 아침 식사 전, 공복 상태에서 시작된다. 홈트레이너 실내 사이클을 타고 처음에는 낮은 강도로 40분 정도 몸을 움직여 근육이 깨어나도록 해야 한다.

홈트레이너의 원리는 간단하다. 자전거가 하나의 기계 장치에 고정되어 있는데, 이 기계 장치는 도로 아스팔트를 시뮬레이션 하듯 뒷바퀴에 닿는 굴림대가 장착되어 있다. 따뜻한 곳에 있을 수 있고, 지하실에서도 훈련할 수 있다는 장점이 있다. 반면 전망이 딱 한 가지라는 단점이 있다. 가령 차고 문만 보면서 달려야 하니 빨리 지겨워질 수 있다.

이 단조로움에 대처할 수 있는 여러 고전적인 해결책이 있다.

첫 번째 해결책으로는 자전거를 타면서 영화를 보는 방법이다. 아니면 자전거를 타는 40분과 러닝타임이 똑같은 시리즈 드라마 한 편을 보는 것이다. 문제는 영화나 드라마를 잘 보기 위해 온갖 컴퓨터 조작을 하고 설치하는 데만 40분을 허비할 수 있다는 점이다. 화면을 최적으로 조정해 놓아도 자전거 굴대 소리 때문에 영화 소리가 잘 안 들린다.

그래서 선수들은 다음 두 번째 해결책을 선호한다.

홈트레이너 소리가 안 들리게 오디오 이어폰을 쓰고 음악을 듣는 것이다. 오래된 좋은 MP3를 호주머니에 넣고, 홈트레이닝 하기 좋은 음악을 재생 목록에 잘 선곡해둔다.

우리 사이클 선수는 MP3가 없지만 쾌활하고 신나는 음아이 많이 저장되어 있는 여동생의 MP3라도 들어야 한다. 기기에 자리를 잡고 앉아 무념무상으로 페달을 밟아가며 재생 목록 곡들을 스크롤한다. 여동생의 음악 취향이 자기 취향과 정반대여도 어쩔 수 없다! 케이티 페리, M. 포코라, 저스틴 비버, 켄지 지락…… 아, 이건 아니다. 오늘 하루는 거의 망친 게 분명하다. 차라리 그냥 지겨워하며 아무 말 없이 고통스러워하는 게 낫겠다.

더욱이 어쨌든 이 선수는 여타 선수들과 다르지 않은가. 소위, 사이클 철학자, 벨로조프* 아닌가! 따라서 그가 선호하는 것은 이 마지막 옵션이다.

바로 프랑스 퀼튀르** 듣기! MP3로 가장 많이 듣는 건

---

* Vélosophe: 작가가 만들어낸 신조어. '사이클' 대신 프랑스어로 자전거를 뜻하는 '벨로'(vélo)와 철학자를 뜻하는 '필로조프'(philosophe)를 섞어 만든 단어이다.

** 프랑스의 **공영** 라디오 방송인 라디오 프랑스의 문화 채널.

NRJ인데, 아, 그건 안 된다. 펀 라디오는? 아, 그것도 안 된다. 노스탈지는?* 그건 뭐 될 수도 있지만 그래도 안 된다. 프랑스 퀼튀르가 그나마 낫다. 그건 괜찮다! 8시 뉴스가 끝나면 프레데릭 사이스의 〈비예 폴리티크〉 시간이다. 오늘은 정부가 발표한 새로운 에너지 정책을 다룬다. 이 야망 찬 계획에 대해 토론한다. 가령 새로 구입한 텔레비전 앞에 홈트레이너 같은 것을 설치하는 식으로 가전제품의 자가소비를 늘린다는 것이다. 이런 조치의 이중적인 목표는 새로운 무상 에너지원을 얻는 동시에 국가 단위로 전국에서 소비되는 전력량의 초과 중량과 맞서 싸운다는 것이다. 우리 사이클 선수들은 이 사안의 당사자가 된 기분이 든다. 페달을 밟을 때 낭비되는 모든 에너지가 아깝다는 생각이 들기 때문이다.

이어 〈마탱 드 프랑스 퀼튀르〉가 시작된다. 오늘의 게스트는 교통부장관으로, 15킬로미터 미만 거리 주행 시 대기오염을 발생시키는 자동차 사용을 금지하는 법안에 대해 질문을 받는다. 이 법안은 특히 자전거와 같은 '얌전한' 이동 수단의 활용과 그 증진을 도모할 목적을 띠고 있기도 하다. 그렇다면 오늘 아침의 주인공은 당연히 이 '작은 여왕'**님이 아닌가.

---

* 프랑스의 대표적인 라디오채널 음악 방송으로, NRJ는 팝을 비롯한 대중음악을 주로 들려주고, 펀(Fun) 라디오는 프랑스를 비롯한 유럽의 팝음악을, 노스탈지(Nostalgie)는 주로 흘러간 옛 상송이나 팝을 들려준다.

** 자전거에 붙여진 별명.

공복의 홈트레이너 세션은 이렇게 번개처럼 지나갔다. 우리 선수는 오전 방송의 사회자인 기욤 에르너의 다정한 목소리와 함께 힘들이지 않고 달리면서 기분 좋게 화면을 스크롤 한다. 벌써 40분에 도달했다.

공복 시 운동은 배고픈 감각마저 마비시켰다. 그러나 이제 허기가 강렬하게 느껴진다. 운동복을 벗고 번개처럼 샤워를 한 벨로조프는 냉장고로 냅다 달려간다. 기기 그를 위한 보상이 기다리고 있다. 전날 준비해놓은 오트밀 한 사발. 두유가 오트밀을 불려줄 시간이 필요하니까 하루 전에 준비해놓는 거다. 이렇게 먹어야 훨씬 포만감이 든다.

사이클 선수라면 영양사 이상으로 이 분야에 빠삭하다. 운동선수들이 어떻게 먹는지 보자. 오트밀에 키위 조각을 첨가할 수는 있다. 이 과일이 함유하고 있는 비타민 C를 챙기기 위해서다. 거기에 바나나 반쪽을 넣으면 칼륨이 적절하게 보충된다. 그 이상은 안 된다. 바나나는 혈당 지수가 높기 때문이다. 여기에 호두와 아몬드 몇 조각을 넣으면 오메가 3는 분명 보충된다. 그러나 그것도 너무 많으면 안 된다. 유성물질이 많아 혈액의 지방 농도가 올라갈 수 있다. 쌀 전병 위에 버터와 잼을 아주 현명하게 적정량을 올린다. 자, 이제 이것들을 왕성한 식욕으로 다 먹어치운다. 차나 커피는 철분 흡수를 방해하기 때문에 안 된다. 목 건강을 위해 생강과 레몬을 달여 우린 물을 홀짝홀짝 마셔가며 몇 분간 그가 매일 아침 받아보는『르몽드』와『레퀴프』를 훑어본다.

간간이 기적을 바라며 창문에 눈길을 준다. 하늘이 개기를 바라는 것이다. 거기에 마치 자전거 신이 계시기라도 한 것처럼. 그런데 생강 달인 물을 마지막으로 들이켜자마자 하늘에서 내려온 햇살 한 줄기가 그의 얼굴을 어루만져준다. 할렐루야! 밖으로 나가 달릴 수도 있을 것 같다.

벨로조프는 얼른 트레이너에게 전화를 건다. 오늘 아침 이미 40분간 타서 다리가 좀 아프다는 점과 기상 조건을 감안하여 야외 훈련 시간을 약간 조정할 수 있을지 물어보기 위해서다. 판결이 떨어진다. "안 돼요. 예정대로 2시간 반은 타야 합니다. 워밍업 후 딱 10분간 330/340와트로, 그리고 10분 휴식. 이어 PMA* 30/30으로 8분짜리 2개, 중간에 6분 휴식. 그리고 저장고를 비우기 위한 긴 스프린트**. 오케이?" "오케이, 코치. 고맙습니다. 그럼 이따 봐요."

벨로조프는 코치와 통화할 때는 드러내지 않았지만 전

---

*   Puissance Maximale Aérobie의 약자로 공기를 받아가며 낼 수 있는 최고 속도이다.

**   주로 단거리를 전속력을 다해 달리는 역주를 가리키는 말로, 투르 드 프랑스 경기에서는 특히 각 포인트 구간에서 가장 많은 포인트를 획득해 그린 저지를 입으려면 스프린트를 잘해야 한다. 스프린트 포인트에서 많은 포인트를 차지해야 한다.

화를 끊고 나서 약간 흥분 상태다. 자신이 입이 벌어질 정도로 헉헉댈 것을 안다. 세계가 둘로 나뉘듯 사이클 선수도 두 부류가 있다. 하나는 자전거 위로 다시 올라가는 시간을 최대한 미루는 사람. 각 구간마다 고통이 따를 것이므로 정신적으로 준비가 되어 있어야 한다. 일을 질질 끌면서 고통을 강화하는 사람처럼 훈련도 그렇게 하는 사람이 있다. 다른 하나는 기다릴 것 없이 바로 해치우는 사람이다.

우리 사이클 선수는 두 번째 부류다. 이렇게 하는 것이 전사의 혼을, 승자의 혼을, 챔피언의 혼을 증명하는 것이라 생각하면서 그것을 즐긴다. 하지만 속으로는 안다. 어차피 해야 할 훈련이라면 해버리고 싶은 것이다. 이 고통스러운 순간과 함께 최대한 빨리 그것을 끝내버리고 싶은 것이다. 하늘이 영원히 개어 있을 것도 아니고, 게다가 곧 10시다. 프랑스 퀼튀르의 〈철학의 길〉* 시간이다. 라디오는 야외 훈련에서 일종의 고통 해독제 역할을 한다. 방송을 들으면 불타는 것처럼 아픈 허벅지 통증과 흉곽 압박의 고통을 그나마 잠시 잊을 수 있다.

우리 선수는 얼른 새 운동복 바지를 입는다. 좀 긴 바지를 입는다. 상의는 여러 개를 걸치는데, 우선 긴팔 속옷을 입고, 그 위에 웃옷을 입고, 다시 그 위에 방수 되는 웃옷을 입고, 그

---

*   Chemins de la philosophie: 프랑스 퀼튀르 채널의 대표적인 철학 프로그램으로, 철학자들이 출연하여 다양한 주제를 놓고 담론한다.

위에 다시 조끼를 걸친다. 혹시 비가 올지 모르니 주머니 속에 까웨*도 준비한다. 아, 젠장. 심장 박동기를 잊었다. 이 과정을 거꾸로 다시 해야 한다. 아무튼 이렇게 해서 어느 정도 준비가 되면 이제 헬멧, 장갑, 양말, 덧신(사이클 선수에게 수족은 가장 민감한 부분이다)을 하나하나 챙긴다. 이제 그럼 됐다. 자전거 펑크 시 수리를 위한 다용도 공구세트, 휴대폰, 그리고 특히 여동생의 예쁜 MP3. 이제 정말 다 준비가 됐다. 자전거에 올라탄다. 아직도 축축한 도로 위를 질주한다. 비가 더는 내리지 않을 것 같다.

*　등산이나 캠핑 갈 때 주로 입는 바람막이 옷.

신체의 지성에 대하여

"축구 선수는 왜 그렇게 바보 같아 보이는가?
그건 공 뒤만 줄곧 쫓아다니면서
왜 자기가 그렇게 하고 있는지
스스로에게 한 번도 묻지 않기 때문이다."
— 콜뤼슈*

우리가 항상 사색을 하는 건 아니다. 몸은 알아서 움직이는 것 같은데, 몸이 그렇게 사용되는 동안 생각을 할 수 없으면 정신은 이내 지겨움을 느껴서인지, 정신이 몸보다 우월한 것처럼 여겨지기도 한다.

자전거를 타면서 자전거에 대해 아예 생각하지 않을 때도 있다. 라디오를 들으면서 라디오를 듣지 않는 것처럼 말이다.

---

* 본명은 미셸 콜루치(Michel Colucci,1944~1986)로 프랑스의 유명한 희극배우이다. 사회 풍자에도 능해 사회적 도덕과 금기를 비꼬는가 하면, 1981년 대통령 선거에 입후보하겠다는 선언을 하기도 했다. 1985년 가난한 사람에게 무료 식사를 제공하기 위해 창설한 '레스토 뒤 쾨르'(Resto du cocur)는 현재끼지도 운영되고 있다.

생각을 하면서 아무 생각이 없을 때가 있다. 가끔 훈련을 할 때면 정신이 나가 있기도 한다. 지금도 내가 좀 횡설수설하고 있는 것 같긴 하다. 15분 정도 반의식 상태 속에 있거나 이런 상태가 30분 정도, 때로 1시간 동안 지속되기도 한다. 그러다 불쑥 '깨어난다'. 생각해보니 이런 상태로 30킬로미터 이상을 달리고 있었다. 내가 예정한 코스를 정상 속도로 쭉 달리고 있었다. 도로 신호도 지켰다. 의식 상태에 있는 것과 똑같이 행동한 것이다. 그러나 나는 거기 없었고 내 몸이 나를 대신했다.

운동선수에게 오고 마는 이런 특이 상태를 명명하기 위해 혹자는 엑스터시*라는 말을 쓰기도 하는데, 적당한 리듬과 피로가 선수를 고요하고 기분 좋은 상태로 만들어준다는 것이다. 거의 취한 것처럼 자신을 잊게 만든다. 이런 스포츠 동작으로 엔도르핀이 생성되어 거의 '개성을 박탈'하듯, 자아를 해방하듯, 무아지경의 상태로 만드는 것이다. 고통은 현존하지만 전혀 이것에 신경이 가지 않는다. 즉각적 소모 속에 녹아드는 것이다.

내가 자전거에서 느끼는 것도 이와 거의 유사하다. 사이클 선수에게도 전혀 예상할 수 없는 방식으로 어떤 엑스터시

---

* extase/extasy: 어원대로라면, 'ex'(바깥)와 'starer'(머물다, 정지하다)의 조합이다. 우리 몸속에 구속되어 있는 영혼이 바깥으로 빠져나가 버리는 상태이다. 무아지경의 황홀경, 성적 황홀경, 종교적 황홀경 등은 모두 이런 연유로 극치의 행복으로 느껴지는 것이다.

투르를 향하여

같은 것이 찾아온다. 내가 나 밖으로, 아니면 내 정신 밖으로 빠져나가 어딘가로 들려 나가는 기분. 스포츠 지구력의 엑스터시는 몸과 현재로의 회귀이다. 니체가 말하기를, 이것은 디오니소스적인 체험, 즉 영원한 회귀이다. 실존하는 동안 아픔과 고통을 느끼며 숱한 일을 겪지만 결국 무한히 다시 그 고통 속으로, 몸으로, 현재로 돌아와야 한다. 위대한 이 삶에의 동의이자 복종인 것이다. 그렇다면 전진하기 위해 몸이 꼭 정신을 필요로 하는 건 아니라고, 그 증거가 이것이라고 적어도 나는 말할 수 있을 것 같다.

콜뤼슈가 했던 말로 돌아가 보면, 그가 운동선수들을 조롱하듯 한 말이 전적으로 틀린다고는 할 수 없다. 운동선수들은 운동을 하면서 자기가 왜 그런 운동을 하는지 별로 생각해 보지 않기 때문이다. 신체 활동은 성찰적 사유를 장려하기 위해 하는 것이 아니다. 학교에서 배우는 체육은 그냥 체육으로서 하는 것이다. 하나의 사실 행위일 뿐이다. 그렇다고 그게 나쁜 건가? 다른 형태의 지성도 존재한다. 가령 몸의 지성 같은 것. 일상생활에서 스포츠를 하며 경험하는 게 바로 이것이다.

대중들 눈에 비친 신체 훈련은 흔히 무지함이나 우둔함으로 비치기도 한다. 실베스터 스탤론이 주연한 영화 〈록키〉에서 록키의 명민함은 눈에 잘 들어오지 않는다. 우린 그저 이 복싱 선수가 계단을 올라갔다 내려갔다 하는 장면을 보는네,

왜 그런 행동을 하는지 자기도 모르면서 그러는 것 같다. 달리기 선수도 마찬가지다. 트랙을 계속 왔다 갔다 뛴다. 수영 선수도 수영장의 긴 트랙 레인을 계속 왔다 갔다 한다. 마치 햄스터가 케이지 안을 계속 돌아다니듯 말이다. 분명 여기에는 어떤 동물적인 것, 짐승적인 것이 있다. 그러나 동물적인 것이라고 해서 꼭 아둔함의 표시일까? 운동선수가 하는 훈련이 아주 초보적인 것을 하는 것처럼 비쳐도 사실 여기에는 진정한 지혜가 깃들어 있다.

투르를 향하여

자전거를 타고 길을 떠날 때

자전거 첫 바퀴가 굴러간다. 나는 얼른 장치를 연결하고 볼륨을 맞춘다. 아, 아델 반 리스! 〈철학의 길〉 진행자다. 방송이 막 시작되었다. 오늘의 주제는 데카르트 철학에서의 영혼과 신체의 합일에 관한 문제이다. 이거야말로 오늘 우리의 관심사 아닌가. 벨로조프는 워밍업을 위해 조용히 페달을 밟는다. 공복일 때의 첫 훈련보다 조금 더 속도를 높인다. 마침 아델이 주제를 소개한다.

"형이상학적 명상은 흔히 데카르트식 이원론의 전형으로 소개됩니다. 정신을 강조하기 위해 '성찰', '형이상학' 같은 용어를 쓰다 보니 몸, 질료, 넓이와 길이 같은 것은 과소평가된 것 같습니다. 하지만 제1성찰부터 제5성찰까지와는 달리제6성찰은 영혼과 몸의 합일 문제를 탐색하고 있습니다. 이건 지금까지도 우리가 계속해서 토론하는 주제죠. 데카르트에게 있어 영혼과 몸의 합일 문제를 생각해보기 위해 오늘은 소르본누벨 대학교와 콜레주드프랑스에서 강의하고 계시고 '앎의 탐색과 연구' 정회원이며 푸프 출판사에서 나온 『데카르트, 레스, 멘스, 모르포레 에트 투티 쿠안티』의 저자이신 샤를 드 생탁시에르 님을 모셨습니다.* 우선, 토론을 시작하기 전에 빌리 홀리데이의 〈보디 앤 소울〉을 듣고 오겠습니다."

사이클 선수는 빌리 홀리데이의 달콤한 목소리를 듣는다. 날씨도 안성맞춤이다. 기분도 좋다. 사이클 선수는 컨디션도 좋은 데다 이 프로그램 때문에 더욱 의욕이 생긴다. 그를 기다리고 있는 특별히 어려운 훈련 하나가 있지만 거의 잊어버리고 있을 정도다. 노래가 끝나고 샤를 드 생탁시에르의 목소리가 들리자 그는 정신이 든다. 속도계를 살펴봐야 한다. 워밍업은 끝났다. 이제 긴 등반이 시작된다. 자, 첫 번째 단계를 시작한다. 정확히 10분에서 끝내야 한다.

처음에는 이 교수가 하는 말을 잘 따라간다. 데카르트 철학에서 정신과 몸의 구분은 결국 이 둘의 합일을 증명하기 위

*	푸프(pouf) 출판사나 이 저자와 저서명은 작가가 재밌게 가공한 것이다. 프랑스인들이라면 다 아는 학술교재 전문 출판사로 PUF(프랑스대학출판 본부)가 있는데 이는 '퓌프'로 발음한다. '푸프'는 어색하거나 난처할 때 바람 빠지는 소리처럼 쓰는 의성어를 연상시킨다.

해 사용된다는 것이다. 형이상학은 가장 구체적이고, 가장 '시간적이고 물질적인' 학문을 연구하기 위한 하나의 우회적인 방법에 불과하다는 것이다. 이후 약 5분 정도 훈련이 이어지는데 슬슬 버티기 힘들어진다. 운동 강도는 똑같은데 시간이 흐르면서, 또 몸이 피곤해지면서 힘든 것을 지각하는 정도가 높아진다. 이 교수의 설명도 명료함을 잃는다. 아니면 이걸 듣는 사이클 선수의 정신이 흐려진 탓인지 모른다. 이제 생탁시에르는 상상과 개념을 구분하여 설명한다. 자, 3분만 더. 아직도 3분이 남았다.

이 구분을 명확히 하기 위해 방송에서 데카르트의 성찰을 인용하며 읽는다.

가령 나는 삼각형을 상상할 때 단순히 세 개의 변으로 이루어진 도형만을 떠올리지 않는다. 어떤 힘에 의해 존재하는 세 개의 변을 떠올리며 내 정신 내부에 적용해본다. 내가 상상력이라 부르는 것이 바로 이것이다. 만일 내가 천각형을 생각해보고 싶다면, 삼각형이 세 개의 변으로 이루어진 도형이라고 쉽게 떠올려본 것처럼, 이번에는 천 개의 변으로 이뤄진 도형이라고 떠올려 보면 된다. 그러나 난 이 천각형의 천 개의 변은 상상할 수가 없다. 다시 말해, 삼각형 세 개의 변을 내 정신의 눈으로 내 눈앞에 현존시켜 본 것처럼 할 수는 없다는 것이다.

벨로조프는 자신이 철학자인데도 이게 도대체 무슨 말인지 순간 이해가 안 간다. 내리막길에 들어서면서부터 눈빛은 더 멍해졌고 그저 훈련을 무사히 마쳤다는 데 만족한다. 어쨌든 속도가 증가하는데 경사면이 더욱 기울어지면 바람 때문에 아무 소리도 들리지 않는다.

몇 분 간 정신을 차리고 나니 이제 평지가 나왔고, 아까 그 철학적 사안에 다시 집중한다. "그렇다면 상상과 개념의 구분은 정신의 증거가 아닌 실제의 증거가 될 수도 있지 않을까요?" 아델 반 리스는 일부러 잘 모르는 척 하면서 꾸민 톤으로 질문한다.

분별을 잘 안 하는* 이 벨로조프는 솔직히 둘 간의 관계를 잘 모르겠다. 두 사람이 주고받던 문답을 이제 막 따라가려던 참인데, 벌써 10분간의 회복 시간이 거의 다 끝났다. 다음 단계에 돌입할 때다. 30/30으로 8분!

30/30의 원칙은 간단하다. 30초는 거의 철저히 사력을 다하고, 30초는 회복한다. 이걸 8분씩 두 번 반복하는 것이다. 힘들다. 더욱이 다시 비가 내리기 시작하면 더 힘들어질 것이다. 그런데 샤를 드 생탁시에르는 우리 벨로조프의 시스템을 자못 진지하게 때리기 시작한다.

* 데카르트 철학을 다소 비판적으로 우회한 반어적 표현이다.

그는 이 교수가 약간 박사 톤으로 자신을 놀리는 것 같은 기분이 들었다. "고통은 정신적인 것이지만, 다르게 보면 고통은 곧 내게 몸이 있다는 증거입니다." 말도 안 돼. 아, 말만 그렇지! 몸에 고통이 오면 정말 화가 난다. 아, 이 무자비한 명제를 들으니 화가 더욱 치민다. "나는 생각한다, 고로 존재한다!" 그렇다면 마찬가지로 "나는 느낀다, 고로 느끼니 내가 느낀다는 것을 느낀다."

벨로조프는 특히 분노가 다른 데도 아닌 자기 안에서 치미는 것을 느낀다. 적어도 이런 신경질이 헛된 것은 아니다. 분노를 페달에 옮겨 실으니 훈련이 더 잘된다.

하지만 두 번째 훈련에 대한 두려움이 몰려온다. 이미 두 번째 단계가 시작된 것을 알기 때문이다. 비도 더 오고 바람도 더 부니 좋아질 건 하나도 없다. 폴리스의 〈킹 오브 페인〉이 중간에 나올 때, 마침 30초 회복의 타이밍이었으나 다시 또 사력을 다하는 30초로 돌아가야 한다. 30초 중 첫 3초는 춤추듯 흘러간다. 어쨌거나 흘러간다. 하지만 힘든 세 번째 세트의 회복 타이밍에 선수는 급격히 체력 고갈을 느끼는데, 이때 폭우까지 몰려온다. 샤를은 하필 이때를 골라 두 가지 '나'에 대해 말하기 시작한다. "나는 두 층위의 나를 만듭니다. 상층에는 코기토의 나가 있습니다. 의심하는 나지요. ('회복 국면에서 나는 훈련을 이제 끝내게 될 거야, 라고 말하는 나가 코기토의 나이다.'라고 벨로조프는 생각한다.) 이어 진짜 나가 있습니다. ('됐어, 회복 30초가 끝났어. 아, 그럼 다시 또 돌아가야 해.'라고 벨로조프는 생각한다.) 이렇게 느끼는 나, 실제 겪고 느끼는 나, 이것이 실제적인 진짜 나입니다."

사력을 다한 네 번째 세트 후, 사이클 선수는 더 이상 라디오를 듣지 않는다. 아니, 귀로는 듣지만 생각하며 경청하지는 않는다. 빗소리가 커서이기도 하고 청각을 교란시킬 정도로 바람이 거세기 때문이기도 하다. 또한 이 기계에서 나는 끽끽 소리 때문이기도 한데, 무거운 페달 아래서 뒤틀린 두 바퀴가 무슨 지옥의 고문 기계가 내는 듯한 소리를 낸다. 여기에는 무엇보다 고된 육체 활동이 있다. 완전한 소모, 술에 취한 기분까지 들게 만드는, 거의 무의식 상태가 되게 만드는 강도 높은 활동이 있는 것이다.

벨로조프는 이건 정말 어떤 영혼이 하는 일이라는 걸 알 것도 같다. 영혼은 선박을 끄는 항해사처럼 이렇게 간단한 방송의 대시보드 하나로 몸에 명령을 내리고 있는 것이다. 사실 이것도 그에겐 아무 의미가 없다. 그는 아예 사고 능력을 상실했다. 방송에서 지금 누가 무엇을 옹호하는지, 누가 문제를 제기하는지, 누가 거기에 답을 하는지도 모르겠다. 그가 듣는 것은 단어들이다. 아니, 맥락 없는 단어들이다. 그저 소음 같은, 텅 빈 소리다.

이 소리가 훈련 중인 사이클 선수를 계속 동행한 셈이다. 자전거 위에서 악마처럼 고군분투할 때, 이 소리가 자장가를 불러주듯 조용히 몸을 흔들어 재워주었다. 이제 마지막 8번째 세트에 왔을 때는 거의 트랜스 상태, 그러니까 거의 최면 상태 속에 있다. 눈앞이 흐리고 주변이 어두워진다. 몸 여기저기에 개미가 기어다니는 것처럼 몸이 근질거린다. 거의 토할 것 같은 불쾌한 기분이 든다. 결국 다 토한다.

아침 식사 후 너무 빨리 자전거에 올라서인 것 같다. 고전적인 저혈당 반응이다. 이런 아마추어 같은 실수를 하다니. 겨우 알아들을 만한, 그러나 아직 다 이해한 건 아닌 라디오 방송을 끝내 듣겠다고 이런 실수를 하다니! '저장고를 비우기' 위해 해야 할 긴 스프린트가 아직 남아 있는데, 벌써 다 비워진 기분이다. 그런데 교과서에는 이 스프린트가 가장 쉬운 연습으로 나온다. 사이클 선수는 거의 항상 이런 상태 속에 있다. 숨을 쉬는 것조차 힘든 상태에서 전력을 다해 페달을 밟으면 거의 숨이 끊어질 것 같다.

훈련이 한창일 때 멈추는 건 선수가 할 일이 아니다. 트레이너가 어떤 것을 계획하면, 선수는 무조건 그것을 실행해야 한다. 어떻게 하는가가 중요한 게 아니다. 에너지를 보충해주는 젤 음료를 들이켠 후 2~3분간 집중을 하면서 전력의 스프린트를 하기 위해 에너지를 최대한 축적한다. 아델 반 리스가 글 하나를 거의 다 읽었다는 것을 이제야 그는 어렴풋이 인식한다. 데카르트는 그 글에서 인간과 시계를 비교한다. 웃음이 일었다. 배가 너무 고프면 웃음도 헤프게 나온다. 정확히 무슨 뜻인지는 모르지만, '수종(水腫)* 환자'라는 단어를 들었을 때 바로 웃음이 터졌다.

그런데 하필 그가 웃음을 터뜨릴 때는 스프린트가 시작되었고, 도로에 물이 고여 작은 도랑이 생겨 있었다. 그는 내리는 비만큼 최대한 빠르고 세게 페달을 밟는다. 다른 사람이 밖에서 보면 이 스프린트는 좀 우스꽝스러워 보일 것이다. 하지만 우리 벨로조프는 이상하게 더 힘이 솟구친다. 마치 곧 터질 것 같은 기계가 된 느낌이다. 이 가련한 자전거 위에서 엉덩이를 너무 실룩거리며 달렸더니 저지 뒤 호주머니에 넣어 놓은 MP3가 잘못 움직여 버튼 하나가 세게 눌러졌고 주파수도 살짝 넘어갔다. 이어 귀에 거슬리는 지글거리는 잡음밖에 안 들린다. 그는 자신을 비웃었다. 지극히 정상이군. 왜냐하면 이 방송에서 그가 마지막으로 들은 문장이 이것이기 때문이다. "나는 내 몸과 함께 하나의 완전체이다."

그는 완전한 엑스터시 상태다. 몸을 완전히 소모시킨 엑스터시, 거의 마조히스트적인 행복을 맛보는 순간이다. 아무리 거센 비바람이 불어도 시간이 얼마나 흘렀는지 보지도 않고, 그저 조용히 30분 정도는 더 페달을 밟는다. 아직도 지글

*   hydropique: 수종은 신체 조직 간격이나 체강 안에 림프액, 장액 등이 많이 괴어 있어 몸이 붓는 병을 뜻한다. 신장성, 심장성, 영양 장애성 등이 있다.

                            투르를 향하여

지글 잡음이 들리지만 그닥 신경 쓰이지 않고, 그의 정신은 거의 붕 뜬 것처럼 배회한다.

이렇게 자전거를 타면서 벨로조프는 속으로 말한다. 몸이 널 힘들게 하면 철학하는 것은 쉽지 않아. 엉덩이가 불타는 듯 아프고 호흡이 곤란하면 철학은 쉽지 않아. 허기가 널 공략하면 이성은 딱 입을 다무는 법. 탈수가 널 덮치려고 매복 중이야(게다가 이제야 생각났다. 수종 환자란 항상 허기를 느끼는 자, 그래서 자꾸 헤프게 웃는 자라는 것이). 한기를 느낄 때, 글쓰기는 거의 무모한 짓이다. 극심한 피로가 몰려올 때, 읽기는 그 자체로 이미 고역이다.

페달을 밟으면서 사이클 선수는 생각은 몸에 비해, 그러니까 자연적, 물리적 명령에 비해 아주 약하고 하찮은 것이라는 사실을 확증적 사실로 받아들인다. 그렇다면 문제가 아닌가? 나의 진정한 자아, 그러니까 정신이 숭고하게 비상하는 것을 막는 이 거추장스러운 물질을 지배하는 수단을 강구하기 위해 노력해야 하지 않나? 그러나 이 선수는 이렇게 선언한다. "나는 내 몸과 함께 하나의 완전체이다." 아니면 인간의 실제는 우선 몸이다. 그 몸은 자기 나름으로는 자신을 소모하고 연소하며 생각한다. 이것이 바로 살아 있는 몸이다.

그렇다면 이 벨로조프는 누구인가?

체화

"깨달은 자, 아는 자는 이렇게 말한다.
'나는 절대적으로 몸이다. 다른 어떤 것도 아니다.
영혼은 몸의 성질을 가리키기 위한 단어일 뿐이다.'
몸은 하나의 큰 이성이다."
— 니체

스포츠에는 두 가지 형태의 지성이 있다. 우선 이론적 지성이라 부르는 게 있는데, 반사 동작 같은 순발력이 그것이다. 규칙 인지, 상대 분석, 전술 파악 같은 스포츠 활동에 필요한 전반적 지식도 여기에 해당한다.

이와는 다른 유형의 지성도 있는데, 좀 막연하지만 훨씬 중요한 것이다. 이른바 실천적 지성이다. 이론적 지성과 달리, 이것은 대부분 무의식에 의존한다. 가령, 주어진 상황에 직면하여 반응하는 본능적이고 직감적인 재능이다. 철학에 빗대면, 운동선수의 실천적 지성은 철학자가 어떤 문제를 대하며 갖는 직관이고, 이론적 지성은 주어진 문제를 이해하는 데 필요한 추론적 지식이라 할 수 있다.

투르를 향하여

철학자가 책을 더 이상 읽지 않으면 서서히 사고력을 잃어간다. 이와 마찬가지로 선수도 계속해서 두 가지 유형의 지성을 발전시켜야 경쟁에서 이긴다. 트레이너의 역할이 이것이다.

이론적 지성은 다소 간단하다. 경기 규칙의 변화를 숙지하고, 상대를 분석하고, 상대 진영의 진로를 방해하는 다양한 수단을 강구하면 된다. 일반적으로 트레이너나 감독이 이 일을 맡는다. 가령 운동 장면을 비디오로 녹화해 분석하고 종합하며 다양한 방안을 내놓는다. 운동선수로서는 이런 새로운 정보를 통합할 때라야만 자기 정신이 필요하다.

반면, 실천적 지성에서는 트레이너가 항상 지시 사항을 주고, 이 작업을 수행하는 것은 선수의 몸이다. 따라서 훈련할 때 같은 동작을 지칠 정도로 반복하는 것이 관건이다. 그래야 어떤 상황이 와도 항상 정확하게, 즉각적으로 행동하는 능력, 이른바 신의 경지에 이른 제어가 가능하다.

다르게 말하면, 훈련을 통해 스포츠 선수는 문자 그대로 어떤 동작을 자기 몸 안에 체화하는 것이다. 그래야 거의 기계적으로, 본능적으로 움직일 수 있기 때문이다. 수영 선수를 예로 들어보자. 그가 수영장의 그 긴 레인을 온종일 다니는 것은 햄스터를 흉내 내려는 게 아니라 바로 물고기가 되기 위해, 그러니까 육상 동물인 인간의 몸을 수상 동물의 몸으로 변형시키기 위해서다. 이처럼 사이클도 그 수많은 시간 자전거 안장에 엉덩이를 붙이고 앉아 있는 것은 단순히 기초 체력을 향상시키기 위한 것이 아니라 페달링의 능률을 향상하고 가장 유동적인 동작을 만들기 위해서다. 한 단어로 말하면, 선수의 동작을 동화하기 위해서다. 완전한 동화 또는 체화하는 훈련으로, 요즘 아주 유행하는 개념인 고유수용감각* 훈련과 같은 것이다. 이를테면 균형 감각 놀이를 통해 근육과 관절의 모든 감각운동 기능을 파악하면서, 이른바 자기 몸의 반사 행동을 더욱 향상시키는 운동이다. 낙차 같은 문제적 상황이 생겼을 때 대처하는 데 상당히 유용하다.

콜뤼슈가 말한 것과는 다르게, 스포츠는 그 운동 활동을 통해 하나의 지성 형태로 더욱 발전하고 있다. 콜뤼슈가 무조건 비난하기 위해 그런 말을 한 건 아닐 것이다. 왜냐하면 사실 이런 지성은 쉽게 관찰되는 게 아니기 때문이다. 훈련은 정확히 말하면 그런 지성을 감추는 것을 목표로 한다. 훈련하기, 즉 특별한 동작에 체화되기, 이것은 동작을 너무나 자연스럽게 보일 정도로 확실한 것으로 만드는 일이다. 일상적 동작이 여러 해, 아니 수십 년에 걸쳐 사려 깊게 분할되어 행해지면

---

*   자신의 신체 위치, 자세, 평형, 운동 정도, 방향에 대한 정보를 파악하여 중추신경계로 전달하는 감각. 눈을 감고도 음료수를 마시는 것처럼 시각적 정보에 의존하지 않고도 몸이 알아서 반응하는 운동감각을 의미한다.

그 결실이 생기는 것이다.

좀 거만한 관객들이 보기에 그 동작이 너무나 자연스러운 나머지 좀 동물 같다고 조롱하고 비방하지만, 지성이 적용된 스포츠 동작은 그만큼 완벽하고 순수하다. 이 지성이 몸으로 구현된 것이기에 관객들의 눈에도 혁혁하게 보이는 것이다. 물론 이런 몸짓은 드물고 예외적으로 나온다. 이것은 스포츠 천재들의 작품이다. 챔피언의 작품이다.

챔피언은 자기 스포츠 종목의 정수를 일순에, 일거에 총합하는 능력이 있어야 한다. 스포츠 노동자라 할 대다수 운동선수들은 그야말로 죽도록 고생하고 달리며 뛴다. 그런데 챔피언은 마치 예술가처럼, 아주 단순하게, 마치 조물주가 하듯 그렇게 쉽게 해내버린다. 모든 수비수들이 다 붙어도 그 속을 요리조리 피해 슬랄럼*을 하는 마라도나가 그렇다. 100미터 달리기 결승점에서 종종걸음을 치며 들어오는 우사인볼트가 그렇다. 근육의 응력이 극도로 요구되는 구간에서 페달을 거의 애무하듯 밟는 앙크틸이 그렇다.

오로지 타고난 재능으로 그런 작품을 만들어낸 것이라고 믿게 만들 만큼, 이 챔피언들은 모두 그들 스포츠가 쉽게 보일 정도로 여유와 이완을 보여준다. 그러나 앙크틸은 그렇게 부

---

* 주로 속도를 즐기거나 겨루는 운동 경기에서 장애물을 피하여 달리는 일 또는 그런 경기 방식.

드럽고 물처럼 흐르는 페달링을 얻기 위해 모터사이클의 뒤를 따라 수만 킬로미터를 달렸다. '엘 피베 데 오로'*가 되기 위해 젊은 디에고가 곡예하듯 그 많은 공놀이를 한 것처럼 말이다. 사람 좋은 천성 같은 기질만으로 우사인 볼트가 '킹' 우사인이 될 수 있었을까?

모든 챔피언 뒤에는 그만한 훈련과 작업 인생이 있다. 운동선수의 완벽한 몸은 그냥 주어진 게 아니다. 여러 해를 거쳐 만들어지는 것이다. 방법론적 훈련과 성찰적 훈련 모두를 통해서 말이다. 여기에 모호함은 없다. 이례적인 스포츠 퍼포먼스 앞에서 관객이 경이감을 느낀다면, 자연의 여신을 찬미해서가 아니다. 그런 결과에 이르기 위해 있었던 실천적, 실전적 지혜, 바로 그것을 관조하는 것이다. 관객은 몸의 지성에 놀란다. 챔피언은 바로 그 지성의 완벽한 표현이다.

따라서 스포츠는 예술로 변모한다. 신체 활동은 아름다운 퍼포먼스다. 복싱에 '고귀한 예술'이라는 별명이 붙은 것도 그래서다. 링 위에서 서로 대결하고 있는 챔피언들을 보라. 그런 표현이 부당한 찬탈은 아닌 것 같다. 링 위에서 두 람다** 선수가 작업을 하듯 애를 쓰며 서로 대결하고 있는 구도. 딱 보면

---

* El Pibe de Oro: 마라도나의 별명으로 일명 '골든 보이'. 스페인어로 'pibe'는 소년, 'oro'는 황금이라는 뜻이다.
** 그리스어 문자 중 열한 번째 글자로, λ 모양이다. 링 위에 붙어 있는 두 선수의 몸을 형상화 한 비유법이다.

그저 싸움이다. 그러나 이 대적(對敵) 작업 이면에는 신체적 지성이 있다. 몸이 서로 격하게 충돌하고 있으므로 관중의 눈에는 그것만 보이는 것이다. 그래서 지성이 잘 비치지 않는 것이다. 날것의 원초적 폭력성만이 관측된다. 반면 무하마드 알리와 조 프레지어가 맞붙은 경기는 한 편의 발레였다. 고통이 사라지지 않는 것처럼 폭력도 사라지지 않는다. 고통과 폭력은 승화된다. 영광에 찬 것이 된다. 관객은 그 강력한 펀치에, 그 유동적 이동에, 그 지성에 혼이 다 빠지고 만다. 상대를 바닥에 눕히기 위해 그동안 두 몸은 얼마나 많은 연구를 했을까. 이 퍼포먼스가 증명하는 것은 바로 그것이다.

스포츠 챔피언에게도 예술적 천재성이 있는 법이다. 알리에게는 다빈치 같은 면모가 있다. 다빈치에게 예술은 '정신적 산물'이다. 한편 운동선수들에게 천재적 재능은 신체에 일어난 사건으로, 자신의 생리적 신체를 일종의 자동 교육 시스템으로 그 경지에 이르게 한다.

그런데 여기에 진짜 문제가 있다. 대중의 눈에 스포츠는 아직 예술의 경지에 이른 것이 아니다. 왜냐하면 그것은 물적 자료에 기반한 물리적, 신체적 활동이기 때문이다. 수세기 전부터 종교 사제들과 철학자들은 우리에게 육체와 정신은 서로 엄격히 분리된 두 개의 실체라고 주입해왔다. 전혀 다른 성격의 두 물질이라는 것이다. 몸은 아프고 병들고 썩는다면, 정신이나 영혼은 불멸이며 고등한 것이다. 근대 스포츠의 도래로 몸에 대한 어떤 재평가가 이루어져 왔지만 아직도 여전히 몸을 하나의 기계로 생각한다. 물론 몸을 훨씬 복잡한 기계로 생각하지만 영혼이라는 조종사가 없으면 작동할 수 없는 기계로 보는 것이다.

몸과 정신을 분할하는 개념은 아마 영구할 것이다. 경기장에서도 관객들은 순수 정신, 이성적 존재 주체로 그곳에 와 있어 자신을 선수보다 우월적 존재로 본다. 선수들은 오로지 그 몸 때문에 그곳에 와 있는 죄인 같다. 물론 챔피언들은 칭찬받고 예찬받으며 심지어 우상화된다. 그들이 이런 영예를 입는 것은 잘해서이기도 하지만, 바로 그것을 알아보고 존중해주는 팬들이 있기 때문이다. 결국 이 팬은 그 스포츠 선수를 움직이는 오브제, 어떤 사물로 볼 뿐이다.

선수나 관객이나 인간 분류법으로 보면 서로 다른 카테고리에 들어갈 수 없다. 너무 자주 물화(物化)되다 보니 운동선수는 명예의 전당 조각상으로도 자주 마주치게 된다. 이건 운동선수가 스포츠의 배우, 몸의 예술가처럼 인식되어서다.

자기 고유의 상을 조각하라

월등한 수준에 오른 사이클 선수의 일상생활은 경쟁과 훈련으로만 이루어져 있지 않다. 식이요법, 스트레칭, 수면 등 건강한 생활 습관도 이 직업의 한 부분이며, 미디어나 대중과의 소통과 관리도 중요하다.

이 후자에 대해 말하자면, 플라톤은 다소 경험이 부족한 편이다. 투르 시합에 출전한다는 것이 알려지자마자 그에게는 새로운 책무가 주어졌다. 전에는 이런 걸 전혀 알지 못했는데, 사람들이 그에게 사인을 요구한 것이다. 훈련을 끝내고 나오면, 사람들이 훈련장 앞에 있다가 박수를 치는가 하면, 심지어 멈춰 세우고 사진을 찍어달라고 했다. SNS로 들어온 메시지들에 그는 쓰러질 지경이었다. 응원한다, 축하한다, 또 우리 팀에 들어와달라 등 그 내용도 다양했다. 또 누구는 엘레지풍의 시를 보내기도 했다. 하루아침에 그를 바라보는 주변의 시선이 바뀌었다. 사람들이 그를 자꾸 바라보기 시작했다. 그리스의 이 젊은 선수는 이제 그 누군가가 된 것이다.

플라톤은 모든 사람을 기쁘게 해주고 싶었다. 모든 요구를 들어주고 팬들과 소통하고 싶었다. 어쨌거나 대화는 그의 눈에도 가장 중요한 게 아니겠는가? 하지만 회복 타이밍은 지키고 싶었고 훈련도 희생하고 싶지 않았다. 미디어 전파를 타는 일과 그로 인해 연루되는 일들에 플라톤은 적응해야 했다. 그래서 하루 일과를 체계적으로 조직하는 법을 배워야 했고, 거의 머리가 돈 게 아닐까 하는 해괴망측한 메시지들에 대응하는 법도 배워야 했다. 그럴 바에는 차라리 이른바 교호 네트워크 서비스, 직역하면 '얼굴 책'(페이스북)을 읽는 게 나았다.

플로티누스*, 3월 15일 수요일 22시 38분

플라톤 님,
사이클 데뷔 때부터 지켜보았지만, 특히 다음 투르 드 프랑

---

* 플로티누스(205~270)는 서기 3세기 경, 이집트 출신의 그리스-로마 철학자이다. 그의 사상은 폴라톤 철학에서 비롯되어 플라톤의 계승자라 불리기도 하지만 플라톤(기원전 427~347년)과는 상당한 세기 차가 있어 다른 점 또한 상당하다. 그의 철학은 철저히 개인적인 철학이었다. 특히 플로티

스에 참가한다는 소식을 듣고 나서부터 당신의 경기를 하나도 빠놓지 않고 보고 있습니다. 저는 정말 당신 라이딩의 팬입니다. 그렇게 큰 대회에 참가할 수 있게 되셨다니, 저로서도 정말 너무나 기쁩니다!!! 게다가 아직 젊으시니, 당신 앞에는 정말 롱런할 아름다운 커리어가 펼쳐져 있는 것 아니겠습니까. 지금도 한 모델이 되는 선수이신데, 장차 이론의 여지가 없는 리더가 되실 거라 믿어 의심치 않습니다. 아름다운 그리스 사이클 시대를 분명 당신께서 만들어가실 것입니다.;)*

제가 당신에게서 가장 감동받는 것은, 당신의 이례적인 신체적 역량이 아닙니다. 물론 제가 봐도 당신은 평범함을 벗어났습니다. 천재적이라고밖에 말할 수 없는 그런 재능이 있으시죠. 그런데 제가 보는 당신의 뛰어난 능력은 지적인 삶과 스포츠의 실기를 완벽한 조합으로 연결한 것, 바로 그것입니다. 당신은 그 누구보다 앞서 몸 그 하나쯤은 아무것도 아니라는 것을 깨달으셨습니다. 몸은 어찌 보면 그냥 '영혼의 무

누스는 플라톤처럼 이상과 현실이라는 두 세계를 분리하고 대립시키면서도 더욱 구체적이고 물리적인 감각미 또한 강조하였다. 그러나 자신의 육체를 경멸하고 멸시하여, 병에 걸려도 약을 먹기 거부하며 잘 먹지도 않아 야위어가다 앓아누웠다. 그는 이렇게 육체를 학대하며 신과의 황홀한 엑스터시를 경험하기도 했다.

* 프랑스인들이 SNS나 문자, 채팅 창 등에서 자주 쓰는 이모티콘 문자로, 윙크하듯 살짝 웃는 모습이디.

덤'일 수 있다고 하셨죠. 이미 제우스도 당신이 강한 것을 알고 계시지만, 당신의 몸은 당신의 영혼에 의해 완벽하게 인도되고 있죠. 신체적 무기력, 감정, 기분 같은 것도 정신이 그것들을 통제하면 이야기가 달라지죠. 만일 그러한 것들이 정확한 질서 속에 있다면, 그러니까 균형감이 찾아진다면 정신은 흐트러지지 않죠. 생각들도 비워져 자유로워지죠. 자기 방목지에 있는 양들은 잘 지켜낼 수 있을 겁니다!;)

앗, 이 초라한 각운*, 죄송합니다. 당신한테 제가 너무 영감을 많이 받아서요. 당신은 저의 롤 모델입니다. 그래서 저도 사이클에 도전해보려고 결심했습니다. 몇 주 전이었죠. TV 중계로 투르 도만 경기를 보았어요. 당신의 그 눈부신 그룹 라이딩을 보다 결심하게 됐죠. 당장 저의 첫 자전거를 구입했습니다. 집에서, 그러니까 제 고향인 이집트에서 '저의 고유한 상을 조각하기' 위해 제 나름으로는 노력했습니다. 7월에 있을 투르 주행 때, 당신과 동행할 수준이 되기 위해서 말입니다. 그리스-이집트 연합 팀에 대해 어떻게 생각하십니까? "그리스 팀이 아류 팀을 만들었다. 새로운 철학이 이에 합류한다." 이거 솔직히 좋아 보이지 않습니까?

사실 체력적으로는 제가 조금 딸립니다. 하지만 괜찮아요. 중요한 건 머리입니다! 이 점에 관해서라면 저는 정말 어마

---

* 이모티콘 문자들을 고대 시학의 각운이라고 재미나게 표현하고 있다.

어마합니다! (이번에도 각운 하나 새로 쓰겠습니다. 죄송합니다.) XD[*]

플로티누스, #벨로조프 #플라톤의팬

플로티누스, 3월 16일 목요일 23시 49분

플라톤 님,

이렇게 다시 연락드려 죄송합니다. 한데 저에게 아직 답장이 없으셔서 좀 놀랐습니다. 혹시 '자기 고유의 상을 조각하라'라는 저의 표현을 오해하신 건 아닌지 걱정됩니다. 다시 말씀드리면, 그건 그저 말하는 방식에 불과합니다. 사실 신체는 절대 예술 작품이 아니라는 것을 저는 잘 알고 있습니다. 스포츠의 목적이 운동을 통해 신체를 변화시키는 것에만 있어서는 안 됩니다. 저 어리석은 권투 선수나 다른 보디빌더들이 하듯 말입니다.

조각상은 여기서 당연히 영혼의 조각상을 뜻합니다. 온전히 제작되어야 하는 것이 바로 이 영혼입니다. 신체를 소모하는 것은 평온 상태에 이르기 위한 수단에 불과하지요. 이 평온 상태를 고요히 놔두면 거기서 지성이 생겨납니다. 이 지성은

---

[*] XD를 세로로 돌려서 보면 X는 감은 눈이고 D는 입 모양으로, 너무 깔깔대고 웃어 눈이 감기는 모양을 흉내 낸 이모티콘이나.

'하이포스타시스'*로부터 나온 것이지요. 그것은 합일의 세계이자 선(善)의 세계입니다. 훈련이란 몸을 입 닥치게 하면서 영혼을 정화하는 일입니다. 그래서 결국 몸으로부터 영혼을 분리시키지요. 이 몸에 정확히 부단한 고역을 부여하면서 말입니다. 그 결과 영혼은 말 그대로 엑스터시**에 이르죠. 그래요, 엑스터시! 이건 불순물, 부착물로부터 떨어져 나온다는 말입니다. 이어 내적 상승, 그러니까 충만한 비상이 오면서 비로소 신을 관조하게 되죠. 그렇게 '긁어대고 윤을 낸' 영혼이, 거친 날 것의 정수 속에서, 그 눈부신 미덕 속에서, 어떤 혼합물 없이 짠~ 하고 나타나는 것입니다.

이건 모두 명명백백합니다. 이미 당신은 이걸 이해하고 계실 테고요. 이건 제 말이 아니라 바로 당신 말이니까요. 당신은 매번 예시를 하면서 설명하셨습니다.

선생님, 제발 시간 나실 때 저에게 답장 좀 해주시기 바랍니다. 키스, <3***

---

* hypostasis: 접두사 'hypo'는 아래, 맨 하층을 뜻하고, 'stastis'는 가만히 머문다는 뜻이다. 의학이나 생리학에서는 혈류 부전에 의해 체내에 혈액이 괴는 현상을 가리켜 일체의 침하성, 울혈성을 뜻하고, 형이상학에서는 이런 물적 구조의 특성이 전제된 본질 및 실체를 뜻한다. 신학에서는 삼위일체의 한 위격을 가리킨다.

** 엑스터시(extasie)는 어원으로만 보면, '침하/울혈(stasie) 상태로부터 밖으로 나오다(ex)'라는 뜻으로, 앞의 hypostasis와는 대조되는 개념이다.

*** 심장 모양으로 하트를 세 개 날린다는 이모티콘이다.

플로티누스, #에네아드의저자 #고대와유대기독교세계간의 이행의상징

플라톤, 3월 20일 8시 18분

안녕하십니까, 플로티누스?

우선 당신의 메시지에 감사드립니다. 빨리 답장하지 못한 점 사과드립니다. 요즘 제 스케줄이 꽉 차서요.

그나저나 훈련에 대한 개념은 좀 관심이 가더군요. 하지만 꼭 말씀드릴 게 있어요. 전 그렇게까지 함정을 파진 않았어요. 아니, 합일은 뭐고, 하이포스타시스? 무슨 근원적 실체니 정화, 엑스터시, 이런 건 전 하나도 몰라요. 너무 선회를 많이 하신 거 아닙니까?

저를 본받고 싶다고 하셨는데, 그렇다면 잊지 마시기 바랍니다. 저의 이상 도시에서 체육은 젊은 시민들을 위한 전인 교육의 하나입니다. 그리고 육체는, 그게 만일 감옥이라면 그 감옥을 반드시 거쳐야 저 지성의 세계에 도달할 수 있습니다. 감각은 지성의 일부입니다. 훈련한다, 단련한다는 것은 영혼을 해방시키기 위해 몸을 잠자코 있어라 명령하는 게 아니라, 몸 자체를 해방시키는 것입니다. 그래야 우리가 저 지성을 향해 나아갈 수 있습니다. 이 미묘한 차이를 아시겠습니까? 조각상, 그것은 육체이자 영혼의 조직성이 되어야 합

니다. 훈련을 하면서 당신이 조각하는 것은 이 전체가 되어야 하는 거죠. 제 견해를 구하신다면 이 점을 조금만 더 많이 생각해보시면 좋겠습니다.

자, 그러면 훈련에 대해 말하면서 이만 줄이겠습니다. 오늘 6시간의 훈련이 예정되어 있어서요.

스포츠 정신으로!

플라톤, #다이해하지못했군요

플로티누스, 3월 20일 8시 19분

오케이, 설명 감사드립니다!

그렇담, 당신 저지 하나만 저에게 주실 수 없을까요?

플라톤은 6시간의 훈련을 마치고 귀가하는 길에 이 답을 보았다. 문득 이런 생각이 떠올랐다. 대화하다, 소통하다, 아 이건 결국 페달을 밟는 것보다 힘들구나. 대화 상대자가 아무리 철학자여도 말이다.

약간의 역사

"이 생에서 다리와 팔을 움직일 줄
아는 것보다 더 큰 영광이 있을까?"
— 호메로스

영혼과 몸이 더 이상 대립되지 않도록, 관객과 배우 사이에 진정한 관계가 맺어지도록, 요컨대 스포츠의 표상과 보편적 인간 존재의 표상이 더 이상 파편화되지 않도록 하기 위해 조금은 과거로 돌아가봐야 한다. 인간이 하나의 모든 것이었고, 신체와 영혼이 단 하나의 같은 것에 다름 아니었던 시대를 예로 들어볼 필요가 있다는 것이다. 니체의 말을 인용하면 '생각하는 몸'이 인정되는 시대가 있었다.

이 시대는 스포츠가 탄생한 초기로, 고대 그리스에서 최초로 경기가 열렸다. 기원전 776년 올림포스에서 경쟁을 목표로 한 경기가 처음 시작되었다. 당시에는 무엇보다 운동선수의 완벽한 신체가 정신적 자질보다 우선시되었다. 경기에 참여한 경쟁자들은 모두 벌거벗은 몸이었다('짐나스틱'의 어원이 되는 '굼노스'(gumnos)는 직역하면 벌거벗은 몸이라는 뜻이다). 우 승자들의 영예를 기리기 위한 조각상이나 신성한 월계관을 씌 워주는 의식도 사실 거의 신의 반열에 들어간 챔피언들의 몸 을 찬미하는 것이었다. 인간의 전적인 물질성은 어떤 가치 판 단 없이, 그러니까 정신과 비교한 평가 절하 없이 그 자체로 인 정되었다.

그 시절, 이상적 인간은 칼로스 카가토스(kalos kagathos) 였다. 직역하면 '아름답고 선한' 인간. 즉 신체적 자질을 통해 정신적 자질을 점쳤다. 오늘날에는 이런 말에 사람들이 상당 히 놀란다. 우리는 외적 아름다움과 내적 아름다움을 근본적 으로 구분하기 때문이다. 하지만 고대 그리스에서는 외적 아 름다움이 곧 지적 섬세함으로 통했다. 그도 그럴 것이 인간은 하나로, 심리적인 것과 육체적인 것이 서로 다를 수 없기 때문 이다. 현명하기 위해서는 아름다워야 했다.

그런데 이런 도식을 깬 인간이 바로 소크라테스다. 소크 라테스는 위대한 현자였지만 소름끼칠 정도로 못생긴 추남으 로 유명했다. 그가 이렇게 못생겼기 때문에 감각적인 것과 지 적인 것, 신체적인 것과 정신적인 것을 갈라놓을 사상의 주동 자가 된 것일까?

소크라테스 이후 기원전 4세기 초에 많은 것들이 바뀐다. 스포츠 경기는 이미 쇠퇴했고, 그 오만함도 조금씩 사라졌다.

투르를 향하여

정신은 몸으로부터 분리되기 시작했다. 칼로스 카가토스는 이제 이상적 모델이 아니었다. '건강한 신체에 건강한 정신이 깃든다'(mens sana in corpore sano)는 말이 이를 대체하게 된다. 이제 그리스 아닌 라틴 문화가 다소 전환된 이 개념을 상징화한다. 그리스인들에게는 육체와 정신이 동전의 양면 같다면, 이제 놓은 분리된다. 몸은 이제 정말 중요해진 단 하나, 바로 정신을 보호하는 외피에 불과하다.

이런 움직임은 세 개의 일신교가 출현하면서 더욱 확대된다. 이 세 종교는 각각 나름으로 부패하게 마련인 육체와 영원불멸할 영혼 사이에 위계질서를 세운다. 물론 매번 육체가 경시되었다. 고대 스포츠는 이제 용인되지 않았고 이교(異敎)를 장려한다는 비난을 받아 서기 393년에 금지되었다. 기독교화된 동로마 제국의 황제 테오도시우스의 칙령에 따라 밀라노의 주교인 암브로시우스가 명령을 내린다.

이어진 기나긴 세기 동안 기마 창시합 등 토너먼트 방식으로 치러지는 대전이 대중적 인기를 얻었고 스포츠 열기가 지속되었지만 항상 교회의 억압 정책에 순응해야 했다. 12세기 클레르몽 공의회 때, 교황 인노첸시오 2세는 "기사들이 그들의 힘과 혈기 넘치는 맹렬함을 과시하기 위해 한데 모여 흔히 인명을 살상하고 마는, 이토록 영혼에 위해하고 저속한 '혐오스러운 축제'는 금지해야 한다"고 말했다. 그리고 교횡은 딧

붙였다. "거기서 죽은 시체를 본 자들에게는 기독교식 무덤을 허락하지 않을 것이다." 몸은 경시되었고 물질과 정신 간의 진정한 분할이 포고되었다.

후대에 데카르트가 인간에게 있는 이 두 실체를 구분함으로써 이를 더욱 승인한 셈이 되었다. 인간을 정의하는 데 있어 한쪽에는 생각하는 실체("나는 생각한다, 고로 존재한다")가 있고, 다른 쪽에는 부패하고 변하는, 하여 우리가 잠정적으로만 의지하는 신체적 실체가 있다.

르네상스기에 와서 다시 소소한 논박이 일다가, 19세기에 이르러 신체 또는 체육에 대한 금기 개념이 획기적으로 바뀐다. 영국 프로테스탄트들이 풍속의 타락을 막기 위해 체육활동을 장려하기 시작한 것이다. 수도 참사회원인 킹슬리는 '머스큘러 크리스천'(근육질의 기독교인)을 주장했고, 목사 토머스 아놀드는 자신이 운영하는 사립학교에 스포츠를 정규과목으로 편성했다. 이 사립학교의 이름은 럭비*였는데, 이 학교는 럭비라는 도시에 있었다.

이제 몸은 다시 위엄을 되찾게 되었다. 스포츠의 진짜 르

---

*   럭비 풋볼로 알려진 럭비는 원래 잉글랜드 워릭셔주에 있던 도시 이름이며, 그 도시에 있던 사립학교 '럭비 스쿨'에서 이 풋볼의 변형 경기가 유래했다. 1823년 이 학교의 한 학생(윌리엄 웹 엘리스)이 풋볼 경기 중 규칙을 어기고 공을 안은 채 상대팀 골라인으로 달려가기 시작한 것이 럭비의 기원이 되었다.

네상스가 시작되는 길이 열린 것이다. 그리고 이 길 속으로 뛰어든 사람이 바로 그 유명한 피에르 드 쿠베르탱 남작으로, 고대 경기에서 영감을 받아 근대 올림픽 경기를 창시했다. 그 첫 대회는 1896년 아테네에서 열렸다.

독일 팀의 위기 상황

시민들에게 한 해의 첫 달은 노동의 달인데, 사이클 선수들에게 이 달은 긴가민가한 달이다. 12월만 해도 선수들은 아직 이전 시즌의 기분에 머물러 있다. 동계 훈련이 시작되지만, 아직도 모두 무사태평과 축제의 기분에 젖어 있다. 1월이 되면 좀 진지해진다. 한 달 남짓 후면 첫 경기들이 시작되기 때문이다. 불어난 체중도 걱정된다. 안장에 앉는 시간을 늘려야 한다. 겨울에 불어난 체중을 감량하기 위해 혹독한 다이어트에 들어간다. 이 정도면 최상의 준비가 된 거 아니냐고 하겠지만 아니다. 전혀 반대다. 아직 충분하지 않다.

그리스인이든 그리스인이 아니든, 벨로조프든 아니든 사이클 선수라면 다들 이 프리시즌의 불안을 너무나 잘 안다. 관례적인 1월 중순의 스테이지가 안심할 수 있는 첫 계기가 된다. 2월이 오기 전, 그러니까 진짜 경쟁이 시작되는 시즌이 열리기 전, 팀 동료들과 모의 경기를 해보면서 '테스트'에 들어가는 것이다. 이 시범 시합이 그해 남은 달들의 성적을 그대로 말해주지는 않지만 그래도 정신력을 위해서라도 감을 잡아보기에는 좋다.

그런데 한 달 간 경기를 치른 후 3월 초가 되었을 때, 독일 팀은 수많은 질문에 휩싸였다. 이 팀은 시즌 초부터 성적이 좋지 않았다. 뛰어난 팀 구성에 비해 성적이 기대한 만큼 나오지 않았다. 루디 알티히, 에릭 자델, 옌스 보그트, 그리고 얀 울리그까지 선수로 뛰고 이들이 같은 운동복 아래 하나로 결집해 있으니, 이 선수들을 뒤따르는 수행 차량들은 이 팀이 당연히 눈부신 성과를 거둘 것이라 생각했다. 그런데 전혀 그렇지 않았다. 제2존 경기에서 시상대 위에도 못 올라간 것이다.

어떤 선수들은 그 결과와 무관한 듯 보였고, 또 어떤 선수들은 과중한 무게를 느낀 것 같았다. 또 어떤 선수들은 확고한 의지에도 불구하고 세월의 무게를 느끼는 듯했다. 더욱이 국가대표 팀 선발이 결과적으로는 독일 선수들 간의 경쟁심을 불러일으켰다. 그때까지만 해도 마크를 단 명문 팀에서 유니크한 리더들로 뛰다가 이제는 같은 조직 내에서 동거를 해야 한다. 적어도 말할 수 있는 것은 경기 초반에는 팀 정신이 제대로 발휘될 수 없을 것이라는 점이었다. 특히 기상친외하게 생긴 마요르카 섬에서 치러진 그랑프리 대회 때, 알티히는 같은 스프린트 팀에 있던 자델을 눌렀고, 마지막 역주를 날려야 하는 울리그는 킬로미터를 조절하며 자기만의 카드를 날리고 싶었다.

요약하자면 위기였다. 7월의 대참사를 피하려면 얼른 대응책을 세워야 했다. 더욱이 올해는 투르 경기 출발 도시가 독일 뒤셀도르프다. 성적이 부진하면 독일 사이클은 다시 한번 철퇴를 맞는 것이다.

그나마 다행인 것은 이번 독일 팀의 매니저가 알베르트 아인슈타인인가 하는 사람인데, 그가 전권을 쥐고 있었다. 그는 스포츠 물리학에도 조예가 깊어 이 팀의 수장으로 지명되었다. 명민한 분석력, 인성 좋은 소통 리더십까지 두루 갖춘 매니저였다. 아인슈타인은 한 가지 문제 때문에 시즌 초반부터 경기가 안 풀렸다는 것을 알고 있었지만 그냥 이렇게 말하고 넘어갔다. "해결책 없는 문제는 문제 제기가 잘못된 것입니다." 아인슈타인은 낙관주의자였다.

민첩한 두뇌로 그는 이 팀이 봉착한 문제를 긴급 처방할 혁명적 아이디어를 급히 내놓았다. 아인슈타인은 베스트플란데런* 지역의 고전적 풍경을 보여주는 벨기에의 해안 도시 드하안에서 치러질 예비 시즌 경기에서 자신의 아이디어를 팀

---

* 벨기에 서북부에 있는 플란데런 지역의 주로, 주도는 브뤼헤이다.

원들에게 공개할 예정이었다.

"여러분, 여러분은 우리 경기가 왜 우리 수준에 미치지 못하는지 아실 겁니다. 정기 시즌은 아직 멀었고, 여러분이 열심히 하면 그때 가서는 상황이 바뀔 것을 저도 압니다. 하지만 매니저로서 저의 역할은 어떻게 하면 우리의 역량이 더 개선될 수 있는지 그 방법을 찾고 강구하는 것입니다. 제가 가진 이론이 하나 있는데, 그 이론을 적용하면 여러분은 선두를 되찾을 수 있을 것입니다. 그 이론은 아마도 현대 사이클을 완전히 뒤집어놓을 수 있을 것입니다. 그 이론은 그러니까……."

"그 이론이라면 지난번 같은 그런 거 아닙니까? 당신이 좀 전전긍긍한……." 알티히가 그의 말을 가로막더니 신랄하게 비꼬았다.

"뭐라고요?"

"그러니까 당신 이론에 따르면 덩어리는 곧 에너지다. 거, 뭐라고 했더라 $E=CM^{2*}$? 당신은 이번 겨울 내내 끝도 없이 우리에게 근육을 만들 것을 강요했죠. 왜냐? 질량을 만들어야 하니까. 그래야 경기 시작부터 에너지가 충만하니까. 이런 거 아닙니까? 그래서 우린 모루처럼 무거운 시즌을 시작했고, 너

---

* $E=MC^2$를 비꼬는 듯 철자를 일부러 바꿔 재밌게 표현했다. E는 에너지, M은 질량, C는 광속의 약자이다. 이 공식은 현대과학의 상징과 같은 아인슈타인의 특수 상대성 이론 공식으로, 질량과 에너지의 등가 원리를 통해 물질과 에너지이 경계를 무너뜨렸다.

무 달려 이젠 더 달릴 바퀴가 없을 만큼 지쳐 있어요."

"아, 물론, 이 이론은 위험할 수 있습니다." 아인슈타인은 인정했다. "그 이론을 실제에 적용하는 것은 좀 한계가 있습니다. 하지만 이번 나의 새로운 이론은 전혀 다릅니다."

"이번에는 그때와 다르기를 바랍니다. 그때 당신은 중력이 존재하지 않는다는 확신을 우리에게 심어주려고 했잖아요." 울리그가 뭔가 불만이 있는지 바드득거리며 말했다. "중력에 대해서라면 당신에게 확인해줄 수 있는데, 10킬로 초과한 제 몸무게 때문인지 여기저기 구릉에서 계속 중력이 느껴지거든요."

"아, 그건 아닐 겁니다. 당신은 제가 한 말을 잘못 이해했어요. 얏, 그러니까……" 매니저는 친절함을 잃지 않은 채 그의 말을 수정해주었다. "내가 말하고자 한 것은 자체 내의 중력은 존재하지 않는다는 거였어요. 중력은 시간과 공간의 변형에 불과합니다."

울리그가 난처한 표정을 짓자 아인슈타인은 더 설명할 필요를 느꼈다.

"시간과 공간은 다른 것이 아니라 같은 것, 아니 단 하나의 것이라 봐야 합니다. 전 우주에 펼쳐진 큰 천 같은 것을 떠올려보세요. 당신이 말하는 중력은 터진 구멍, 그러니까 그 어마어마한 천 속에 난 함몰 부분에 불과합니다. 당신은 지구 위에 있는 사이클 선수입니다. 당신은 이 지구 구멍 한가운데 있습니다. 당신이 아무것도 하지 않으면 십중팔구 그 구멍 속으로, 그 바닥 속으로 '미끄러져' 들어갑니다. 하지만 당신이 뭔가를 한다면! 페달을 밟으면 돼요. 할 수 있다면 페달링을 더 빨리, 더 세게, 더 높이! 왜냐하면 속도가 증가하면 증가할수록 공간이 그만큼 수축된다는 것을 알아야 해요. 그러니까 자전거는 간단해요. 거리가 줄도록 가속을 하면 됩니다. 이번엔 이해됐나요? 페달에 온몸을 의지하면 구릉의 길이가 좀 짧게 느껴질 겁니다!"

아인슈타인이 열정적으로 장광설을 내뿜고 나서 잠시 숨을 가다듬는 동안, 울리그는 팀원들에게 기가 막히다는 듯한 눈빛을 보냈다. 이번만은 예외적으로 독일 선수들 모두 몸에서 똑같은 파동을 느낀 것 같았다. 대학 강단 출신이라 사이클 연맹이 그를 이 사이클계에 초청한 것으로 보이는데, 자기 분야에서는 분명 탁월하겠지만 결정적으로 자전거에 대해서는 뭘 잘 모르는 것 같았다.

머릿속 다리

"생각하는 사람으로서 행동해야 하고
행동하는 사람으로서 생각해야 한다."
— 앙리 베르그송

19세기 스포츠의 재창조는 신체 가치를 회복시켰을까? 칼로스 카가토스라는 그리스적 모델로의 복귀를 증명한 것일까? 아직도 멀었다. 근대 스포츠의 특성은(일반적으로 모더니티의 확장으로 연결되는) 몸을 정신을 위한 하나의 보조 장치로 생각한다는 것이다. 이것은 킹슬리의 경우에도, 아놀드의 경우에도 그랬다. 체육 활동이 곧 교육적 미덕을 위한 것이자 도덕의 함양을 위한 것이었기 때문이다.

　이런 접근은 비종교성을 띠었던 피에르 드 쿠베르탱의 방식과 다른 것일까? 스포츠 교수법, 유용한 체육 같은 그의 논문 제목 몇 개만 보아도 이를 짐작할 수 있다. 제목이 말해 주듯, 남작에게는 스포츠가 아직은 하나의 수단에 불과했다.

그는 "생리학만큼 심리학을 부각했다." 그의 관심은 인간의 정신적 근육이라 부를 수 있는 것을 발전시키고 그 성격을 강화하는 것이었다.

최초의 올림픽 경기로 돌아가는 것 이상으로 피에르 드 쿠베르탱은 여러 경기를 창조하면서 올림픽 정신을 다시 부활시켰다. 몸은 엄밀히 말하면 정신에 종속된다. 그리고 그것이 표본으로 간주되는 도덕적 가치에 순응한다. 게다가 다시 취해진 것은 칼로스 카가토스라는 그리스 모델이 아니라 라틴 모델, 즉 "건강한 신체에 건강한 정신이 깃든다"이거나 이것을 약간 개조한 "훈련한 몸속에 뜨거운 정신"이기 때문이다.

그렇다면 오늘날 우리는 이 전통에서 벗어나 있는가 확신할 수 없다. 우리 사회가 손을 써서 일하는 직업을 어떻게 생각하는지 살펴보는 것만으로도 충분하다. 직업 학교를 바로 가고 싶어하는 상당수 학생들은 부모님 때문에 그렇게 하지 못하고 있는데, 부모님은 우선 바칼로레아 시험에 합격하고, 대학에 들어가 학위를 받은 다음에 해도 늦지 않는다고 말리는 게 보통이다. 그래서 15세에 하고 싶었던 것을 25세가 되어서 하지 않는가.

실제 상황은 더 심각하다. 오늘날에는 물질과 정신 사이의 분할이 개개인에게만 있는 것이 아니라 사회 구조 전체에 있다. 개인 프로필을 특성화하는 일이 다반사가 되면서, 이른바 '육체' 노동과 '지식' 노동을 나누고 이 노동에 종사하는 서로 다른 계급 공동체가 형성되어 있을 정도다. 사회의 어떤 구성원들은 오로지 몸만 쓰고 또 다른 구성원들은 오로지 머리만 쓴다. 한쪽에 궁핍한 배우가 있다면 다른 한쪽에는 그들을 감상하는 관객이 있는 것처럼.

많은 사람들 눈에 이 두 세계가 하나로 합쳐질 수 있다는 것이 예외적으로 보일 것이다. 내가 철학 석사 학위를 가진 사이클 선수라서 뭇 사람들의 관심을 끈 것도 그래서다. 난 고전적 도식, 그러니까 사람들이 기대하는 범주 밖에 있다. 그렇다면 내가 외계인일까? 그렇지 않다고 생각한다. 나는 인간 존재란 행동하면서 동시에 사유할 수 있다고 생각한다.

하지만 나의 입장은 소수의 입장이 될 수밖에 없다. 그도 그럴 것이 나와 같은 프로필, 그러니까 '머리와 두 다리'를 하나로 융합하는 것에 다들 놀라기 때문이다. "한 쪽에는 머리가 있고 다른 쪽에는 두 다리가 있다." 이건 아무리 봐도 유효한 새로운 모델이다. 이런 모델 바깥에 있다면 시대정신 안에 들어와 있지 않은 것이다.

물론 실제로는 이것이 칼로 자르듯 딱 분리되지 않는다. 손을 써서 일하는 육체노동 직업과 머리를 써서 일하는 정신노동에 직업을 연결하는 다리는 분명 존재한다. 학위와 스포츠 둘 다 해낼 수 있게 하는 몇몇 수단들이 있다. 나는 그런 시스템을 적극 활용했다. 플레르 고등학교에서 체육학과에 들어갔고, 파리 낭테르 대학 석사 과정은 원격 강의로 이수할 수 있었다.

이런 프로그램이 있으면 좋다는 것은 다들 인정하지만, 그 덕분에 가능했던 나의 '특이한' 프로필은 받아들일 준비가 되어 있지 않다. 둘 중 하나를 선택해야지, 월등한 수준의 운동선수가 되는 것과 대학에서 학위를 받는 것을 서로 융합하는 것은 불가능한 일이라는 말을 그동안 얼마나 수차례 귀에 못이 박히도록 들었던가! 스포츠로 성공하는 것이 미국 학생들에게는 하나의 강력한 카드이다. 그런데 왜 프랑스에서는 이런 측면을 무시하는 건지, 지식인 사회는 신체가 그토록 두려운가? 아니면 학업과 스포츠를 병행하면 교육의 질이 떨어진다고 생각하는 것일까? 좀 뻔한 소리를 해보자면, 소위 '엘리트' 사회 구성원들의 눈에는 스포츠 세계가 저 멀리 떨어진 행성처럼 보이는지도 모르겠다.

어쨌든 학업을 하는 동안 자주 느꼈던 것인데, 내가 마치 UFO가 된 것 같았다(펠로톤 속에 있는 '철학자'가 된 지금보다 그때 더 그렇게 느꼈다). 특히 교사들과 학생들 대부분은 훈련, 이동, 결과 같은 용어로 상징되는, 아마추어급에서는 가장 등급이 높은 전국 제1군에 속하는 이 사이클 선수의 생활을 이해하지 못했다. 많은 사람들은 나의 스포츠 활동이 취미 그 이상은 아닐 거라고 생각했다. 나는 수업을 마친 후 기상 상황에 문제가 없으면 무조건 저녁에 세 시간 동안 라이딩을 했다. 주말이면 프랑스 이쪽에서 저쪽 끝까지 달리기 위해 카미오네트*를 타고 이동했고, 자동차를 타고 가도 다 돌 수 없는 수 킬로미터를 1년간 자전거를 타고 일주했다. 스포츠 선수의 일상은 우리 교수님들에게는 미지의 영역이었다.

대학 사회가 스포츠를 잘 모른다는 것은 내게 중요하지 않았다. 내가 당황한 것은, 그래서 호기심을 가지기보다 대놓고 거부한다는 것이었다. 석사 과정에 들어가서는 석사 학위 논문을, 이른바 대학에서 요구하는 독창적인 에세이를 써야 했다. 그렇다면 스포츠 문제를 철학적으로 고찰해봐야겠다는 생각이 들었다. 좀 더 정확히 말하면, 나는 니체의 저작을 가지고 운동과 관련한 현상을 다뤄보고 싶었다. 그런데 내 연구를 지도해줄 교수를 찾기가 너무 어려웠다. 그건 너무 '이국적' 주제 아니냐는 비판을 받았다. 물론 니체가 스포츠에 관한 저작으로 유명한 것은 아니다. 하지만 해설과 해석을 통해 나의 논문 기획을 잘 소개하려 애썼다. 니체 철학의 차원에서 현대 스포츠를 사유해볼 수 있기를 희망한 것은 바로 나였다. 나는 이 독일 철학자의 사유에 없는 것을 내가 찾았다고 주장하려는 게 아니었다.

이것은 이국주의가 아니다. 내가 생각하기에 수모와도 같은 이 거부의 진짜 이유는 이런 것이다. 사람들은 일반적으

---

*   1.5톤 미만의 소형 화물차.

     투르를 향하여

로 자기 문화 안에 누가 들어와 그것을 깨는 것을 좋아하지 않는다. 사이클 선수만 하더라도 주로 사이클 선수하고만 이야기한다. '사이클 패밀리'라고 부르면서 자기들만의 표현이나 용어, 고유한 부호 등을 쓴다. 마찬가지로 철학자들은 주로 철학자들에게 말을 건다. 이른바 대학 연구물이라는 수단을 통해 그들만의 은어를 써가며 난해한 주제를 다룬다. 물샐 틈 하나 없이 철저한 그들만의 주제를 다루며 자기들끼리만 소통하는 것이다. 사람들이 너무 많이 나돌아다니는 길에서 빠져나오기, 서로 낯선 두 세계를 대화시키기, 이런 것들은 제자리에 가만히 있는 것을 괜히 문제 삼는 것으로 보였다.

그러나 정말 다행히도 예외가 있었다. 나는 마침내 장 프랑수아 발로데*라는 철학 교수를 찾게 되었다. 그는 낭테르 대학의 총장이었고 스포츠 운동으로 사이클을 즐기는 사이클 마니아이기도 했다. 그는 나의 논문 계획서에 서명을 해주었고, 지도 교수가 되어주는 것도 수락했다. 그래서 나는 이 연구를 시작할 수 있었다. 내 연구 목표는 분명했다. 스포츠를 철학의 한 대상으로 간주하면서, 스포츠를 통해 철학을 흔들고 교란하되 두 세계 사이에 벽을 세우는 게 아니라 다리를 놓겠다는 것이었다.

---

* 철학자이자 철학 교수로, 고대 철학과 현대 철학의 통섭에 많은 관심을 가졌다. 2012년부터 2020년까지 낭테르 대학의 총장을 지냈다.

혁명적 아이디어

서로 간의 몰이해에서 비롯된 침묵이 독일 선수들과 아인슈타인 사이에 자리잡았을 때, 아인슈타인은 실어증에 걸린 사람들처럼 이들이 아무 말도 하지 않는 것에 그닥 신경쓰지 않는 듯했다. 그런데 아인슈타인은 오늘 모임에 다시 그 주제를, 아니 훨씬 새로운 혁명적 아이디어를 가지고 왔다.

"제가 여러분을 오늘 소집한 것은 시공간에 대한 논지를 펴기 위해서도 아니고, 근육 강화에 대해 토론하기 위해서도 아닙니다. 우리는 지금 베스트플란데런에 원정 준비를 하러 와 있습니다. 물론 단지 그것 때문만은 아닙니다. 진짜 우리의 목표는 더 원대한 것입니다. 7월에 개최될 투르 경기의 대출정을 목표로 상위권에 들어갈 방법을 이제 고민해야 합니다.

그런데 최근 그리스 팀이 새로운 방법을 시도했다는 말을 들었습니다."

선수들은 웃음이 터져나오는 것을 참을 수 없었다. 그리스는 사실 독일에게 가장 두려운 팀은 아니었기 때문이다. 조롱하는 태도에도 아랑곳하지 않고 아인슈타인은 계속해서 말했다.

"그래요, 우스워 보일 수 있습니다. 하지만 15일 전에 베르트산 정상에서 치러진 투르 도만에서 누가 스테이지 우승을 거머쥐었는지 아십니까? 제가 알려드리죠. 바로 그리스 국가 대표 팀의 소크라테스입니다."

"아, 내가 누구 발밑에 들어가진 않는데." 울리그는 생각만 해도 열받는지 핀잔을 주듯 알티히를 째려보며 말했다.

"전에 플라톤이란 놈이 갓길에서 날 넘어뜨렸죠." 알티히가 변명하듯 말했다.

"게다가 그리스인들은 겨울에도 태양 아래서 훈련해서 그래요." 자델이 한술 더 떠 말했다. "그들이 그럴 때 우린 슈바르츠발트*와 스위스에서 덜덜 떨며 훈련하거나 베를린 코스나 밟고 있었으니. 중동 국가인 오만에서 경기를 치르는데 솔직히 이상적인 조건은 아니었죠. 지금만 해도 베스트플란데런 경기를 준비하느라 다른 팀들은 스페인이나 이탈리아에

* 일명 '검은 숲'으로 불리는 독일 남서부 산악지대

서 스테이지를 밟고 있는데, 왜 우리만 여기 드한에서 비와 바람 속에 있는 건지!"

아인슈타인은 그런 변수들은 그저 미미한 영향밖에 미치지 못한다고 확신하며 굳이 답변을 하지 않았다. 그에 따르면 그리스 선수들이 성공한 진짜 이유는 그들의 비밀병기, 바로 그들의 지성 덕분이었다!

이 말에 선수들은 다시 한번 어안이 벙벙해졌다. 정말이지, 머리카락이 삐죽삐죽 솟아 있는 이 매니저는 정말 특이한 사람이었다. 사이클을 타려면 그 정도의 지성은 있어야 한다는 것인지, 아니면 지금 이 선수들은 그런 지성이 없다는 것인지 종잡을 수 없었다. 아인슈타인은 지금 자기가 선수들의 화를 돋구고 있다는 걸 알면서도 당황하지 않았다. 그는 그리스의 이 벨로조프 이야기를 전해주는 여러 신문 기사와 보도를 읽고 듣고 있다고 했다. 소크라테스, 플라톤, 아리스토텔레스 그리고 다른 선수들은 두뇌가 탁월할 뿐만 아니라 체력적으로도 아주 강하다는 것이었다. 기자들의 문장은 단호했다. 기사에 따르면 철학은 일종의 묘약으로, 이것을 마신 자는 사이클 경기에서 결코 소홀히 할 수 없는 어마어마한 이점을 갖게 된다는 것이었다. 힘과 지구력이 상승하는 것만이 아니라 팀원들 간에 어떤 시련도 감당할 만큼 결속력이 강해진다는 것이다. 모든 기자들이 7월 투르 경기에서 이 그리스 선수들이 기록을 경신할 것이라고 단언했다. 왜냐하면 그들은 생각하기 때문이다. 신이 나서 대화를 이어가던 아인슈타인은 이렇게 덧붙였다.

"요컨대 우리에게 부족한 게 많지만, 철학은 가장 저렴한 비용으로 우리에게 이 모든 걸 만회할 수 있게 할 겁니다. 그래서 저는 결정했습니다. 독일 팀이 상위권에 들려면 철학자늘을 합뷰시켜야 합니다. 이상해 보이겠지만, 자전거를 신봉하는 철학자들이 독일에 제법 많습니다. 그래서 저는 일종의 캐스팅을 할 겁니다. 이 어마어마한 그리스 선수들과 대결할 만한 동등한 무기를 갖춘, 최상의 요소를 갖춘 철학자들을 선발하겠다는 겁니다. 미래를 위한 이 시도가 최선으로 진행되고 이런 저의 결정이 힘을 받으려면 여러분의 지지가 절대적으로 필요합니다. 저도 압니다. 저의 아이디어가 급작스러워 놀랄 수도 있다는 것을요. 하지만 이게 눈덩이처럼 커져 몇 년 후에는 사이클 선수로서 철학 석사 학위를 받는 자가 나오게 될 겁니다.

독일 선수들은 이제 놀라움을 지나 허탈로 접어들고 있었다. "철학 석사라니 말도 안 돼!" 그들은 이제 단념했다. 이 미친 매니저가 하자는 대로 하기로, 그리고 경기도 되는 대로 하기로. 그냥 다 될 대로 되라는 식으로 모든 걸 체념했다.

니체, 스포츠 철학자?

"나는 그대들에게 평화를
권하는 것이 아니라
승리를 권한다."
— 니체

철학과 스포츠 간의 관계는 일견 정해진 것처럼 보인다. 철학은 항상 물적 우발성 또는 인간 하부구조에서 볼 수 있는 저속함 같은 것에서 빠져나오고 싶어하는 경향을 보였다. 그때부터 철학은 스포츠를 항상 위에서 아래로 내려다보는 식으로, 그러니까 다소 경멸적인 시선으로 보곤 했다.

스포츠계에 종사하는 여러 다른 종목 배우들 모두 뉴스의 급류 속에 익사하면서도 그들의 활동을 새로운 시각에서, 사유하는 대상으로 파악해보기 위해 머리를 위로 젖히고 생각해보려는 노력을 거의 하지 않았다.

철학과 스포츠는 서로가 서로에 대해 잘 모르는 과오를 저질렀다. 사실 그들은 같은 것에 관심을 갖고 있다. 인간으로

투르를 향하여

서 원하는 것과 할 수 있는 것, 바로 이것이다. 두 분야 사이 연관성을 한번 그려보는 것만으로 충분하다. 내가 석사 논문을 쓰면서 하고 싶었던 것이다. 내 논문의 정확한 제목은 이것이다. "현대 스포츠: 니체 철학의 적용?"

여기에서 명확히 할 것이 있다. 나의 야망은 철학을 현대 스포츠가 실행할 어떤 '프로그램'으로 간주하려는 게 아니다. 니체(1844~1900)와 19세기 스포츠의 탄생(1863년 축구협회 탄생, 1896년 근대 올림픽 개최, 1903년 투르 드 프랑스 개최) 간에 연대기적 근접성이 있긴 하지만 전자가 후자의 전조가 되었다고 보는 것은 너무 작위적이다.

나의 연구는 유용함을 지향하는 것도 아니었다. 최고의 운동선수가 되기 위한 니체식 레시피를 제공하자는 것도 아니었다! 챔피언이 되기 위해 위대한 스포츠 이론가가 될 필요는 없다. 책은 내가 움직여야 할 필요가 있을 때 도움 되는 조촐한 보조도구였을 뿐이다.

논문을 통해 나는 다만 나의 개인적 비전을 전개하고 싶었다. 그 비전 속에서 나는 니체를 현대 스포츠의 숨은 아버지로 소개한 측면이 있다. 왜? 우선 나로선 이런 발상이 재밌었다. 니체를 스포츠의 창시자로 상상하는 것은 아인슈타인을 사이클 팀의 매니저로 상상하는 것만큼 재미있었다(철학자들은 웃지 않는다? 이것이야말로 싸워야 할 편견 중의 하나다).

내가 선택한 주제는 나의 이력 때문에 더 큰 반향을 일으킬 수도 있었다는 것을 말할 필요가 있겠다. 니체는 내가 발견한 최초의 철학자다. 나에게 정말 깊은 인상을 심어주어 나를 이 스포츠 세계에 뛰어들게 만든 장본인이다. 니체를 읽어본 자라면 기존의 고전적 철학과는 상당히 다른, 그 어떤 대척점에 있다는 것을 알게 된다. 그 서정적이면서도 격정적인 스타일만이 아니라 다루는 주제 또한 우리를 놀라게 한다. 니체는 아포리즘을 통해 우리를 형이상학적으로 비상하게 하는가 하면, 절식 또는 금식의 조언을 하듯 우리를 절제하게 만든다. 이 철학자는 나 같은 젊은이를 향해 말하는 것도 같다. 내가 되어야만 할 월등한 수준의 스포츠인에게 말하는 것 같다. 내가 내 논문을 니체에게 헌사하기로 한 것은 그래서다.

니체 철학과 유사한 방식으로 나는 스포츠와 특별한 관계가 있었다. 내가 기억하기로, 나는 어렸을 때부터 경쟁심 또는 이기고 싶어 하는 승부욕 같은 것이 항상 있었다. 그래서인지 내 삶과 내 일상에서 중요한 부분과 나의 연구를 하나로 통합하고 싶은 욕심도 생겼다.

니체를 읽으면 투쟁 정신이나 개별 주체의 자기성, 승리의 영광 같은 개념을 자주 만난다. 이것은 나의 철학과도 맞아떨어졌다.

세부 설명에 앞서, 나의 논문 전체는 하나의 프로젝트를 중심으로 돌아간다는 것을 먼저 말하고 싶다. 현대 스포츠의 역사적 창시자들이 실제 생각한 것 그 이상의 정통한 방식으로 나는 현대 스포츠를 다시 생각해보고자 했다.

우리가 알고 있는 스포츠는 몇 가지 가치를 떠받들고 있다. 페어플레이, 상부상조, 보편주의, 아마추어리즘, 결과에 대한 초연함, 진보라는 이상. 이러한 가치, 다시 말해 쿠베르탱이 강조한 올림픽 정신은 그 자체로는 칭찬할 만하다. 그러나 내 눈에 이런 가지늘은 스포츠인이 실제로 겪는 것을 다 반영하지 못하고 있다. 운동선수로서 나는 이 근대 스포츠 깃발에 새겨진 정신 속에 있어본 적이 별로 없다. 내가 보기에는 내가 알고 있는 월등한 실력의 프로 선수들에게 중요한 것은 참가하는 것이 아니라 이기는 것, 잘 그리고 멋지게 승리하는 것이다. 화합의 힘이 강조되려면 우선은 개인의 야망이 실현되어야 한다. 타고난 재능으로 이 야망이 실현된다고 믿는 것도 착각이다. 챔피언이 되려면 연구와 작업이 요구된다. 하나의 직업인 것이다. 결론적으로 말해, 현대 스포츠는 위선을 띠고 있다. 광고라는 병풍으로 스포츠가 정말 겪고 실제로 작동하는 모습을 감추고 있는 것이다. 스포츠는 사력을 다하는 어떤 동물성을 띠고 있다. 땀조차 흘리지 않으면서 다만 '유 캔 두 잇' 같은 광고 문구만 읊어댄다고 되지 않는다.

나는 니체 철학이, 지금도 여전히 유효한 올림픽 이데올로기보다 스포츠의 실질적 체험을 더 잘 묘사하고 있다고 생각한다. 프로 사이클 선수인 나는 오늘날 유행하는 이타주의보다 니체가 인정한 개인주의에 훨씬 공감한다. 경쟁과 이타주의는 하나로 결집되지 않는다. 오히려 대립된다. 왜 스포츠가 적과 죽을힘을 다해 맞붙어 싸우는 전투라는 것을 고백하지 않는가? 그렇게 고백하는 것이 부끄러운가? 우리의 동물적 충동을 감추기보다 경쟁이라는 제도화된 틀 안에서 승화하는 게 낫지 않을까? 철학처럼 질서정연하지는 않아도 스포츠만의 방식으로 동물적 충동을 해방시킬 수 있지 않을까? 나는 우리 사회가 몸의 위상을 양다리 걸치듯 보고 있다고 생각한다. 물질을 정신에 종속시키면서 스포츠를 숭배한다는 것은 실제로는 스포츠를 숭배하지 않는 것일 수 있다. 바로 이런 점에서 나는 니체 철학이 훨씬 건전해 보인다. 어중간하게 말할 것 없이 신체의 우위성을 인정하고 있기 때문이다. 따라서 19세기 토머스 아놀드나 피에르 드 쿠베르탱 같은 인물의 영향하에 탄생한 근대 스포츠는 어떤 의미로는 잘못 탄생했다. 스포츠 초기 시절, 그러니까 고대 그리스 올림픽 경기에서 전개되고 발전한 원래 원칙과는 맞지 않는 개념을 가지고 탄생했기 때문이다. 그렇다면 니체가 스포츠의 아버지, 최고의 아버지가 아니었을까?

투르를 향하여

드한에서의 '검출'과 파격적 캐스팅

철학자들을 자기 팀에 합류시키는 혁명적 아이디어를 실행에
옮기기로 결심한 아인슈타인은 드한에서 독일의 위대한 지성
인들을 모두 결집시키기로 했다. 저명한 대학 교수들, 대학과
인연은 없지만 천재적이면서도 고독한 사상가들이 그의 초대
를 받고 처음엔 깜짝 놀랐다. 하지만 종국에는 모두가 우호적
인 답변을 보내왔다. 왜냐하면 의제가 끌렸기 때문이다. "차
기 투르 드 프랑스에 참가할 차원이 되는 철학자들을 검출*합

---

*   déteter/détection: 검출, 탐지, 발견, 검파 등으로 번역할 수 있는 상당히
학술적인 용어이다. 원래 실험실에서 도구를 써서 안에 있는 물질 또는 본
질이나 정수가 되는 것을 추출하는 것을 뜻하는데, 저자가 철학자들 캐스팅
에 빗대어 일부러 반어적으로 썼디.

니다." 당연히 호기심이 일었다. 호기심은 철학가의 자질 아닌가. 이어서 아인슈타인은 이 모임의 발기인으로 나섰다. 본인이 대학 교수였으므로 이 모임이 더욱 진지하게 생각될 수 있었다. 하지만 초대 제목을 깔보며 도대체 어떤 모임인지 확인해보려고 참석한 철학자들도 있었다. 이들 가운데 한 사람은 학회 의제가 '프랑스 철학자들이 사용하는 어투*의 검출과 그 측정'인 줄 알고 왔다.

그런데 아인슈타인이 기조연설을 대신해 참가한 사람들을 각자 한 사람씩 자전거 안장 위에 앉히자 그들은 화들짝 놀랐다. 플랑드르 지방의 바람 많은 평원을 최초로 집단 출격하는 것이라고 했다. 모임의 주동자 아인슈타인은 속으로 이렇게 말했다. "어쨌든 자전거 실력은 기본으로 있어야 해. 그 다음 잠재력 있는 신병을 찾아내려면 현장에서 부딪혀봐야 하고."

모인 자들을 독려하고, 특히나 현재 선수들과 장차 선수가 될 수도 있는 자들 사이에서 자신이 나름 완충 역할을 하기 위해 이 독일 팀 매니저는 통상 사용하는 수행 차량을 붙이지 않기로 했다. 대신 본인이 직접 사이클을 타고 출격하기로 했다.

---

*   tours langagiers: 관용어는 아니지만, '어투' 정도로 짐작되는 수사적 표현으로, 투르 드 프랑스의 '투르'를 그대로 쓰며 유희하고 있다.

"전기 자전거로 가면 쉬울 텐데." 울리그가 투덜거렸다.

"아, 그렇군. 정말 아름다운 발명품이지." 아인슈타인은 짓궂은 미소로 대답했다. "자전거를 타기 전 성찰을 하면 이런 이점이 생기는군."

이 말을 하자마자 아인슈타인은 그의 전기 자전거 시제품으로 돌진해 부릉부릉 시동을 걸더니 클렘스케르크 쪽으로 방향을 잡아 출발했다. 알티히, 자델, 보그트도 곧장 그의 뒤를 따랐다. 이내 철학자들은 자기들도 출발할 수밖에 없음을 깨달았다. 울리그는 싫은 기색을 그대로 드러내며 이들을 따라갔다. 처음 몇 킬로미터는 거의 말을 주고받지 않았다. 독일 프로 선수들은 템포를 나름 조절했다. 그들끼리 선두에 모여 달리면서, 인상을 쓰거나 이따금 뒤를 돌아보면서 미래에 그들 팀원이 될 것 같은 몇몇 사람들을 흘겨보았다. 이들은 분명 철학자들이니 토론하는 걸 좋아해 말도 꽤나 많이 할 것이다. 그러나 이 프로 선수들은 아무런 말도 하지 않고 오로지 그들 바퀴에 집중하며 호흡을 조절했다.

아인슈타인은 프로 선수들에게 조금만 속도를 낮추라고 했다. 펠로톤 맨 뒤에서, 아주 굵은 기어비*로 페달링을 하고

---

*   braquet: 기어비(比)는 자전거의 릴 손잡이를 한 번 돌릴 때 스풀이 몇 번 회전하는지를 나타내는 값으로, 기어비가 높을수록 빨리 감을 수 있지만 낮은 기어비에 비해 힘 전달력은 떨어진다.

있는 몸이 작고 마른 한 철학자 쪽으로 내려가고 싶었기 때문이다.

"선생은, 옆얼굴*을 보아하니 구릉 오르기를 잘하실 것 같습니다. 스포츠는 좀 해봤어요?" 아인슈타인이 그에게 물었다.

"걷기를 하죠. 매일 같은 시간 같은 코스를 걷습니다. 매일 산책을 합니다." 십중팔구 칸트로 보이는 이 남자가 대답했다.

"아, 좋습니다." 아인슈타인이 대답했다. "사이클은 좀 아십니까?"

"아는 것과 알지 못하는 것의 경계를 설정하는 건 결코 쉽지 않습니다. 하지만 이런 말씀은 드릴 수 있어요. 사물에 대해 다룬 책을 써봤기 때문에 자전거 실천이성비판이라는 제목으로 또 하나의 책을 써볼 수도 있을 겁니다. 그래서 그런 주제는 그렇게 낯설지 않아요. 자전거로 횡단할 수 없는 경계들에 대해 토론할 수도 있을 겁니다. 그런 경계라면 지상의 경계이면서 심리의 경계, 절식의 경계죠. 혈액순환에 유용한 제 발명품 가운데 하나인 일종의 압박 스타킹에 대해서도 말할 수 있을 겁니다."

---

*   원어는 프로필(profil)이다. 프로필은 사전적 정의로도 측면에서 본 얼굴이라는 뜻으로, 정면 얼굴을 상대에게 보이는 것에 대한 일종의 경계를 암시하는 말로도 쓰인다. 바로 이어 나오지만 이 사람은 칸트로, 칸트의 옆얼굴은 부드럽고 침착하여 총명함을 그대로 드러내는 이마와 함께 아름답기로 유명해 이 각도로 그린 초상화가 많다.

아인슈타인은 이런 이야기를 듣는 것이 너무나 기뻤다. 걷기와 사이클은 모두 지구력이 필요한 스포츠다. 두 종목 간에는 서로를 이어주는 다리가 분명 있다. 더욱이 이 칸트라는 사내는 자신의 주제를 완전히 통달한 듯 보였다. 겉으로 봤을 때 정신적으로 약간 경직된 것처럼 보이거나 학자연하는 태도가 있긴 했지만, 일단은 탁월한 신병으로 보였다. 더 기다릴 것 없이 정정당당하게 말해보기로 마음먹고 이 철학자에게 사이클 국가대표 팀에 합류해달라고 했다.

"지금 말씀하시는 투르인가 하는 것은 어디에서 열립니까?" 뭔가 미심쩍은 게 있다는 듯 칸트가 바로 물었다.

아인슈타인은 순간 놀라 대답을 하지 못했다.

"전 어떤 일이 있어도 제 고향인 쾨니히스베르크*를 절대 못 떠납니다. 그건 아시죠?" 칸트는 이어 차갑고도 강경한 목소리로 말했다. "제가 태어난 곳도 거기이고, 제가 가르치는 곳도 거기이고, 여태까지 계속 이어져온 저의 규칙 생활을 해온 곳도 거깁니다. 당신이 말씀하시는 그 유명한 경기에 제가 참가할 수 있는지, 그 여부를 결정할 수 있는 조건은 쾨니히스

---

* 지금은 러시아의 영토로 칼리닌그라드라 불리지만, 통일 독일의 모태가 된 프로이센 공국의 수도이며 동프로이센의 도시이다. 세계대전 중 열강들의 각축장이 된 과정에서 수많은 공격을 당한 역사적 도시이다. 칸트가 평생을 지낸 고향으로 유명한데, 특히 이 도시에서 100마일 바깥도 나가보지 않은 칸트의 일화는 전설처럼 회지된디.

베르크입니다."

아인슈타인은 손에 들고 있던 헬멧을 괜히 만지작거렸다. 그리고 이 철학자에게 투르 경기는 쾨니히스베르크에서 열리지 않는다고 솔직히 말할 수밖에 없었다. 그 이유는 경기 이름이 원래 투르 드 프랑스이기 때문이라고 했다.

아인슈타인은 자신이 '프랑스'라는 단어를 소환한 순간, 선글라스를 쓰고 있던 칸트의 눈에서 섬광 하나가 지나가는 것을 본 것도 같았다(플랑드르의 칙칙한 하늘 아래 선글라스는 무용지물이었지만 그래도 그는 쓰고 있었다). 아인슈타인은 그렇다면 희망이 완전히 사라진 건 아니라고 생각하며 다시 한번 힘주어 말했다.

"투르 경기가 올해는 뒤셀도르프에서 출발합니다. 물론 쾨니히스베르크는 아니지만 그래도 독일이잖아요. 안 그렇습니까? 게다가 고향을 절대 안 떠난다고 하셨지만 지금 여기는 벨기에 아닙니까? 여기서 지금 무엇을 하고 계시죠?"

"그거야 저는 프랑스 철학자들이 사용하는 언어 문제를 다루는 학술회인 줄 알고 왔죠. 왜냐하면 이건 인정할 수밖에 없는데, 프랑스라는 나라 때문에 제 귀여운 원죄가 생겼습니다. 늘상 지켰던 쾨니히스베르크의 제 일정표를 어긴 경우가 이번 말고 딱 두 번 있었습니다. 첫 번째는 프랑스의 위대한 철학자이신 장 자크 루소의 『사회계약론』 견본을 구하러 갔을 때고요. 두 번째는 프랑스에서 일어났다고 하는 혁명에 대한 정보를 얻으러 갔을 때지요."

아인슈타인은 이 철학자를 팀에 합류시키려면 어떻게 해야 할지 알 것 같았다. 브뤼헤로 이어지는 운하를 따라 페달을 밟으며 칸트 안에 잠들어 있던 어떤 낭만적이고도 프랑스 취향적인 감정선을 살짝 건드려보기로 했다. 프랑스의 아름다운 도시를 꿈꾸게 하면서 플랑슈데벨퓨*, 페르수르드**, 갈리비에*** 등 너무나 아름다운 프랑스의 바다와 산에 대해 말해주었다. 칸트는 여러 번 유보와 비판(그에게는 일종의 라이트모티브, 즉 되풀이 되는 주제)을 표했지만, 결국 굴복하여 승낙했다.

아인슈타인은 흥분도 되고 안심도 되어 당장이라도 이 새로운 선수를 껴안아주고 싶었다. 그래서 자전거를 탄 채 칸트에게 가까이 다가가 그의 어깨를 살짝 건드렸다. 신체적 접촉을 좋아하지 않을 뿐만 아니라 아직 자전거에 능숙하지 않은 이 철학자는 하마터면 도랑에 빠질 뻔했다. 행여나 일을 그르칠까 봐 아인슈타인은 얼른 7월에 있을 경기를 상기시키며 다른 주제로 넘어갔다. 출발 지점부터 낮은 기어비로 자전거를 타고 가고 있던 칸트에게 그는 투르 경기에서 고개 구간이 많은 스테이지를 넘으려면 페달 속도를 올려야 한다고 조언

---

*   투르 드 프랑스 코스의 하나로, 프랑스 북동부 보주 산맥의 절경이 펼쳐지는 곳이다.
**   프랑스 남서쪽 끝단에 있는 피레네 산맥과 가론 산맥 사이에 있는 고개.
*** 프랑스 남동쪽 끝단에 있는, 스위스 알프스 산맥으로 이어지는 험준한 고개.

했다.

그런데 이 철학자가 자기 체온을 높이지 않으려고 그러는 것이라고 설명하자 아인슈타인은 혼란스러웠다. 아인슈타인은 끔찍할 정도로 온몸이 땀과 물로 뒤범벅되어 있었다. 땀을 흘리지 않고 어떻게 투르 경기를 할 수 있겠는가? 상상도 할 수 없는 일이다. 그 순간 땀방울인지 물방울인지 몇 개가 느껴지자 칸트는 너무 싫고 두려워 그냥 유턴해서 드한으로 돌아가기로 마음먹었다. 어쨌거나 그는 사타구니를 그대로 드러내는 짧은 반바지도 싫었다. 독일 팀원으로 선발될 수도 있었을 이 최초의 철학자-사이클 선수는 신병으로 승선할 뻔했으나 결국 바로 하선했다.*

---

*   칸트는 집안이 부유하지 못해 생계를 위해 가정교사를 하면서 학위 과정을 밟았는데, 오늘날의 교수 자격 논문에 해당하는 논문을 일찌감치 썼지만, 교수직에 응모할 때마다 임용되지 못하고 30대와 40대를 사(私)강사로 지냈다. 오늘날 시간강사와 비슷하지만 대학에서 강사료를 받은 게 아니라 수강생들에게 강의료를 받는 강사였다. 이것만으로는 생계를 유지하기 어려워 도서관 사서로 일하기도 했다. 그러다 46세에 논리학, 형이상학 담당 교수로 임용되었고, 57세에 드디어 『순수이성비판』을 내놓았지만 이해할 수 없는 글이라는 혹평을 받았다.

스포츠를 재해석하다

> "진지하게 수행되는 스포츠가 페어플레이를 의미하는 건
> 아니다. 스포츠란 증오심 어린 질투, 야수성, 규칙 따위를
> 무시하는 경멸, 사디스트적인 쾌락, 폭력으로 가득 찬 것이다.
> 다른 말로 하면 그것은 전쟁이다. 총알 없는 전쟁."
> — 조지 오웰

나는 니체 철학으로부터 시작하여 현대 스포츠를 재고하는 나의 계획이 너무 이상적이라는 것을 충분히 알고 있다. 그렇다고 니체 철학 연구에 최소한 의미 있는 영향력을 미쳤으면 좋겠다는 포부를 가지고 연구를 한 것도 아니다. 우선 내 연구는 좋아서 하는 것과 해서 유용한 것을 한 데 섞는 것에 있다. 다시 말해 내가 좋아하는 두 주제를 대학 연구 논문 안에 하나로 결합하려 한 것이다. 니체가 말하는 스포츠를 강조하면서 니체 철학과 스포츠를 각각 더욱 특별하게 이해해보고자 한 것이다. 또한 현행 스포츠계에 횡행하는 악습을 조명하고 니체 철학에 대한 그릇된 해석을 예방하기 위해 이 독일 철학가의 저작을 다뤄보려 했다.

니체 철학에 대한 그릇된 해석을 해명하기 위해 두 가지 예를 들어보겠다. 혹자들은 흔히 니체의 힘의 의지 또는 초인 의지에 대한 개념이 최악으로 사용된 예(인간을 위계화하는 우생학 또는 나치즘)가 있어 니체를 비판한다. 이것을 스포츠에 그대로 적용하면 이 용어는 어떤 수단이라도 동원해서, 가령 도핑을 해서라도 상대를 무너뜨리려는 의지, 돌연변이 같은 운동선수를 창조해야 한다는 의지로 오용될 수 있다. 이건 니체를 너무 쉽게, 유혹에 빠지는 방식으로 읽는 것이며 분명한 오류이다.

나는 논문을 통해 이 힘의 의지가 타자를 지배하려는 욕망, 더 나아가 타자를 없애려는 욕망을 의미하는 것이 아님을 강조했다. 왜냐하면 그런 욕망은 훨씬 약한 욕망이기 때문이다. 니체의 이 개념은 인간 존재가 성장하고 발달하면서 생긴 자연스러운 경향을 묘사하는 것이다. 인간들을 구분하는 정치적 함의가 있는 게 아니라, 생명과 결부된 개인의 충동, 바로 긍정적 힘과 관련된다. 운동선수는 힘을 통해 성숙되지만 그 최고의 궁극적 욕망이 상대라는 적을 무너뜨리기 위한 것은 아니다. 인간은 긍정적 충동, 억누를 수 없는 자연스러운 갈망으로 성장하며 경쟁자는 이를 위한 수단에 불과하다.

이와 마찬가지로 초인 개념 역시 신중하게 다뤄져야 한다. 독일어 위버멘슈(übermensch)는 직역하면 '인간 그 이상'이라는 뜻이다. 이런 조어 때문에 완벽한 인간 또는 초인적 인

투르를 향하여

간이 누군가를 지배하는 최고의 인간이라는 식으로 오해된 것이다. 니체는 접두사 über를 정확한 틀 안에서 사용했는데, 그것은 생물학이나 다윈의 진화론이 아니라 윤리적 틀이었다. 여기서 문제가 되는 접두사 über, 즉 '-위의'는 불가피하게 더 높은 곳을 가리키므로 인간을 더욱 고취하는 자기 초월성을 함의하게 된 것이다. 그런데 이 상승성은 자기 자신으로부터 출발하면서 작동된다. 만일 초월적 인간이 예외적 인간, 가령 '슈퍼맨'이라면 그것은 정상을 초월한 능력, 거의 비인간적인 능력을 의미하는 게 아니라, 오히려 그 반대로 철저히 인간적인 능력, 재자연화된 능력을 의미한다. 초인적 운동선수란 인위적으로 조작을 해서라도 능력을 증폭시키는 인간이 아니다. 결과만이 과정을 정당화한다는 식의 사고를 하는 돌연변이 같은 변조 인간이 아니다. 오히려 반대로 원래 태어나면서부터 가지고 있던 자연스러운 능력(이미 자체적으로 예외적인)을 최상의 방식으로 활용하는 인간이다. 이런 사람이 곧 챔피언이 되는 것이다.

　마지막으로 만일 스포츠가 전쟁이라면 그것은 '총알 없는' 전쟁이다. 이 말은 전투가 존재하지 않는다는 말이 아니라 결과는 그다지 중요하지 않지만 탈선하듯 불가피하게 일어난 대결 국면이 있을 수밖에 없다는 뜻이다. 상대는 '죽여야' 할 적이 아니며, 그렇다고 추월해서 미안하고 불편한 친구도 아니다. 니체와 같은 운동선수에게, 그러니까 초인에게 또는 챔

피언에게 상대란 그저 자신을 긍정하기 위해 싸워야 하는 이
에 불과하다.

경험의 한계

아인슈타인은 그의 잠재적 신병이었던 칸트를 놓쳤다고 망연자실하고 있을 수만은 없었다. 칸트가 나가자마자 그는 다른 선수에게 눈길을 보냈다. 그의 눈에 선두 그룹에서 일찌감치 멀어져 저 뒤에서 따라오는 선수가 하나 보였다. 그는 바로 『의지와 표상으로서의 세계』 저자인 쇼펜하우어였다. 분명 다시 속도를 내는 것도 같았는데, 야무진 체구를 갖춘 그는 그렇게까지 고통스러워하는 것 같진 않았다. 그럼에도 다시 남들보다 뒤처지니 의아한 일이었다.

"내가 고통스럽지 않아서 찡그리지 않는 것은 아닙니다."* 이게 도대체 무슨 말인지, 이 철학자는 희한한 말로 저 뒤에서 숨이 넘어갈 듯한 목소리로 아인슈타인에게 설명했다. "고통은 도처에 있고 영속적입니다. 고통은 만물을 지배하는 생명이 투쟁한 결과입니다. 이런 투쟁에 참여한들 무슨 소용이 있겠습니까? 살기 원한들 무슨 소용이 있겠습니까? 실존 운동에 동행한들 무슨 소용이 있겠습니까? 나는 속도가 느린 편을 선호합니다. 저 플랑드르 평원의 드넓은 풍광을 감상하며 내 리듬에 맞춰 홀로 페달을 밟는 것을 선호합니다. 나는 고통스러운 것보다 지루한 게 낫습니다. 저 젊은이들을 보세요. 아무런 계산도 하지 않고 그저 페달을 밟는, 저 활기찬 젊은이들 말입니다. 어떤 목표가 있어서 그럴까요? 어떤 방향이 있어서 그럴까요? 지치면 저는 그저 페달에서 내려올 겁니다. 내려놓으면 돼요."

아인슈타인은 쇼펜하우어식 니힐리즘이 조금씩 조금씩 자신에게 엄습하는 것을 느꼈다. 아인슈타인은 여기에 빨려들어가기 전 가까스로 정신을 차렸고, 저 의지 박약의 철학자를 자기 운명에 맡겨놓기로 했다. 그는 다시 전기 자전거의 모터를 부릉부릉 증폭시켜 이 작은 펠로톤의 선두에 합류했다. "자 이제 뉴포르트°로 갑니다, 뉴포르트로!" 그는 그들에게 방

---

*   염세주의로 유명한 쇼펜하우어는 극단적 비관주의와 부정주의를 보여주고 있지만, 사실 이런 부정성을 통해 우리의 부정적 습관, 잘못된 가치와 기대치 등을 제거하여 고통과 불안을 더 이상 심각하게 여기지 않는 현자의 철학을 보여주고 있다. 쇼펜하우어는 불교 철학의 영향을 많이 받았다.

°   벨기에 북서쪽의 해안가 도시.

향을 지시할 필요가 있었다. 그룹과 합류하기 위해 앞으로 거슬러 올라가면서 아인슈타인은 주목할 만한 선수들이 또 없는지 면면을 살폈다. 이 가운데 헤겔이 있었다. 헤겔은 경쟁자인 쇼펜하우어가 자기보다 먼저 경기를 포기한 것을 알고 내심 기뻤지만, 베를린 대학에서 교수직이나 조용히 하고 있을 것을 왜 여기 와서 이렇게 뛰고 있는지 후회가 들기도 했다.*
후설은 등을 점점 더 아치형으로 만들며 완전히 자신과 하나가 된 현상학자다움을 몸소 보여주고 있었다. 라이프니츠로 말할 것 같으면 죽을힘을 다해 달리다 보니 완전 일그러진 표정이 되어, '최선의 가능한 세계'**에 산다는 것을 좀 있으면 의심할 것도 같았다. 그 정도로 그는 고통스러워하고 있었다. 한편 울리그는 자전거 바퀴 안에 은신해 사는 사람처럼 자신

---

* 쇼펜하우어와 헤겔을 둘러싼 베를린 대학에서의 일화는 유명하다. 쇼펜하우어는 『의지와 표상으로서의 세계』라는 큰 저작을 완성했지만 팔리지도 않고 읽히지도 않아 상심했고, 대학 강의도 실패였다. 적수인 헤겔의 강의 시간과 똑같은 시간에 강의를 개설했지만 헤겔의 계단식 강의실은 꽉 찬 반면 쇼펜하우어는 거의 텅 빈 강의실에서 강의해야 했다.

** 라이프니츠의 모나드론을 대변하는 말로, 라이프니츠에 따르면 모든 물체는 극도로 단순한 실체인 모나드들의 결합체다. 모나드는 외부 영향과는 무관한 자발적 고유 상태로 이 자발적 활동은 신의 전능한 힘에 의해 조화된다. 인간은 악을 선택하기도 하지만, 궁극에 악도 하나의 선을 실행하는 방편으로, 모두가 '최선의 가능한 세계' 안에 포괄되어 있다. 볼테르는 최선의 가능한 세계가 선이 아닌 악이라고 이를 반대로 뒤집는 역설을 보이며 라이프니츠 철학에 도전장을 내민다.

과 바퀴를 완전히 혼연일체시켜 선두를 달리는 선수들의 리듬을 따라가고 있었다.

이와 비슷한 템포를 유지하는 자가 있다면 누구일까? 딱 봐도 그건 패권을 장악하기를 원하는 보그트와 알티히였다.

그들은 실제로 선두를 달리고 있었다. 그러나 선두에 그들만 있었던 건 아니었다. 얼굴에 강력한 맞바람이 불어오는데도 불구하고 이들과 정확히 같은 라인을 유지하며 두 선수와 경쟁하는 자가 있었으니, 그는 바로 니체였다. 니체는 1미터도 처지지 않았다. 아니, 자신의 힘을 확신하면서 보그트와 알티히보다 반 바퀴 정도 앞선 상태를 늘 유지하려고 애썼다. 알티히를 짜증나게 만드는 게 이런 것이었다. 그는 아무렇지 않은 표정으로, 때때로 이 철학자를 위협하려고 그의 몸에 자기 몸을 비벼댔다.

아인슈타인은 니체가 운동을 좋아하는 것을 알고 있었다. 니스의 고지나 스위스의 질스마리아* 같은 고지에서 제법 긴 시간 등반했다는 것도 알고 있었다. 그가 자전거 훈련도 함께 하는지는 알 수 없었지만 그 정도 기량이라면 분명 훈련을 받았을 것이다. 아니면 적어도 홈트레이너로 훈련을 하고 모

---

* 니체가 『차라투스트라는 이렇게 말했다』를 쓴 곳으로 유명하다. "차라투스트라는 나이 서른이 되던 해에 자신의 고향과 고향의 호수를 떠나 산속으로 들어갔다." 이렇게 첫 문장이 시작된다.

든 날씨에 견딜 수 있을 만큼 야외 훈련도 했어야 한다. 아니면 해발 1,800미터 고지인 질스마리아의 고도를 견뎌낸 효과일 수도 있다. 그것도 아니라면 니체는 정말 초인인지 모른다.

어쨌든 아인슈타인은 이번만큼은 이런 재능을 놓칠 수 없다고 생각했다. 니체는 그야말로 폭발적인 다이너마이트였다! 최대한 빨리 그를 확보해야 한다. 선두를 달리는 세 선수와 동일선상에 다다르자마자 이 매니저는 철학자 니체에게 이제 독일 국가대표 팀의 일원이 되어야만 한다고 외쳤다. 아인슈타인은 충격과 실망의 연속 끝에 드디어 이런 대단원이 오는구나 하고 생각했다. 니체의 반응은 고려하지도 않고 말이다. 니체는 그의 구애를 거부했다. 자신은 집단에 통합되는 걸 원치 않는다는 것이었다. 자신의 개별성이 무리 집단 속에 용해되는 것이 두렵다고 했다. 그러더니 다시 이를 악물고 속도를 올리기 시작했다. 보그트, 알티히 그리고 또 다른 선수들은 체념한 채 힘이 빠져 그가 혼자 날아가게 내버려둘 수밖에 없었다.

니체의 출발로 그룹은 일시 소강상태를 맞았다. 아인슈타인은 돌아가서 현재 팀의 전략을 면밀히 진단해보기로 했다. 결과는 참혹했다. 그룹의 인원수는 대폭 줄어 있었고, 다들 폐가 튀어나올 정도로 숨을 토하며 헉헉거리고 있었다. 철학자들 대부분은 완전히 지쳐 있었디. 이인슈타인은 화가 났다. 자신의 '사이클 선수-철학자' 개념을 진지하게 의심하기 시작했다. 바로 그때 마르크스가 자신의 의견을 표명했다.

"제 생각엔, 헉헉, 집단의 힘이, 헉헉, 분명 있을 겁니다. 연맹이 아니어도, 투쟁이 없어도 가능합니다."

마르크스는 누가 보아도 숨을 헉헉대고 있었다. 하지만 그는 한번 잡아볼 만했다. 혁명적 신병은 아니어도 그래도 모종의 가능성은 있다. 어쨌든 지금으로선 아인슈타인에게 선택의 여지가 없었다. 마르크스는 예선전 없이 팀에 받아들여졌다.

다른 철학자 한 사람도 합류 가능성이 있었다. 그는 공공연히 자기 의사를 피력했다.

"저도요! 저도 여기 있어요, 저도 여기 있어요!"

바로 마르틴 하이데거였다. 다자인(Dasein) 개념의 창시자, 문자 그대로 '현존재'의 창시자답게 자신을 소개했다.

"저도 여기 있어요. 현존재라고요!"

"소리 지르지 않고 말할 수는 없나요?" 마음을 가라앉힌 아인슈타인은 무감해진 톤으로 말했다. "다 듣고 있습니다."

하이데거는 흥분이 과한 것을 지적받자 좀 주눅이 들었지만 그래도 자신을 증명하는 것이 좋다고 생각해 계속해서 말했다.

"이 세계에서 다자인이 전개되는 것은 아주 중요합니다. 존재론의 문제는 분명 아주 근본적이죠. 이 현존재의 파생 명

투르를 향하여

제인 실존의 중요성 또한 가려져선 안 됩니다. 현재적으로 존재하는 존재를 발견하기 위해선, 현재형 상태로 존재하고 있는 것 그 자체에 관심을 가져야 합니다. '여기 있어요!'라고 제가 강력히 외친 것은 우선 그것이 세계에 존재하는 것이기 때문이죠. 하지만 이런 개념을 축소해 압축해서 말하다 보니 너무 거칠었던 점은 죄송합니다."

"당신도 알겠지만 지금은 철학 내용이 중요한 게 아닙니다." 몽롱상태에서 깨어난 아인슈타인은 다소 험상궂은 눈으로 그를 보며 말했다. "내가 찾는 건 그냥 철학자인 사이클 선수입니다."

"제가 바로 당신이 찾는 사람입니다. 왜냐하면 다자인의 황홀경은 곧 법열의 시간성을 드러내는 것으로, 이런 시간성을 느끼려면 사이클만 한 게 없죠. 형이상학의 완성태인 이 기술의 시대에 대해 우리에게 알려줄 수 있는 것으로 이 바퀴 달린 도구보다 나은 게 있겠습니까?"

"좋습니다. 하지만 우리에게 철학 강의를 할 필요는 없어요. 당신은 독일 팀의 일원이 되었습니다. 이제 원하는 사람은 모두 같은 팀의 일원입니다."

이 그룹에 아직까지 들어오지 않은 마지막 철학자가 한 사람 있었으니, 바로 프로이트였다. 그는 출전은 했으나 계속 뒤에 물러서 조용히 있었으므로 아무도 그를 주목하지 않았다. 아인슈타인이 그에게 관심을 보인 것은 기의 무의식에 가까운 상태에서 사력을 다하고 있는 그의 모습을 보았기 때문이다. 다만 이 매니저는 그와 함께 달렸을 때 경기가 잘 될까 스스로 자신에게 물었다. 좀 더 일반적으로 말하면, 사고와 행동이 분리된 것처럼 보이는 이 유사-벨로조프 팀과 함께 했을 때 잘 될까 하고 스스로 자신에게 물은 것이다.

환상이 깨진 아인슈타인은 선수들에게 최대한 단거리를 택해 드한 방향으로 갈 것을 지시했다. 그런데 사이클 팀의 내부 구조부터 바꿔보고 싶은 아이디어에 고무된 마르크스는 격앙되어 돌아가지 않겠다고 고집을 피웠다.

한편 하이데거는 여전히 뒤에서 달리며 프로이트의 바퀴를 보며 황홀경에 빠진 듯한 미소를 지어 보였다. 그러나 몇 킬로미터를 더 가다 브레네네와 드한 사이 도로에 있는 스테이지 베이스캠프에 합류하기 전 표정이 바뀌었다. 갑자기 불안한 얼굴을 하며 아인슈타인에게 와서 자신을 심란하게 하는 걱정거리를 조용히 털어놓았다.

"한데 코치 님, 물어볼 게 있습니다." 그러더니 그의 귀에 대고 아주 작게 속삭였다. "우리 팀이 순수 독일 혈통으로만 구성되었으면 합니다. 볼크스가이스트(민족정신)의 문제를 아실 겁니다.* 저 프로이트에게서는 그런 걸 느낄 수가 없습니다."

"아니 왜요? 그가 저처럼 오스트리아 출신이라서 그렇습

---

* 하이데거가 나치의 편을 들었는가 하는 복잡하고도 미묘한 논쟁이 있다.

니까?"

"아니요. 그건 뭐 그렇다 치고, 문제는 다른 데 있습니다."

"그러면 프로이트가 저처럼 유대인인 게 문제가 되는 겁
니까?"

"아니, 아인슈타인, 당신 유대인이에요?"

바로 그때, 격렬한 돌풍이 두 건물 지대 사이를 비집고 세
차게 들어왔다. 아인슈타인과 다른 선수들은 잠시 몸의 균형
을 잃었으나 넘어지지는 않았다. 반면 하이데거는 바람과 함
께 사라져 그만 모래언덕에 내동댕이쳐지면서 좀 우스꽝스럽
게 넘어지고 말았다.

아인슈타인은 이에 아랑곳하지 않고 쉬지 않고 달려, 아
니 최대한 모터를 밟아 그룹을 따돌리고 가능한 한 빨리 귀가
했다. 하이데거의 '요구'가 결정적 타격이 된 셈이었다. 아인
슈타인에게 진실이 폭로되는 계기가 된 셈이다. 이제 그의 운
명은 매니저나 사람들을 이끄는 리더가 되거나 한 나라를 대
표하는 자가 될 수 없을 것 같았다. 자신의 혁명적 아이디어에
아무런 반응도 하지 못하는 사람들을 상대로 자신을 소모하
는 것에도 진절머리가 났다. 독일 프로 사이클 선수들은 그를
그저 외국인 아니면 스포츠 현장과 단절된 대학 교수쯤으로
보는 것이었다. 이론적 지식이 자신들에게 이점이 된다는 것
을 그들이 알아봐줄 것은 기대도 안했다. 그렇디면 철학자들

과는? 이들은 더 최악이었다. 말은 능란한데 행동과 대처 능력은 꽝이었다.

사실을 직시할 필요가 있다. 두 번의 포기가 있다. 명백히 인정되는 개인주의자와 무거운 짐처럼 활기없는 자, 그리고 매우 의심스러운 세 명의 신병. 철학자―사이클 선수 경험은 실패로 끝났다. 아인슈타인은 이제 깨달았다. 대상을 지나치게 객관화하고 사이클을 과학으로 변모시키고 싶은 의지가 너무 강하다 보니 본질을 놓치고 만 것이다. 페달링이란 앞으로 나아가는 것이다. 그런데 생각해보면 "인생은 자전거와 같다. 균형을 잃지 않기 위해서는 무조건 앞으로 나아가야 하니까." 분석하다, 자르다, 해부하다, 이런 건 모두 무언가를 건설하기 위해 소용된다. 그렇다면 분석 정신, 실존적 질문, 이해하기 어려운 담론 등은 무엇으로 가능한가? 이 모든 게 이른바 철학이라 불리는 것인가?

아인슈타인의 눈에 결론은 명료했다. 이론적 탐색은 자전거를 타는 데 아무 소용이 없다. 살아가는 데 아무 소용이 없다. 철학 석사 학위가 있다고 해서 최고의 자전거 선수가 되는 것도 아니다. 최고로 빨리 달리는 것도 아니다.

이 정도라면 이제 결정을 내릴 만하다. 그는 사임했다.

투르를 향하여

리더와 팀원의 변증법

아인슈타인이 우울함에 빠져 북부의 추위 속에 홀로 자신의 생각에 젖어 있는 동안, 그리스인들은 그들 나름으로 시칠리아의 에트나산 측면 구릉에서 다른 철학 개념을 가지고 훈련하고 있었다. 이 그리스인들의 눈에 철학 개념은 우선 인간을 위해 구축되어야 했다. 그리스인에게 분리주의적 분석은 상승적 종합을 위한 전제일 때만 의미가 있었다. 그리스인에게 철학은 곧 생명을 향해 있어야 했다.

"플라톤, 철학한다는 것은 죽어가는 것을 배우는 거라고 생각하지 않소?" 에트나산 구릉에서 플라톤과 이런 대화를 나누고 있는 것은 소크라테스였다.

아니, 이게 무슨 말인가? "철학한다는 것은 죽어가는 것을 배우는 것"이라고? 방금 그리스인들은 생명 철학을 발전시켰다고 설명하지 않았나. 그리고 철학이란 행동으로 수렴되는 거라고도 설명했다. 그런데 소크라테스는 정반대로 주장하고 있지 않나! 이제 뭐가 뭔지 모르겠다.

그런 말을 한 소크라테스처럼 아리스토텔레스도 그의 저명한 선배들의 발언에 나침반을 잃은 듯 헷갈렸다. 그래서 사안을 좀 명확히 하기로 결심했다. 플라톤이 소크라테스의 말에 동의하면서 그 나름으로 그렇다면 페달링을 하는 것도 죽어가는 법을 배우는 것이라고 의미를 부여하며 해석을 다는 동안, 이 야심 찬 젊은이는 반론을 제기하며 솔직한 공격을 했다. 그때까지만 해도 두 선배 선수들의 바퀴를 묵묵히 따라갔지만 달리는 도중 혼자서 살짝 이렇게 말해보았다. "철학한다는 것은 이기는 법을 배우는 것이다."

이런 다짐 덕분이었는지 아리스토텔레스는 재빨리 간격을 벌려놓았다. 이에 대한 플라톤의 반응은 좀 느렸다. 경쟁자를 따라잡아 그의 말을 교정해줄 작정으로 애를 써보았지만 이런 노력이 너무 늦었는지 두 사람 간의 몇 백 미터 차이는 좁혀지지 않고 그대로였다. 아리스토텔레스는 맨 먼저 리푸지오 사피엔차(그리스인들이 이 스테이지 경기를 위한 베이스캠프로 세워놓은 고지의 숙소)에 도착했다. 아리스토텔레스는 투르의 한 스테이지를 달성한 것 같은 기분을 강하게 느꼈다. 플라톤이 20여 초 늦게 도착했다. 그는 숨이 거의 끊어져 나갈 듯 헉헉대며 눈을 치뜨고 있었다.

한편 소크라테스는 관망하며 차분하게 힘을 조절하고 있었다. 경험으로 보건대 훈련은 훈련일 뿐 본판 경기가 아니었다. 산소가 희박한 높은 고도여서 저산소증이 생기는 스테이지는 얼마나 끔찍한지 잘 알고 있었다. 에트나에서는 당장에 새까맣게 타버릴 수 있다는 것도 물론 알고 있었다. 그는 동료들보다 15분 정도 늦게 올라가면서 경기다운 경기에 임하지 않았다.

소크라테스가 동료들과 해후한 것은 잠시 후 간식 시간이었다. 아리스토텔레스는 식탁 맨 끝에 앉아 접시에 코를 박고 마케로니 알라 노르마*를 게걸스럽게 먹었다. 플라톤은 그 반대편 창문 옆에 앉아 있었다. 그는 산 정상을 바라보며 대추야자 몇 알과 무화가 몇 알을 집어먹는 데 그쳤다. 아마도 복수를 벼르고 있었을 것이다. 둘은 서로를 위엄 있게 무시하고 있었다. 벽에는 소크라테스가 스테이지 초반에 했던 말들이 경구처럼 적혀 있었다. "너무한 건 없다", "너 자신을 알라", 아니면 "내가 아는 모든 것은 내가 아무것도 모른다는 것이다."

그리스식 샐러드로 가볍게 배를 채운 후 소크라테스는 이 두 젊은 선수를 상대해줘야 했다. "오, 친구들, 그대들은 열정적이고 야심에 차 있으며 겁도 없어요. 좋습니다. 다른 사람

---

*　시칠리아식 정통 파스타 요리로, 면이 원통 모양으로 굵고 짧다.

도 말했지만 열정 없이는 그 어떤 위대한 일도 절대 이뤄지지 않습니다. 우리의 운동은 너무나 힘듭니다. 그런 화산을 올라가려면 장딴지 힘만이 아니라 타오르는 열정이 필요하죠. 한데 질문 하나 해봅시다. 감정에 이끌리는 인간은 자신의 주인일까요, 아니면 자기 운명의 주인일까요? 그대들은 다릅니다. 그건 사실이죠. 바로 이런 이유로 그대들 사이에 분쟁이 생긴 건가요?"

"질문 좀 그만하시면 안 됩니까?" 먹고 있던 파스타에서 고개를 들며 떨떠름한 표정으로 아리스토텔레스가 소크라테스의 말을 가로막았다. "질문을 하나만 한다고 했는데, 벌써 두 개나 하시지 않았습니까. 단어를 가지고 놀면서 수사를 너무 많이 사용하시니 잘 따라가질 못하겠습니다. 아시다시피 선생과 대화하면 항상 그렇게 되죠. 당신은 철학할 때 탐색을 하죠. 이해되게가 아니라 이해되지 않게 하기 위해 그렇게 하죠. 기교와 회피를 부단히 사용하면서 말입니다. 철학이 진지하게 보이길 원하십니까? 선생의 유일한 목표가 독자를 어지럽게 만드는 거라면 어떻게 독자가 이런 책에서 의미를 찾을 수 있겠습니까? 사실 이런 말을 꼭 하고 싶었어요. 당신은 페달링을 하듯 철학을 합니다. 소피스트처럼 공허 속에 있죠."

아리스토텔레스는 한 번도 이런 톤으로 소크라테스에게 말한 적이 없었다. 그런 내색조차 비친 적이 없었지만 막상 말을 쏟아놓고 보니 은근 두려워졌다. 아무리 그래도 지난 10여

년간 그리스 사이클의 쾌거를 이룬 인물 아닌가. 소크라테스의 반응도 살짝 걱정되었다. 그러나 그는 별다른 반응이 없었다. 숟가락에 올리브유를 따르더니 단숨에 들이켰다. 그게 다였다.

아리스토텔레스는 플라톤이 개입해 그의 리더를 변호해줄 것이라고 예상했다. 일개 피후견인에 불과한 자기보다 그의 후견인을 옹호할 것이라 생각한 것이다. 아니나 다를까 플라톤은 산을 바라보던 것을 멈추고 몸을 돌렸다. 빈축을 살 만한 노여운 시선으로 다소 공격적인 표정을 하고 있었다. 아리스토텔레스는 최악이 오리라 생각했다. 그런데 놀랍게도 플라톤은 자기가 아닌 소크라테스를 공격하는 것이었다.

"아리스토텔레스 말이 맞습니다." 그는 그동안 참았던 것을 폭발시키듯 말했다. "선생은 여태 현자 노릇을 하셨지만, 실은 환상가입니다. 당신에게 철학은 기교를 사용하여 청중을 다 잃어버리는 거잖소. 하나를 제시한 다음 정반대를 제시하시니 이게 역설이 아니고 무엇이겠소? 당신도 아시다시피 나는 자전거 안팎에서 항상 당신을 변호했소. 필요하면 바람을 피하도록 은신도 시켜줬소. 전략적 요점들이 있는 곳이라고 하시면 항상 그곳으로 모셔갔어요. 미디어들을 상대로 나는 항상 당신의 퍼포먼스를 부각했어요. 왜냐하면 나도 그 퍼포먼스에 일부 책임이 있으니까요. 하지만 이젠 진절머리가 나요! 생각해보니 결국 스포트라이트를 받는 건 항상 당신 소크라테스였소. 정상에 도착할 무렵 산 고지에서 박수를 받는 건 항상 당신이죠. 난 음지에서 일하고요. 팀원으로서의 역할만 하고 난 어떤 인정도 못 받잖소! 이제 곧 나의 시대가 올 것이라 하셨지만, 왔습니까? 하지만 이제 난 깨달았어요. 나 스스로 정상에 가지 않으면 아무도 날 정상에 가게 만들어주지 않는다는 것을. 심지어 당신은 우리가 가는 길을 가로막았어요. 저와 아리스토텔레스를 말입니다. 우리가 항상 대립해도 그냥 놔두면서 우리 둘 사이를 딱 잘라 뭐 하나 정확히 말해준 게 없어요. 매번 분명한 방향성도 없는 흐릿한 말만 하시니 결국 우리 팀 내에 불화만 생겼잖아요. 잘 통치하려면 둘을 갈라놓아라. 이런 게 당신의 전략이죠! 아, 이런 당신의 전략이 위대하신 소크라테스의 철학이죠. 그러니 얼마나 멋진 리더십니까. 모든 사이클 견습생들에게 얼마나 대단한 모범이십니까! '철학하다, 그것은 죽어가는 법을 배우는 것이다!' 아니, 이런 부조리한 말이 어디 있겠습니까! 철학은 실천되어야 한다고 어디서든 말씀하시지만, 사실 당신은 무의미를 결정적으로 무서워하는 거예요. 전 '페달링 하는 건 죽어가는 법을 배우는 것이다' 뭐 이런 식으로 어림잡아 말했지만, 전 정말 바보였어요. 왜냐하면 그래서 완전 다 망쳤으니까요. 저 플라톤을 이제 그만 좀 바보 취급하세요. 전 이제부터 저만의 길을 갈 겁니다. 정상을 향한 저의 길을 밟아나갈 겁니다. 철학하다? 그것은 속박으로부터 벗어나는 법을 배우는 겁니다. 저의

투르를 향하여

페달링은 제 것입니다. 아리스토텔레스와 저는 열정에 의해 지배되는 자들이 될 겁니다. 아니, 뭐라고 말씀 좀 해보세요. 아, 제가 이렇게 말해도 되겠지요? 당신은 이제 과거의 선수예요. 젊은이에게 권력을 넘겨야 해요. 안 그런가? 아리스?"

아리스토텔레스는 아무 반응이 없었다. 아니, 자기 눈과 귀를 믿을 수 없었다. 무조건적인 제자였던 플라톤이 스승을 저렇게까지 저격하며 반항을 하다니. 에트나산에서 너무 죽을 고생을 해서 저러나? 아리스토텔레스도 명철함을 잃을 정도로 힘들었으니까. 아니, 이건 정말 사실이었다. 플라톤은 방금 아버지를 살해한 것이다. 새로운 위계질서, 새로운 영향력이 이제 그리스 팀 한가운데 자리잡기 시작한 것이다. 그때까지만 해도 소크라테스가 투르 시합의 유일한 리더라 생각했는데. 사이클 경기는 이제 훨씬 복잡해질 것 같다, 철학보다 더.

플라톤은 방금 자행한 부친 살해의 충격으로 아직도 숨을 제대로 쉬지 못했다. 지금까지 그가 하는 말을 현명하게 듣고 있던 소크라테스는 어떤 역정도 내지 않고 그 특유의 잔기침을 하며 이렇게 말할 뿐이었다.

"나의 친구들이여, 그대들을 충분히 이해하오. 그대들이 나에게 한 비난을 잘 들었소. 내 태도 때문에 황당하기도 하고 짜증도 났을 거요. 내 악령이 그대들 신경을 건드렸을 거요. 그 악령을 물리치려고 한 거니 그대들이 옳소. 우상을 쓰러뜨리고 싶고 나를 엎어버리고 싶고, 그대들이 다 옳소. 이실직고 해도 되겠소? 사실 난 이 순간을 정말 기다려왔소. 그대들이 나로부터 벗어나는 이 순간을 말이오. 플라톤, 자네가 말한 것처럼 내가 모호한 발언들을 일삼았지만, 그 목표는 다른 게 아니라 바로 그대들 사이에, 내 젊은 팀원들 사이에 불안과 동요의 씨앗을 뿌리는 것이었소. 그 결과 자네 둘 가운데 어떤 한 사람이 보호받는 선수로서의 내 위상을 반박하러 올 만큼 더 많은 비중을 차지하지 않게 되었던 거요. 진실을 말하노니, 그대들은 전혀 반대로 알고 있었소. 내가 절대 분명하게 자르지 않고, 그저 질문을 하는 정도에 만족한 것은 그대들 스스로 답을 찾도록 자유롭게 놔두고 싶어서였소. 내 생각엔 그 순간이 이제 온 것 같소. 그대들 스스로 생각하고 스스로 페달링을 할 때가 온 거요. 자, 따라서 이제 난 엄숙히 선언하오. 벨로조피아의 삶에서 나는 이제 완전히 물러나겠소."

아리스토텔레스는 자기가 방금 들은 말을 소크라테스에게 그대로 돌려주며 물었다. 팀에서 물러나다니요? 아니, 어떻게, 왜? 그의 이력에 있어 최고의 절정기를 만들어줄 투르 경기가 코앞인데? 이거야말로 대지진이었다! 아리스토텔레스와 플라톤이 어안이 벙벙해진 것도 벙벙해진 것이지만, 에트나산이 분화기로, 활화산기로 들어간 것이었다. 소크라테스가 팀을 장악하고 있는 것에 반대해 격렬히 들고 일어났지만 그를 은퇴시키겠다는 생각까지 한 건 아니었다. 그들은 그저 사안을 명확히 해라, 독자가 길을 찾을 수 있게 하려면 간결하고 명확할 필요가 있지 않느냐는 것이었다. 결국 그들이 혼란을 더 가중한 꼴이 되었다. 내부적인 몇 가지 분란이 있긴 했지만, 데뷔시즌에서 그리스 선수들의 팀워크는 거의 이상적일 정도로 최고였다. 소크라테스의 사직은 정말 자살 행위나 마찬가지였다. 경험이 아주 풍부하고 숙련된 퍼포먼스를 삿춘 팀 리더가 없는데, 그리스 선수들이 투르 경기에 가서 과연 무엇을 하겠는가? 소크라테스가 이런 식으로 그들에게 고통을 줄 순 없다!

"다시 말하지만 내 결정은 이미 끝났네. 난 이제 다 버리고 싶어."

"아니, 도대체 왜요?"

"왜냐하면 이제 자네들 스스로 벨로조피아할 수 있으니까. 보게나, '철학은 죽어가는 법을 배우는 것이다'라고 내가 말했을 때 철학의 목적은 우리 안의 불멸 부분을 인식해야 한다는 의미였네. 그 이상은 없네. 내가 보니까 자네들 모두 이 문제에 사로잡혀 있던데? 자네 플라톤은 페달을 밟으면서 우리는 죽어가는 법을 배운다, 하는 견해를 어떻게 지지한 셈이 되는가 하면, 자전거를 타면서 배회하는 중에 가까운 산책을 함으로써 역설적으로 우리를 우리 자신과 분리시키는 경험을 하지 않았나. 그리고 자네 아리스토텔레스는 사이클 선수의 목표는 승리를 거머쥐는 것이라고 확신하고 있으니, 또 다른 형태의 불멸성을 알게 된 걸세. 자네들은 가자 자기 입장을 취하게. 그 입장은 서로 반대되어도 좋아. 신체적으로도 말이야. 자네들은 또 나와 반대되어도 좋네. 좋아, 아주 좋아. 진실을 말하노니, 철학을 한다는 것은 해석을 하는 것일세. 세계를 이해하려고 하지 말게. 그런 게 철학이 아닐세. 세계를 변화시키려고도 하지 말게. 철학은 그런 게 아닐세. 철학은 그저 문제 속으로 각자 들어가는 거네. 자기 견해를 내기 위해서 말이지. 물론 일반적인 철학 이론들은 중요하네. 하지만 더욱 중요한 것은 이런 이론들을 스스로 실험하는 것일세. 철학은 직접 체험되는 것이네. 논리를 개진하는 게 아니라 직접 느끼는 것이네. '죽어가는 것을 배우다'. 자, 이걸 이해했다면 이 도식에서 주요한 단어인 '배우다'가 무엇인지 알면 되네. 그것은 바로 삶의 전장 속에서 결연히 위치하는 활동일세. 지난 몇 달 동안 이를 얼마나 많이 배웠나. 그렇게나 많이 배웠으니 이제 나는 죽을 때가 되었네. 그래야 이 전장에 좀 여지가 생길 것 아닌가. 이제, 나랑 교대 좀 하지. 자, 그대들의 투르를 위하여!"

이 말을 하면서 소크라테스는 일어났다. 대화를 하던 중에도 잃지 않았던 그 침착함을 그대로 유지한 채 말이다. 이어 그는 스테이지 초반부터 그리스 선수들의 생활을 규제한 철학적 경구가 쓰여 있는 게시판으로 갔다. 그리고 그 경구들을 하나씩 뗐다. 아리스토텔레스와 플라톤은 이런 소크라테스를 눈이 휘둥그레져 바라보았다. 그런데 이 경구 하나만은 떼지 않았다. "젊음에게는 어떤 것도 어렵지 않다."

아연실색한 두 젊은 선수는 이러지도 저러지도 못하고 있었고, 소크라테스는 정말 자리를 떴다. 플라톤이 그의 리더를 잡는 행동을 하려 할 때, 리더는 그의 결정을 되돌리려고 해봤자 소용없음을 눈빛으로 알렸다.

리푸지오 사피엔차를 떠나기 전 소크라테스는 그래도 자기 사선서를 되찾아가는 것은 잊지 않았다. 그런데 이상하게 그는 일단 밖으로 나오자 공항이 있는 카타니아 방향으로 가지 않고 화산 분화구 쪽으로 이어지는 자갈길로 들어섰다. 플라톤과 아리스토텔레스는 그가 구름 속으로 들어가 멀어져가는 것을 보았다. 이따금씩 질문 가득한 시선을 서로에게 보내면서.

소크라테스는 이제 시계(視界) 밖에 있었다. 걱정도 되고 황망해진 플라톤과 아리스토텔레스는 그를 찾아 화산 고지로 올라갔다. 그들은 그의 이름을 불러댔다. 그들의 목소리는 산을 휩쓸고 지나가는 격렬한 바람 속에 꺼져들어가 버렸다. 그의 실루엣이라도 분간해보려 애썼다. 그러나 안개 말고는 아무것도 보이지 않았다.

분화구 가장자리에 도착한 플라톤은 자전거 신발을 발견했다. 그런데 한 짝만 있었다. 소크라테스의 신발이었다. 에트나 화산 속으로 뛰어들어가 자살한 엠페도클레스처럼 그도 정말 이렇게 자살한 걸까? 플라톤은 그의 어깨 위에 어마어마하게 무거운 것이 내려앉는 걸 느꼈다. 상실이 무게였다. 아

133

니, 다음 투르 드 프랑스 때 지니고 가야 할 그리스 사이클의 희망의 무게였다.

몇 주 후 소크라테스를 뺀 나머지 그리스 선수들은 데뷔 시즌을 순서대로 치러냈다. 투르 데 플랑드르, 파리-루베, 플레슈왈론, 리에주-바스토뉴-리에주…… 그들에게 매우 정확한 체력적 조건을 요구하는 에트나산 같은 고난도 비탈길 스테이지가 있어서 좋은 결과는 기대할 수 없었다. 튼튼한 다리를 갖는 것만으로는 충분하지 않았다. 그리스 선수들은 어리석음 또는 자기 과신 같은 죄를 지은 것이 아니다. 다만 경기 경험이 부족했을 뿐이다. 사람들 말로는 경기를 완전히 장악하고 싶다면 적어도 열 번은 참가해야 한다. 노력만 했지 노력을 알뜰살뜰 관리하는 효율성이 떨어졌고, 영양 관리도 잘 못되었다. 운동복 착용도 문제가 있었으며 전략적 요지에서 이동할 때도 실수가 있었다. 플라톤과 아리스토텔레스는 실패 요인들을 경험한 만큼 앞으로 더 많이 배우게 될 것이었다.

독일 선수들은 사이클이 아직 생활양식이 되었다고까지는 할 수 없었지만 데뷔시즌만큼 좋은 라이딩을 했다. 그들은 모범이 되는 정교한 전략을 통해 체력적 약점을 보완할 줄 알았다. 이 원정 최고의 피날레는 투르 데 플랑드르에서는 알티히가 결국 우승한 것. 경기를 복기해보면, 거의 교과서적인 경기가 진행되다가 마르크스가 오전 브레이크어웨이 대열 속으로 들어갔다. 파이널에서 독일 팀에 결정적 도우미가 되어주기 위한 것이었다. 알티히는 이렇게 선두로 미리 나간 팀원이 있으니 돌아올 때를 대비해 힘을 비축하지 않아도 되었다. 싱싱한 기운을 충분히 유지하면서 소그룹에서 체력을 관리하다가 마지막에서 멋진 스프린트를 해낸 것이다. 이런 승리가 있었기에, 아인슈타인은 팀 매니저에서 물러났지만 그 후에도 나름 혁혁한 자신의 마크를 새기게 되었다.

투르 경기를 위한 훈련도 자신감 있게 할 수 있게 되었으니 독일인들에게 이 승리의 명예는 온전한 것이었다. 그리스 선수들은 진 것은 분명하지만 완전히 기가 죽은 것은 아니었다. 낙담한 만큼 동기 부여가 열 배는 되었다. 젊음은 이런 것이다! 7월 대전까지는 아직 두 달 남았으니 이제 더 멋지게 준비할 일만 남았다.

어떻게 해야 힘들어 보이지 않을까?

"삶은 죽음에 저항하는 기능 전체이다."
— 자비에 비샤

투르 경기를 목표로 한 준비과정을 이렇게 길게 많이 다룬 이유는 사이클 선수의 일상에서 훈련이 차지하는 부분이 그만큼 지배적이기 때문이다. 1년 365일 중 80일을 치르는 경기를 위해 훈련일 수는 240일이어야 한다. 막판 5분간의 경쟁, 이 5분이 한 경기의 운명과 한 시즌의 운명과 한 사람의 경력, 한 인생의 운명을 결정한다. 자기 집에서 홀로 부단히 하는 노력과 반복이 있을 수밖에 없는 것이다

　관중은 경기를 볼 때 그 무대 커튼 뒤에 무엇이 있는지 보지 않는다. 선수들을 관찰해보면 10퍼센트 정도만 힘들어 보이지 않게 고개를 올라간다. 그런 모습을 보면 사이클 선수가 되는 게 그렇게 어렵지 않아 보인다고 속으로 말하게 된다. 그

냥 페달만 밟으면 되는 거 아냐? 아, 그렇기만 하다면야 얼마나 좋을까.

"훈련은 힘들어도 경기는 쉽다." 이런 말을 습관처럼 하기도 한다. 프로 사이클 선수는 이런 표상의 체육인이다. 마치 본능적인 것처럼 등번호를 달고 체력적으로 힘든 코스를 차분하게, 거의 미소를 띠고 달리는 자들. 그렇다면 관중은 빙산의 일각만 보는 것이다.

빙산의 아래, 수면 아래가 훨씬 중요하다. 모든 암초가 거기에 있기 때문이다. 암초 목록을 다 열거하면 거의 무한대다. 부상, 병, 일관된 자세로 인한 온갖 통증, 징크스, 자전거의 기술적 문제들, 낙차, 의심과 스트레스, 피곤과 권태의 순간들, 그밖에 통제할 수 없는 예측 불가능한 일들, 이런 것들이 사이클 선수의 일상을 차지한다. 단체 생활을 하면서 겪는 여러 힘든 일, 팀 내의 긴장과 알력, 불화, 가족과 떨어져 있다 보니 생기는 정신적 문제 등.

사이클 선수가 경기를 준비하는 과정에는 정말 수많은 복병이 산재해 있다. 이런 모든 장애물을 만나면서 선수는 영원한 불만족 속에 살게 된다. 잘 안 되는 것이 늘 있고, 조금 나아질 수 있는 것도 늘 있다.

저력 있는 챔피언들은 불만족 상태를 역이용한다. 문제를 정면으로 마주함으로써 그 문제를 극복하고, 그럼으로써 자신을 초월한다 이것을 요즘 유행하는 단어로 표현하자면 바로 회복탄력성이다.

알티히가 시즌 초 경기를 망치고 투르 데 플랑드르에서 우승한 것도 이런 회복탄력성 덕분이었다. 플라톤과 아리스토텔레스는, 익명의 고전 팀을 나가버린 소크라테스로부터 이른바 버려진 후 다시 더 큰 열망으로 경기를 준비했다.

"나를 죽이지 못하는 것은 나를 더욱 강하게 만든다." 이런 문구가 요즘 유행한다. 이게 니체의 말이라는 것을 아는 사람은 별로 없다. 스포츠 운동에서 관건이 되는 것을 완벽히 조명하는 이 말은 심리학을 부각한 것이 아니라 생리학을 정말 잘, 그리고 아름답게 부각하고 있다.

프로로 데뷔하고 나서 첫 2년은 데뷔시즌부터 매번 무릎 부상을 입었다. 그래서 한쪽 무릎을 수술해야 했다. 나는 몇 달 동안이나 거의 훈련을 할 수 없었다. 다들 이번 시즌은 해보나마나라고 했다. 기본적으로 겨울 훈련이 부족하면 따라잡을 수 없다고 했다. 그러나 나는 그 이상을 해냈다. 내 원래 수준을 초월해버린 것이다. 데뷔시즌의 부진이 도리어 시즌 말의 나를 더욱 강하게 만들었다. 어떤 불의의 사고도 만나지 않았고, 나는 더욱 강해졌다. 인간은 앞으로 나아가기 위해 자신을 바늘로 찌를 필요가 있다. 우리 신체는 더욱 강해지기 위해 공격을 받을 필요가 있다.

이런 생리적, 육체적 기적은 어디에서 오는 걸까? 안 좋

투르를 향하여

은 일을 통해 더 좋은 일이 생긴다는 역설을 어떻게 설명해야 할까? 나는 여전히 신체의 지능을 주장하고 싶다. 우리 몸은 공격을 당하고 나면 나중에 재발하지 않게 스스로 미연에 방지한다. 가령 한번 부러진 뼈는 같은 부위에 다시 골절이 생기지 않는다. 몸은 손상 부위를 스스로 강화한다. 마찬가지로, 바이러스에 감염된 신체 기관은 백신을 맞은 후 다시 감염되지 않는다. 저항력이 생겨 훨씬 강해지는 것이다.

스포츠 훈련도 같은 원리다. 훈련을 해서 몸을 피곤하게 하면 체내 저장물질이 감소된다. 그러나 회복 타이밍을 가지면 저장물질이 다시 회복된다. 가끔은 저장물질이 좀 더 많이 생기기도 한다. 스포츠인들은 과잉보상작용이라는 그 유명한 메커니즘을 잘 알고 있다. 이제 그 이론을 만들어낸 숨은 이론가가 니체라는 것을 알게 될 것이다.

보고도 못 본 척, 허무를 감춰라

야생적이고 장엄하며 무섭기까지 한 피레네 산맥 속에서 한 남자가 자전거를 타고 있다. 그는 포르드발레스라는 잘 안 알려진 고개를 올라가고 있었다. 그는 혼자였다. 철저히 혼자였다. 소리 하나 없이, 정처 없이 떠도는 영혼 하나 없이, 앞이 막막할 정도로 버려진 산들. 이 사이클 선수는 그것이 좋았다.

그는 파스칼이라는 이름의 선수였다. 조숙한 신동인 파스칼은 아주 일찍부터 자전거를 시작했다.* 겨우 세 살이 될

---

* 사이클 선수로 블레즈 파스칼을 등장시킨 것은 일명 '파스칼의 바퀴'라 불리는 미적분학과 기하학의 원리를 응용하여 사이클로드 곡선 원리를 발견한 그의 수학적 업적과도 관련이 있다.

까 말까 한 나이에 이미 그가 나고 자란 도시인 클레르몽의 작은 골목들을 자전거를 타고 다녔다. 그는 일곱 살 때 처음으로 퓌드돔을 기어올라갔고, 열두 살에는 100킬로미터 이상이나 되는 오베르뉴 산속 길을 규칙적으로 산보했다. 그러면서 서서히 이 야외 산보의 폭을 넓혔다.

파스칼의 자전거에 대한 열정은 결코 식지 않았다. 성인이 되어서는 저명한 신학자로서의 활동을 병행하면서 거의 매일같이 자전거를 탔다. 파리에 상경한 그는 슈브뢰즈 계곡의 작은 구릉을 타고 달렸고, 굽이굽이 도는 세상의 모든 사행천들을 쭉 펴고 싶은 사람이라도 된 양 센 강을 따라 달리고 또 달렸다. 그가 선호한 건 산이었다. 산의 긴 상승 곡선은 그곳을 달리는 인간을 자신과 대면하게 만든다. 파스칼은 기회만 생기면 수도 파리를 벗어나 그가 애호하는 저 중부의 산악지대와 알프스를 향해, 또 피레네를 향해, 아니 그보다 더 멀리, 그 어디든 자전거를 타고 갔다.

자전거는 힘든 스포츠다. 파스칼의 많은 대학 동료들은 지식인 성정을 가진 그가 끔찍한 지옥 기계 같은 것에 걸터앉아 기쁨을 느끼는 것을 신기해했다. 꼭 타야 할 의무가 있는 것도 아닌데 말이다. 하지만 파스칼은 왜 자신이 페달을 밟는지 알고 있다. 그는 고통을 두려워하지 않았다. 그는 고통을 느끼는 것은 모든 사람에게 주어진 몫이라고 생각했다. 인간은 원래 아픈 존재라는 말을 파스칼은 자주 했다. 이런 본성을 은폐할 것이 아니라 오히려 감당해야 한다고 생각했다. 이를 위해 그의 장딴지 힘만으로 프랑스와 나바르*의 전 도로를 주행하는 것보다 나은 것이 어디 있겠는가? 만일 파스칼이 페달링을 한다면, 그것은 죽을힘을 다해 노력하는 동안 근육에서 생기는 긴장을, 아침에 일어날 때 온몸에서 느껴지는 방전을, 이제는 습관 상태가 된 너무나 상수적인 피로를 느끼기 위해서이다. 만일 파스칼이 페달링을 한다면 그것은 발길을 잃기 위해서, 몽상에 빠지기 위해서, 명상하기 위해서다. 그를 둘러싼 장엄한 풍광을 있게 한 분과 교감하기 위해서다.

그것이 이 포르드발레스를 올라가는 동안 파스칼이 행복한 이유였다. 허벅지를 불타게 만드는 이 고통을 주재하는 하나의 질서가 무엇인지 그는 알고 있다. 그를 골짜기 속으로 밀어넣으면서도 너무 밀어넣지 않게 만드는** 이 미묘한 경사면을, 그리고 저 멀리 그려진 산의 정상과 그 정상을 비추는

* 나바르 또는 나바라 왕국은 피레네 산맥 지역을 차지했던 중세 유럽의 한 공국으로, 나바르 왕국의 왕자(앙리 드 나바르, 훗날의 앙리 4세)가 프랑스 왕위를 계승하면서(신구교 갈등 속에서 발루아 왕조에서 부르봉 왕조를 열었다), 프랑스 왕국 또는 프랑스를 가리키는 말로도 혼용되었다. .

** '파스칼적인 감각'을 비유한 함의적 표현이다. 장세니스트로도 유명한 파스칼은 절대적 반관능적 태도를 견지하며 절대성을 추구하면서도 뇌이이 다리 마차 전복 사건을 계기로 새로운 감각 체험을 한다. 열정적 기질과 감각적 쾌락, 극단적 고행을 동시에 수행한 블레즈 파스칼의 감각성은 '파스칼적인'(pascalien)이라는 수사어를 낳기도 했다.

태양을 주재하는 하나의 질서를 그는 알고 있다. 등반하면서 고통스러워하며 파스칼은 홀로 고독하나 기쁘게 그를 기다리고 있는 이 신을 향하여 앞으로 나아간다.

바로 그때 자전거 변속장치 소리가 들렸다. 파스칼은 소스라치게 놀랐다. 한 선수가 그를 추월해버린 것이다. 마치 춤을 추는 것 같다. 이 또 다른 사이클 선수는 어떤 단어 하나 발설하지 않고 어떤 눈길 하나 던지지 않고 그를 앞질렀다. 파스칼은 화가 났다. 그는 자신을 추월한 이 방해꾼을 따라잡기 위해 폐가 터져나올 만큼 속도를 높였다. 사력을 다하다 보니 목소리도 잘 안 나왔다. 그는 숨을 헐떡대며 말했다.

"여보, 도대체 누, 누, 누구시오? 아니, 왜, 왜, 도대체 왜, 그렇게 빨리 가는 거요? 초인이군! 이 굉, 굉장한 신성한 풍광을 보면서 가게 소, 속, 속도를 좀 낮추면 안 되오?"

"내 별명은 코브라요. 이 구릉 돌기들을 예리하게 공격하며 돌진하니 나를 그리 부르는 겁니다." 이 선수는 숨을 헐떡거리지도 않고 그에게 대답했다.

"아니면 질스마리아의 독수리라고도 부르지요. 산을 날아다니는 능력 때문입니다. 아니면 차라투스트라. 그러니까 민첩한 다리로 올라가는 자이지요. 아닙니다. 제 진짜 이름은 니체예요. 왜 그렇게 빨리 올라가냐고 물으셨죠? 이유는 간단합니다. 다음 투르 드 프랑스 대회에 참가하려고 준비 중입니다. 이 길도 경기 구간에 들어갑니다. 방금 말씀하신 신적인 풍광에 대해 말하자면, 솔직히 좀 놀랐습니다. 신이 죽었다는 걸 모르시오? 우리가 신을 살해한 이후 이제 더 이상 질서도, 그 어떤 신성도 없다는 걸 모르시오? 페달을 밟기 위해 페달을 밟을 뿐이죠. 공허하죠. 관조할 만한 풍경도, 찬미할 만한 신성한 작품도 이젠 없어요. 당신은 공허 속에서, 그러니까 이 사이클 바퀴 속에서 페달을 밟을 뿐입니다. 목표 없는 노력은 정신 나간 짓이에요. 뭐, 다른 것도 다 그렇지만……."

"하지만 만일 신이 존재하지 않는다면, 그래서 모든 게 허용된다면……."

파스칼은 걱정스럽게 물었다.

"그렇다마다요. 다 허용돼요! 만일 모든 게 텅 비고 미친 거라면 우리 인간으로 하여금 이 공허를 채우게 하죠. 그러면서 의미를 다시 회복시켜주죠. 우리는 신을 탄핵했습니다. 우린 이제 그를 대신할 방법을 찾아야 합니다. 그래서 다시 신성한 놀이를 발명해야 합니다. 제가 투르 시합에 참여한 게 바로 그 때문이에요. 왜냐고요? 알다시피, 경쟁은 나의 새로운 절대요. 내가 나 자신을 위해 선택한 절대지요. 서정주의는 이제 그만. 전 훈련을 해야 합니다. 그럼 이만 가보시지요. 아 참, 그리고 잘 기억해둬요, 관광객 양반. 이 경사길을 죽 따라가면 아주 좋아요. 상승적 고양감이 이런 거 아니겠소!"

다시 한번 춤추듯 부드럽게 올라가며 차라투스트라는 이

투르를 향하여

렇게 말했고, 파스칼을 멀찍이 떨어뜨려 놓았다. 파스칼은 방금 들은 말에 기가 죽어 따라갈 엄두가 나지 않았다. 저 구불구불한 발레스 고개를 따라 멀리 사라져가는 니체를 바라보며 젊은 나이 때부터 그토록 바퀴를 타지 않으면 안 되었던 이유들에 대해 자문했다. 이 반바지 예언자가 옳을 수도 있지 않을까? 신의 질서란 환상일까? 세계의 운명을 주재하는 그 어떤 최고 심급 기관도 없는 거 아닐까? 이 장관의 풍광은 아무것도 의미하지 않는 것 아닐까? 고통도 무용지물 아닐까?

파스칼은 점점 더 허무 속으로 빠져들어갔다. 깊은 권태가 엄습했다. 이제 페달을 밟을 힘도 없었다. 어떤 열망도 일어나지 않았다. 다 무슨 소용인가? 그는 속으로 말했다. 헛되도다, 헛되도다, 모든 것이 헛되도다!

니체는 한참 전부터 아예 보이지 않았다. 파스칼은 다시 혼자가 되었다. 풀이 죽어 다시 혼자가 되었다. 단속적으로 마구 밟다가, 또 너무 천천히 밟아 선회를 할 때마다 중심을 잃을 뻔했다. 그는 주변을 둘러보았다. 소리도 정령도 없었다. 오로지 텅 빈 공허가 산을 짓누르고 있었다. 태양은 점점 더 세게 산을 내리쳤고 다시는 아무것도 주지 않았다. 검은 태양이었다.

갑자기 파스칼은 바닥에 털썩 주저앉았다. 텅 빈 공허감은 불안으로 바뀌었다. 공포에 질려 자전거를 길가에 내던지며 소리를 질렀다.

"무서워요! 이 무한한 공간*, 이 영원한 침묵이 두려워요!"

그는 잠시 의기소침하게 자전거 옆에 앉아 있다가 길을 찾으며 어떤 부름을 기다렸다. 그러나 어떤 목소리도 들리지 않았다. 아마도 신은 정말 죽었나 보다.

그때 파스칼은 다시 골짜기로 내려갈 생각을 했다. 인간들이 옆에 있는 문명 속으로 말이다. 자전거 여행으로 생을 마감하면 되지 싶었다. 그러나 다른 목표도 있을 수 있다. 사랑, 예술, 정치, 음식 또는 섹스. 그게 뭐가 됐든 다 존재할 이유가 있다. 지금까지는 딜레탕트로 살아왔지만 신학자로서 자신의 경력에 더 매진할 수도 있었다. 어쨌든 이런 것을 다 하기 위해 신을 믿을 필요가 반드시 있는 것은 아니었다. 모든 활동은 그 나름으로 좋았다. 그를 짓누르던 허무로부터 벗어날 수 있기만 하다면.

이어 파스칼은 아까의 그 이상한 현현, 그러니까 니체가 그에게 했던 말을 다시 생각했다. 다음 투르 드 프랑스를 위해

---

* 파스칼의 그 유명한 문장 "인간은 생각하는 갈대"가 나오는 단락에도 '무한한 공간' 이 전제 개념으로 나오는데, 인간은 갈대처럼 미약한 존재이고 이 존재를 완전히 포위하고 집어삼킬 듯한 무한한 공간이 엄연히 존재하지만, "생각을 한다면"(여기서 생각은 기하학적 사유이다. 갈대가 움직이듯, 컴퍼스가 움직이듯) 이 무한한 공간에 적어도 포위되거나 지배당하지 않을 것이라는 믿음이다.

투르를 향하여

훈련 중이라고 했다. 경쟁은 그의 새로운 절대라고 했다. 파스칼은 사이클 경기는 하찮은 것이며 사소한 것이라고 항상 생각해왔다. 그의 눈에 그것은 자전거를 타며 세상을 관조하는 자들의 몽상이었다. 그러나 이제 결국, 그도 그럴 것이 의미 있는 것은 이제 아무것도 없으므로 자전거 경기도 다른 것이나 마찬가지로 별것 아니었다. 바로 그런 사소함 또는 하찮음을 인정하고 그저 '놀이'로 하면 되었다. 그냥 하니까 하는 것이다.

서서히 그의 뇌리에 아이디어 하나가 싹을 틔웠다. 나라고 그 유명한 투르 드 프랑스에 출전하지 말란 법 있나? 신 없는 삶은 비참한 삶이다. 하지만 신은 더 이상 해결책이 될 수 없다. 신이 사라지면서 공허가 남겨졌다. 그 공허에 흰 베일을 드리울 필요가 나에게는 있다. 그렇다면 투르가 이 베일이 될 수 있지 않을까? 종교를 대신해 7월에 이 대미사를 치르면 되지 않는가? 허무를 의식하며 생긴 불안을 떨쳐내기 위해 이 여름의 연속극보다 더 나은 게 있을까? 무의미를 일시적으로 대처하기 위해 파스칼은 하나의 목표가 생겼다. 바로 샹젤리제를 향해 가는 것이다.

이 자전거 여행자는 이제 준마로 변했다. 그는 자전거를 일으켜 세우고 선글라스를 낀 후 운동복을 여몄다. 그리고 정상을 향해 춤추는 무용수처럼 다시 길을 떠났다. 니체를 따라잡을 결심을 단단히 하고서! 투르의 펠로톤에 합류할 결심을 단단히 하고서!

사이클 선수, 그게 다 무슨 소용?

"진정한 학문은 스스로 알게 되는 무지이다."
— 몽테뉴

대학에서 학업을 할 때 스포츠와 공부 중 하나를 선택해야 한다는 말을 수차례 들었다. 그 함의는 사이클은 꿈 많은 청소년기에나 하는 놀이지 이게 무슨 진지한 직업 활동은 아니라는 것이다. 학교에서 제법 공부를 잘하던 나는 자연스럽게 합리적 이성 쪽으로 방향을 돌렸고, 높은 수준이어도 사이클은 포기해야 했다. 하지만 둘 다 100퍼센트 다 해내고 싶었던 나는 너무 높이 날려고 하다가 "날개가 다 불타버린 이카로스처럼 될 위험이 있었다." 이 말은 언젠가 한 심리학자가 내게 해준 말이기도 하다.

불꽃의 심지를 돋우는 이런 담론을 펼치는 자들이 오히려 이런 날개를 다 녹여버리는 거 아닌가? 에너지를 틀어막고 위대한 야망을 꺼버리는 자들이 도리어 이런 자들 아닌가? 새가 횃대에 앉아 있듯 창공의 저 구름 속에 고상하게 자리잡고 있는 저명한 지식인의 위상을 마냥 행복해하는 저 사이비 교사들은 자신의 위상을 지키느라 그런 말을 하는 것이다. 이들은 가장 중요한 산물은 정신의 산물이라고 말한다. 사상, 가치, 이론 등 바로 이런 것들이 항상 견지해야 하는 단단한 초석이라는 것이다. 신체적 활동, 수공업적 생산물과 같은 나머지는 별것이 아니라는 것이다. 이런 건 상대적 변수로서 '훨씬 잘하기' 위한 수단에 불과하니 나중엔 용도 폐기될 수 있다면서.

신체 활동이 얼마나 중요한지는 이미 증명이 되었고 이런 말들이 얼마나 부당한지도 이미 언급했다. 그러니 이제 왜 이것이 실제로 훨씬 더 가치 있는지, 그리고 내가 사이클을 직업으로 삼은 이유가 무엇인지 설명하고자 한다. 나는 할 수밖에 없어 의무처럼 자전거를 선택한 게 아니다.

나는 절대를 믿지 않는다. 나는 제도나 철학, 그러니까 세계를 완벽하게 설명한다고 간주되는 철학적 시스템이나 그 비슷한 여타의 생각을 주입하는 시스템을 신봉하지 않는다. 어떤 체계적 질서가 우주를 지배한다고도 생각하지 않는다. 정신에 어떤 힘이 있다고도 생각하지 않으며 그런 힘을 믿지도 않는다. 나는 다소 비관론자다. 물(物) 또는 존재 자체에 어떤 가치가 있다고 생각하지 않는다. 의미가 있는 것도 아니다. 카뮈는 유일하고도 진실한 철학적 질문은 자살에 관한 질문이라고 했다. 나는 그의 말에 동조한다. 존재하느냐 존재하지 않느냐, 이것이 문제다.

다른 모든 것에도 불구하고 대답해야 할 게 있다면, 바로 이 문제이다. 어떤 우월자가 나에게 그것을 명령해서가 아니다. 나의 실존이 숨어 있는 어떤 큰 계획에 대한 응답이어서가 아니다. 나는 미리 설정된 운명을 믿지 않는다. 만일 있어야 한다면 그건 내가 있기 때문이다. 내가 존재하기 때문이다. 이런 문장 역시나 부조리한 말처럼 들릴 수 있다. 나는 왜인지 알지 못한 채 이 실존 속에 저당 잡혀 있는 것이다. 아니, 이 '왜'라는 이유를 결코 알지 못할 것을 알면서 이렇게 살아 있는 것이다. 이 저당 행위를 속개하고 있는 것뿐이다. 포기한다는 것은 포기함으로써 갖지 못하게 되는 것에 여전히 의미를 부여하고 싶어 하는 것이다.

삶은 환상일까? 환상이라고 받아들여보자! 모든 게 상대적일까? 개별적인 특정 관점을 선택해보자. 그리고 비록 환상일지언정 삶에 어떤 목표가 있다고 가정하고 그것을 끝까지 밀고 나가자. 그렇게 하면서 우리 스스로 삶에 목표를 부여해보자.

진짜 지혜는 우리를 허무 의식으로부터 보호하기 위해 살짝 덮어놓은 인위적 수단인 베일을 굳이 벗겨버리지 않는 것이다. 블레즈 파스칼이 반쯤 능숙하게 해낸 것이 바로 이것이다. 오늘날 몇몇 현자 지식인들이 고매한 표정을 지으며 하고 있는 것도 바로 이것이다. 진짜 지혜는 이 허무를 관조하는 것이다. 그리고 얇은 베일로 허무를 살짝 가려놓기를 선택하는 것이다. 관습, 인습, 사회적 가치를 따라가되 이것들이 무슨 대단한 정당성을 갖는 것은 아님을 알고 그렇게 따라가는 것이다. 세상 속에서 살아가되 꼭두각시 인형극장에서 살아갈 뿐이라는 것을 인정하며, 그저 각자에게 주어진 역할을 하는 것이다.

손을 써서 일하는 상당수의 실력 좋은 노동자들은 그 일의 규칙성과 공허감 또한 잘 알고 있다. 그리고 그 환상도 받아들인다. 이런 지혜의 특성은 스스로 자신을 드러내지 않는다는 데에 있다. 폴 발레리는 가장 위대한 천재들은 여전히 알려져 있지 않다고 말했다. 얼마나 많은 제빵사들과 석공들, 양치기들이 파스칼 같은 능숙함을 가지고 있는가? 겉으로는 아무것도 모르는 척하면서 얼마나 능수능란한 기교를 부리는 자들이 많은가? 수공업의 육체노동자들을, 음지에서 일하는 자들을, 과묵하게 아무 말 없이 일하는 자들을 무시하지 말라. 그들을 무시하는 당신들 모르게 그들이 당신들을 무시하고 있을 것이다. 파스칼의 말에 따르면, 그들은 아마도 '뒷생각'을 품고 있을 것이다.

그렇다고 잘못 생각해서는 안 된다. 생각하는 자들이 필연적으로 허무를 느끼며 잘난 척한다는 건 아니다. 행동하는 자들이 꼭 다 재능 넘친다는 말도 아니다. 굳이 너무 진지한 척하지 않으면서도 다 철학자가 될 수 있다는 말이다. 자기 직업의 시시한 면을 잊지 않으면서 사이클 선수나 제빵사가 될 수 있다는 말이다. 내가 강조하고 싶은 것은 육체 활동을 하든 정신 활동을 하든 우리의 행동과 말에서 적절한 간격을 유지하는 것이 중요하다는 것이다. 간단히 말해 '질리거나 화내지 않는 것, 무기력해지지 않는 것'이 중요하다.

내가 철학의 길보다 사이클의 길을 선택한 것은 왜일까? 왜냐하면 사이클은 너무 진지해짐으로써 생길 리스크가 덜하기 때문이다. 스포츠는 하나의 놀이라는 것을 사람들은 다 안다. 이런 이유로 간격을 만들 수 있다. 그 간격을 통해 절대화의 유혹으로부터 자신을 지킬 수 있다. 이것은 형이상학적 논문보다 훨씬 확실한 방법이다.

스포츠에서는 이런 것도 중요하다. 축구 경기만을, 자전거 경기만을 또는 권투 경기만을 자연스러운 것이라고 주장하는 사람은 아무도 없을 것이다. 활동의 틀을 만들고 그것에 가치를 부여하는 기관이나 제도 없이는 이러한 활동이 아무것도 아니라는 점도 우리는 잘 알고 있다. 이런 가치는 문화적 정보로서도 받아들여진다. 환상인 것도 알고 시시한 것도 안다. 그래서 그리스인들은 신화라는 것을 만들어내 이에 지나치게 속지 않으면서도 믿음을 갖고 그 중간을 유지하는데, 이런 그리스인들을 본받아 우리도 스포츠를 믿는 척할 뿐이다.

투르를 향하여

그러나 이것이 인간이 만든 구조물 그 이상도 이하도 아니라는 것을 잊지 않는다. 스포츠가 우리에게 딴생각을 할 수 있게 해주고 즐겁게 해주니까 그저 놀이를 하는 것일 뿐이다. 아이들이 말하듯 '그냥 재미있어서' 하는 것이다.

내가 자전거를 타는 이유도 바로 그렇다. 이 오브제가 이야기를 만들어내면서 나는 배우이자 관객이 된다. 사람들은 텔레비전 연속극을 보는 것처럼 이 경기를 볼 수도 있다. 그도 그럴 것이 픽션이라고 인정한 바에야 모든 것이 환상에 불과하다. 사이클은 오늘날 나에게 이를 위한 가장 적합한 활동이다.

글쓰기도 사이클과 마찬가지다. 글쓰기는 실존에 한 발짝 더 다가가게 해준다. 이야기를 생각해내고 이성적 사유를 전개하며 단어와 개념들을 가지고 논다. 내게는 필수적으로 보이는 유희적 간격의 형태를 세우기 가장 좋은 수단들이 거기에 있다. 자기 단어들에 너무 중요성을 부여하지 않는 조건 속에서 유머를 보여주고, 환상과 우화 속에 남아 있는 것이다.

나는 왜 『사이클을 탄 소크라테스』를 쓰고자 했을까? 그저 놀기 위해서, 즐기기 위해서다. 그것만으로 이미 많은 의미가 있지만 그 이상도 이하도 아니다.

놀이의 장, 투르의 장

이제 다 됐다. 여러 달의 훈련을 거쳐 기능 및 용도 숙지, 스테이지 고도 숙지, 예비 시범 경기까지 마쳤다. 이제 며칠 후면 뒤셀도르프에서 투르의 대출정식이 시작된다.

도시는 이미 열기로 가득 차 있다. 시합 코스와 3주로 나눠 달릴 3,500킬로미터 구간, 그리고 선수들을 기다리고 있는 모든 난관 등을 도식으로 표시한 게시물을 도처에서 볼 수 있다. 도시 주민들은 자전거로 이동한다. 상점들은 노란색으로 치장했다. 독일 민족은 이를 수년째 기다렸다. 아, 드디어 투르의 마법을 보다니!

그리스 선수, 독일 선수, 그 외 다른 국가 선수들은 축제를 즐길 분위기가 아니다. 곧 있을 경기에 마음이 분주한 그

투르를 향하여

들은 자신들을 기다리고 있는 것들에 집중하고 있다. 개막 경기 시작 일주일 전, 선수들은 모두 현장에 도착했다. 선수들의 초조함과 흥분을 더욱 고조시키기 위해 일주일 전 소집하는 게 관례다. 그런데 흥미롭게도 우연인지 필연인지 그리스 팀과 독일 팀이 같은 숙소인 린드너 호텔에 묵게 되었다. 로비는 선수들을 취재하러 온 기자들로 붐볐다. 선수들은 이미 몇 달 전부터 이런 분위기를 예상하고 준비했지만 그래봤자 소용없다. 투르의 광기는 항상 놀라울 뿐이다. 신문사를 비롯해 라디오, 텔레비전의 방송 취재가 이어졌고, 홍보용 비디오 촬영, 프리젠테이션, 미팅 등 한마디로 어마어마한 소용돌이가 일었다. 운동선수에게는 1분 1초도 아까운 시간이다. 벨로조프들의 존재감은 흐려지기는커녕 더욱 두드러질 수밖에 없었다. 더군다나 독일 팀 내에 체육인으로 전향한 지식인, 벨로조프, 즉 철학자-사이클 선수들이 있었으니 이러한 관심은 당연했다.

이제 선수들은 각자 할 일을 맡았다. 소크라테스의 은퇴 발표 후 플라톤에게는 새로운 책무가 부여되었다. 그는 본업인 철학도 하면서 투르 경기 전 마지막 예비전(8차 예비전)에서 이룬 최근 성과처럼, 무엇보다 재능 있는 젊은 사이클 선수라는 것을 입증해야 했다. 플라톤은 아리스토텔레스와의 협치도 환기했다. 두 철학자를 대결 구도로 몰고갈 수 있는 긴장이 다분히 있었지만 상호보완한 것도 많아 우선은 이를 초월할 필요가 있었다. 그는 마침내 팀을 구성할 선수들을 최종적으로 확정했는데, 그리스-라틴 연합 작전을 펼치기 위해 기존의 선수들 외에 또 다른 선수들도 함께 기용했다. 그들 중에는 디오게네스, 헤라클레이토스, 마르쿠스 아우렐리우스, 마키아벨리(벨로조프 팀에 들어가기 위해 능숙한 조작을 할 줄 아는 자였다), 그리고 플로티노스가 있었다. 플로티노스 역시 이미 닳고 닳았지만 용케도 선발되었다. 에픽테토스는 총괄 스포츠 팀장이 될 것이다.

이런 질문이 부단히 나왔다. "사이클을 하면서 철학을 하면 어떤 이점이 있지요?" 플라톤은 사이클 없이도 이론적 사색은 확실히 유용하다고 습관처럼 대답했다. 한발 뒤로 물러나서 긴장을 좀 떨어뜨리고 상대화할 수 있는 차원이 열리니 말이다. 반면 사이클 위에서도 이런 사색은 가능하다. 물론 경기가 한창일 때는 좀 어렵다. 전방위적으로 공격을 당하거나 스프린트, 그러니까 사력을 다한 막판 질주를 할 때는 상황을 분석할 시간이 없다. 하지만 본능적으로, 순간적으로 반응해야 한다. "왜냐하면," 여기까지 설명하다 플라톤은 아리스토텔레스에게 윙크를 하며 이렇게 덧붙였다. "감각들이 살아 있지 않은 지성은 아무것도 아니기 때문이죠."

플라톤은 기자들에게 설명하는 와중에도 머릿속으로는 이런저런 생각을 하고 있었다. 만일 그리스-라틴 팀에 벨로조프들밖에 없다면 그나 그의 동료들로서는 행동이 없으면 생각이 잘 진행되지 않는데……. 테오리아(이론)는 프락시스(실천) 없이는 아무것도 아니잖은가. 기자들에게 보이는 얼굴 뒤로 플라톤이 무엇을 숨기는지, 그의 심중에 무엇이 들어 있는지 누가 알 수 있겠는가?

서기서 두 발 떨어진 곳에서 프로이트는 귀를 쫑긋하고 플라톤이 하는 말을 듣고 있었다. 자기 팀에 맞서는 잠재적 공격이 될 수도 있을 이 그리스 상대가 표명한 발언을 그는 자신의 입장에서 나름대로 해석할 수 있었다. 사실 게르만 팀은 훈련받은 사이클 선수와 개종한 철학자를 혼합해 명부를 작성한 '완전 벨로조프'보다는 좀 덜 근본주의적인 전략을 택했기 때문이다. 어떤 기자들은 프로이트의 얼굴에 약간의 주름이 잡히기 시작하는 것에 주목했다. 그들은 이 오스트리아 철학자의 반응을 보기 위해 플라톤에게서 약간 몸을 돌렸다. 그러나 프로이트는 기자들에게 자신은 아무런 표명도 하지 않을 것이라는 신호를 보내면서 기자들을 독일 선수팀 대외협력관인 위르겐 하버마스에게 보냈다. 하버마스는 사인 요청을 하러 온 팬들과 기삿거리를 찾아 온 특파원 등이 서로 뒤엉킨 무리 속에서 그냥저냥 백브리핑을 해주고 있었다.

"각자 희망하는 질문을 하시면서 절대적 자유로움을 느끼시면 됩니다." 이 대외협력관장은 이 말을 여러 번 반복했다.

기자들은 호언장담하듯 이렇게 질문했다.

"같은 팀인데 한쪽에는 사이클 선수를, 다른 한쪽에는 철학자들을 배치하는 거죠? 이런 멤버 구성이 약간 인위적이라는 생각 안 드십니까? 무엇보다 홍보 효과를 노린 것 아닙니까? 그리스인들은 운동선수라면 철학자이면서 동시에 사이클 선수인데 말입니다."

금기라고 생각하는 주제는 없지만 이런 질문은 하버마스를 약간 지겹게 했다. 그래서 좀 화난 표정으로 그건 논외의 주제라고 대답했다.

"철학자가 진짜 사이클 선수인지 아닌지는 그닥 중요하지 않습니다. 스포츠는 결과를 보고 이야기해야 합니다. 아인슈타인의 추진력으로 마르크스와 프로이트가 이 팀에 합류한 후(하이데거는 최종적으로 선발되지 않았습니다) 알티히, 울리그, 자넬, 그리고 나머지 선수들의 실력도 월등하게 향상되었습니다. 여기에 어떤 '철학적 효과'가 분명 있었을 겁니다. 철학자들 본인은 활약을 하지 않았지만 그들의 조언만으로도 다른 선수들을 빛나게 해줄 수 있는 겁니다! 어떤 선수에게는 성찰과 해석의 도움을, 또 어떤 선수에게는 행동과 결론의 도움을 주는 식으로 말이죠. 자, 기자 여러분, 이젠 됐죠? 마지막으로 한 말씀만 드리고 마치겠습니다. 선수들을 기다리는 경기가 있으니 그 전에 휴식을 취하도록 해주시면 고맙겠습니다."

다른 독일 선수들과 함께 살짝 뒤로 물러나 있던 마르크스는 이 대외협력관의 공식적 발언이 끝나자 약간 뾰로통한 표정을 지었다. 그는 아까부터 휴식을 취하고 싶어 하지 않는 것처럼 보였다. 그리고 지금 상황에 대한 대외협력관의 해석도 마음에 들지 않는 것 같았다. 그런데 하버마스가 자기 할 말만 하고 토론을 끝내버려 발언할 기회도 못 얻었다. 독일 팀 인터뷰가 끝났으니 기자들은 이번엔 프랑스팀 쪽으로 가서 이것저것 물어볼 요량이었다. 이 팀에도 제법 괜찮은 '고객들'이 상당수 있었기 때문이다. 전도유망한 인물로 소개되면서 다시 펠로톤에 합류한 파스칼, 경험이 많은 선수 베르그송. 특히 베르그송은 자기 종목에 대한 논지 전개를 아주 쉽게 하는 것으로 정평이 나 있었다. 또 장 폴 사르트르라는 자도 있었는데, 팀의 매니저 타이틀을 재빨리 얻어냈다. 그는 논쟁적 토론을 주도하는 데 천재적이어서 명성이 자자했다. 잘 나가는 데는 확실히 그럴 만한 이유가 있었다.

이렇게 투르 경기 본선을 앞둔 오후가 지나갔다. 선수와 기자, 홍보팀은 모두 이 7월의 대극장에서 각자 자기 맡은 역할을 다 해냈다. 플라톤은 틀리지 않았다. 그는 사람들이 만일 자신을 보러 온다면 그가 쓴 두 개의 관, 그 독창성 때문일 것이라고 장담했다. 그가 불평할 때는 상투성의 유혹에 반대해 들고 일어날 때인데, 그런 점에서 그는 여전히 자기 태도를 갖고 있었다. 등껍질 같은 자기 방어벽을 갖지 않은 자, 자신을 타자로 간주하지 않는 자는 잡아먹힐 수 있으므로 그래야만

했다. 미디어가 알아보는 슈퍼히어로라면 자기만의 보호 장치도 갖추고 있어야 했다.

기자들이나 대외 업무를 맡은 홍보 담당자들도 자신들의 역할 뒤에서 숨어 있었다. 자기 내러티브, 즉 자기식 서사 태도는 그들에게만큼은 분명 필요한 것이었다. 누군가에게 성가신 질문을 하고 누군가를 피할 방법을 찾는 것이 그들의 직업이다. 결국 그렇고 그런 것이라는 걸 다들 알고 있었다. 말하자면 규칙은 사전에 만들어지고, 그게 실패하면 다음번에 또 하면 된다. 다만 그들이 아직도 모르겠는 건 도대체 이 선수들의 진짜 정체가 뭐냐는 것이다. 도대체 '누가' 마이크 뒤에 서 있는가? 그 뒤에 숨어 있는 누군가가 있다는 건가? 그냥 선택을 하는 건가? 선수가 되었다가 화자가 되었다가?*

마르크스와 프로이트도 결국 이 인간 희극을 모면할 수 없었다. 한 사람은 뾰로통한 자세로 있고, 또 한 사람은 탐색하듯 신비로운 표정을 짓고 있었다. 그러나 둘 다 그들이 깊이 느낀 것을 표현하지 않았다. 다만 전달될 수밖에 없게 된 어떤 감정을 전달할 뿐이었다. 자기 지시와 불일치하는 감정. 말이 잘려버린 현자의 감정. 우리 두 신인 사이클 선수 내면에 있는 정통한 본래의 상태는 무엇일까? 아무도 그게 뭔지 모른다.

---

*   저자는 철학만이 아니라 문학 이론에서 말하는 저자와 화자 그리고 주인공 간의 일치하면서도 일치하지 않는 관계에 대해 사색하고 있다.

이들 당사자들도 잘 모른다. 다른 누가 말한 것처럼 "나는 타자다."* 그렇다면 관건은 '나'다.

각자 자기 의상을 입고 자기 자신에게 몰두하며 제 나름으로 경기 준비를 하는 동안 극적인 반전 효과가 있는 사건이 일어났다. 소크라테스가 진흙이 잔뜩 묻은 자전거를 어디서 굴러떨어지듯 타고 내려와 호텔의 큰 홀로 곧장 들어온 것이다. 그의 왼쪽 신발은 어디 가고 없었다. 얼굴은 수척했다. 모두가 어안이 벙벙해져 그를 쳐다보았다. 소크라테스는 시치미를 뚝 뗐다. 그를 뚫어지게 쳐다보는 사람들은 안중에도 없다는 듯 접수처에 와서 아직 자리가 하나 남았는지 물었다.

"호텔 방요?"

"아니, 투르 말이오!"

영문을 몰라 하는 접수원을 보고 입가에 미소를 지으며 사태를 정리하러 온 건 다름 아닌 아리스토텔레스였다.

"물론이죠, 투르에 선생님 자리는 분명 있습니다! 더욱이 저에게 좋은 말씀을 해주신다면 덕분에 이 경기는 어마어마한 경기가 될 겁니다."

---

*   시인 랭보의 말이다. '나는 타자다'라고 번역했지만, 사실 번역되지 않는 특유의 프랑스적 문법이 있다. 원문은 "Je est un autre"이다. 랭보는 1인칭 주어 'je'에 호응하는 동사 'suis'를 쓴 게 아니라, 3인칭 주어에 호응하는 'est'를 썼다. Je est는 비문 또는 불가능한 표현으로 그만큼 완전한 탈아, 무아 또는 '에고'로부터 벗어나는 일이 쉽지 않다는 것을 함의한다.

아리스토텔레스는 대장의 귀환을 보면서 신경이 곤두선 게 절대 아니었다. 에트나 화산 일 이후 그는 소크라테스가 자기 그림자로 다른 팀원들을 가릴 자가 아니라 오히려 그들을 더욱 비상시켜줄 리더라고 생각하게 되었다. 도대체 화산 위에서 무슨 일이 벌어졌는지는 알고 싶지도 않았다. 소크라테스는 원래 그랬다. 철학자들은 원래 그렇다. 철학이란 놀라움으로부터 시작된다. 이 놀라움을 일소해버리는 대답은 기대하지 않는다.

이어서 플라톤이 소크라테스에게 인사하기 위해 달려왔다. 자기만의 방식으로 페달링을 익히게 되었으니, 아니 정확히 말하면 자립하게 되었으니 그는 혜안에 있어서는 타의추종을 불허하는 이 위대한 리더를 다시 도울 준비가 기꺼이 되어 있었다. 바로 이어 마르쿠스 아우렐리우스, 디오게네스 등이 왔다. 디오게네스는 소크라테스를 가리키며 이 말을 반복했다. "내가 필사적으로 찾던 진인(眞人)이 바로 여기 있군요. 자, 이분이 진인입니다." 모든 벨로조프들이 새로 귀환한 이 진인을 둘러쌌다. 플로티누스만 없었다. 에픽테토스*가 와서 선발전에서 플로티누스가 다른 사람으로 대체되었다고 말해주었

---

* 에픽테토스는 2세기 로마제정 시대 스토아 철학자로, 소아시아 출신의 노예였으나 네로에 의해 노예 신분에서 해방되었다. 청년들을 가르치며 실천철학을 강조한 에픽테토스는 아주 검소한 생활을 했으며 평생 홀로 살았고 재산도 거의 없었다.

투르를 향하여

다. 그런데 에픽테토스의 표정은 어둡지 않았다. 그는 올리그와 셀프 카메라를 찍을 수 있어서 행복했다.

한마디로 이 그리스-라틴 팀의 모든 구성원들은 투르 경기가 펼쳐질 이 산발치에서, 더군다나 소크라테스와 함께 있으니 행복하기 짝이 없었다. 서로 부둥켜안고 축하의 말을 주고받았다. 팀의 사기가 하늘을 찔렀다.

어떤 기자들은 이 장면을 보고 벌써 가슴이 뭉클해져 곧 쓰게 될 기사 제목을 떠올렸다. "투르 시합만이 줄 수 있는 정통한 기쁨, 바로 그것이 왔다." 반면 어떤 다른 기자들은 이 예기치 않은 컴백에 대해 훨씬 신중을 기했다. 진짜 즉흥일까? 아니면 고수의 전략일까?

독일 선수들은 이런 질문을 속으로 하지 않았다. 일부러 약간 무심하고도 초연한 표정을 지었다. 이제 대결의 시간이다. 논쟁적 공격의 시간이 왔다. 출격은 며칠 후 자전거 위에서, 투르의 도로 위에서 있을 것이다. 대화와 준비, 성찰의 시간은 가고 이제 행동만이 남았다. 스포츠 대결 속에서 모든 것이 결판날 것이다.

이토록 임박한 순간은 없었다. 무대 세트는 다 세워졌고, 배우들은 모두 무대 위에 올랐다. 이제 시작만 하면 된다.

II

경마

스테이지 1: 뒤셀도르프의 크로노미터*

타임트라이얼**: 너 자신을 알라, 너 자신을 초월하라

"30······ 10······ 5, 4, 3, 2, 1! 자, 투르 드 프랑스 뉴에디션이 시작되었습니다. 바로 이곳 뒤셀도르프에서 개막식과 함께 타임트라이얼 경기가 시작됩니다. 이번 대회는 아주 많은 분들이 지켜볼 것입니다. 과거 어느 때보다 훨씬 많습니다. 국가대표 팀의 귀환은 물론이고, 이번 조직위에서는 새로운 관중과도 만나고 싶어 합니다. 애국심으로 국가대표 팀을 응원해주

---

*   Chronometer: 원래는 항해 중인 배의 위치를 산출할 때 사용하는 정밀한 시계 또는 스위스 정부의 공식 인증을 받은 기계식 시계를 가리킨다. 정확하고 정밀한 시계의 대명사로, 시간 기록 경기에 두루 쓰인다.

**   프랑스어로는 '콩트르라몽트르'(contre-la-montre)이며, 일정한 거리를 각 선수가 단신으로 달려 걸린 시간으로 승부를 겨룬다는 의미이다.

시는 것은 물론 아주 독특한 프로필을 가진 선수들에게도 이번 경기의 문이 열리지 않았습니까? 그토록 화제가 되었던 그 유명한 벨로조프들이 바로 그들 아니겠습니까……."

"맞습니다, 티에리. 게다가 이번 그리스 선수 중 한 사람은 선발팀에 처음 들어왔다죠? 이 선수는 첫 출발 명단에 있지도 않았습니다. 그의 출현은 작은 충격이었습니다. 왜냐하면 바로 데뷔시즌이 시작되고 얼마 안 있어서 다소 이상한 방식으로 레이다망에서 사라졌거든요. 컨디션 난조인 플로티누스를 대체할 자를 찾던 중 마침 그가 돌아왔죠. 자, 짐작이 가시겠지만 바로 소크라테스입니다."

"그렇습니다, 로랑. 게다가 리샤르가 소크라테스 바로 뒤에서 우리 사운드 바이크를 타고 있습니다. 도로 사이클 경주에 처음 데뷔한 이 벨로조프를 아주 잘 볼 수 있겠습니다."

"죄송합니다! 잠시만요, 티에리. 말을 끊어 미안합니다. 지금 제가 소크라테스 바로 뒤에 와 있습니다. 그의 사이클 바로 뒤에 자리 잡고 있습니다. 자, 페달링 속도, 박자, 모두 최적입니다. 자세도 거의 완벽해요. 에너지 손실이 전혀 없겠는데요. 요약하면 소크라테스는 우리에게 아주 깔끔한 크로노를 제공할 것 같아요."

"고마워요, 리샤르. 당연합니다. 아시다시피, 소크라테스는 경험이 많은 선수 아닙니까? 또한 고독한 노력가죠. 따라서 이런 유형의 스포츠는 완벽히 장악할 겁니다. 그리고 보시

다시피 벌써 좋은 기록을 보여주고 있지 않습니까?"

"티에리, 타임트라이얼은 자기 자신과 상대하는 게 관건이지 않습니까? 중요한 건 자기 자신을 잘 아는 겁니다. 최대한 규칙적이어야 합니다. 너무 늦게도 너무 빨리도 출발하지 않으면서 자신의 한계를 완벽히 통제해야 합니다. 왜 너무 늦어도 안 되느냐, 한번 잃어버린 시간은 만회할 수 없기 때문입니다. 왜 너무 빨라도 안 되느냐, 미끄러져 털썩 주저앉을 수도 있기 때문이죠. 크로노미터는 과도한 신중함과 과도한 무절제, 딱 그 중간 예술이죠. 특히 이 과도한 무절제, 우리 그리스 친구들이 말하는 휴브리스*를 유의해야 합니다."

"아니, 로랑. 철학에 이렇게 조예가 깊은 줄 몰랐네요! 어쨌든 확실한 건, 소크라테스는 자신에 대해 완벽히 안다는 것입니다. 우리 중간 집계에 따르면 이 타임트라이얼에서 승리한 적 있는 자크 앙크필**과 딱 2초 차이 납니다. 경기가 없던

---

*   hubris: 그리스 말로 지나친 자신, 오만에서 생기는 폭력을 뜻한다. 아리스토텔레스가 『시학』에서 자주 쓴 말이다. 오늘날에는 특히 지식인 엘리트 그룹의 과신과 오만을 가리키는데, 역사상 나타난 수많은 인물을 보아도 그 실력과 능력으로 승자가 될 수 있었지만, 결정적 순간에 패자로 전락한 자들에게서 가장 흔히 나타나는 오류이다.

** 앞에서 프랑스의 전설적인 사이클 선수 자크 앙크틸이 언급되었는데, 투르 드 프랑스 2017 경기 장면을 재현하는 이 후반부 장에서부터는 앙크틸(Anquetil)이 앙크필(Anquepil)로 바뀌어 있다. 실제 인물을 픽션화하면서 철자 하나 t를 일부러 바꾼 것으로 보인다.

몇 달 동안 이 그리스-라틴 팀의 대장은 도대체 어디 있었는지 궁금했었는데, 바로 이곳 현장에 탁 나타난 거죠. 정말 대단한 챔피언입니다!"

"잠시만요. 다시 말을 끊어 죄송합니다. 티에리, 리샤르입니다. 지금 이곳 뒤셀도르프 거리에서 충분히 놀라운 일이 벌어졌어요. 이차선 도로인 라인 강변을 따라가는 왕복 코스 있지 않습니까. 제가 소크라테스를 죽 따라가면서 그의 뒤를 따라가는 다른 선수들 몇몇을 볼 수 있었어요. 후보자 명단에 없는 한 선수와 방금 마주쳤는데, 지금 우리가 가는 속도 때문에 정확히 누군지는 모르겠는데……."

"기다려봐요, 리샤르. 우리 헬리콥터에서 잡을 수 있는 영상이 있거든요. 어, 진짜 맞습니다. 정말 거기 누군가 있네요. 마지막 타이밍에 들어온 거 같은데……. 중간색 저지를 입었는데 등번호도 없고 뒤에 수행 차량도 없고, 아니, 이럴 수가! 어떻게 이런 일이! 잠깐, 잠깐만 기다려봐요. 방금 그가 스페인 경쟁자 한 명을 따라잡았어요. 이제 앞질렀어요! 리샤르, 도착하면 결승선에서 이 선수를 어떻게든 좀 잡아봐요. 반응 인터뷰 좀 따게요."

몇 분 후 이 정체불명의 선수가 결승선에 도착했다.

"비켜요, 비켜! 스포츠 TV, 우리가 먼저입니다. 저기, 자, 한 말씀만 부탁드립니다. 답변 좀, 질문이라도. 뭐 한마디라도. 아니, 도대체 어디서 나오신 겁니까? 방금 놀라운 기록을

냈어요. 잠정 순위 3위입니다. 도대체 당신은 누구십니까?"

"제 별명은 코브라입니다. 우둘투둘한 구릉에서 갑자기 나타나 날카로운 공격을 한다고 해서 붙인 별명이죠." 사이클 선수가 숨을 몰아가며 대답했다. "혹은 질스마리아의 독수리라고 하죠. 산 위를 날아다니는 저의 능력 때문입니다. 아니면 차라투스트라. 민첩한 다리의 산악인이라서요. 아니, 사실 저의 진짜 이름은 니체입니다."

"잠시만요, 잠시만요. 지금 산악인이라고 하셨습니까? 지금 당신이 그토록 놀라운 퍼포먼스를 펼친 곳은 평지였어요! 왜 한 팀에 속해 있지 않습니까? 잠시만요! 니체, 그거 혹시 철학자 이름 아닙니까?"

바로 그때, 네 명의 경찰이 니체를 급히 낚아채 비밀과 안전이 훨씬 잘 보장되는 곳으로 데려갔다. 주변이 혼란스러운 가운데 리샤르는 멀리서 이런 소리를 들은 것도 같았다. "자신을 아는 것보다 자신을 초월해야 하오!" 혹은 "국가는 가장 차가운 괴물이지요!"

몇 시간 후 투르 조직위의 한 공보관이 공식 결과를 가지고 왔다.

오늘 공식 후보 명단에 들어 있지 않은 독일 선수 한 명이 투르 드 프랑스 스테이지 1에 참가했습니다. 경기 관리 팀의 부주의로 이를 미처 파악하지 못했습니다. 하지만 우선 당시자

171

와 논의를 거쳤고, 이 선수가 수행한 실제 기록을 놓고 판정위원들 간에 숙고를 거쳤습니다. 크로노미터 비공식 기록으로 이 스테이지에서 10위와 15위 사이입니다. 또한 관중들의 뜨거운 호응과 열기를 고려하여 이번 투르 드 프랑스 대회에 특별히 프리드리히 빌헬름 니체를 출전시키기로 결정했습니다. 그의 등번호는 199번입니다. 이제 지금부터 그도 여느 선수와 다름없이 취재해주시기 바랍니다. 다만 니체 씨는 어떤 팀에도 소속되어 있지 않습니다. 그가 이런 의지를 강력히 피력하는 이상, 어쨌든 그는 중립국 깃발 아래에서 시합을 하게 될 겁니다. 그렇지만 진행 중이던 시합에 니체 씨가 갑자기 난입한 상황이므로, 이것은 중대한 위법입니다. 그래서 제재가 불가피합니다. 스위스 프랑으로 1만 프랑 상당의 벌금 외에 전체 순위상에서 3시간은 공제해야 합니다. 뒤셀도르프의 타임트라이얼에서 현재 크로노미터 공식 기록이 부재하므로 이 스테이지에서는 최하위권, 그러니까 꼴찌에서 두 번째 순위로 내려갑니다.

○○○○년○○월○○일, 뒤셀도르프, 판정위원장

"그런데 로랑, 이 스테이지 1은 얼마나 반등이 많은 구간입니까. 한동안 앙크필이 선두에 섰는데 결국엔 브래들리 러셀이 간발의 차이로 따라잡는군요. 이번 시합에서 처음으로 옐로저지를 가져갑니다. 크로노 학파를 만든 소크라테스는 기술적으로 완벽했는데 결국 3위에 랭크됩니다. 자, 그리고 마지막으로 그 유명한 니체는 즉흥적으로 이뤄진, 그러나 정말 인상적인 경기력 덕분에 이 축제에 초대되지 않았습니까? 이번 투르 경기는 독일에서 대출정식을 가지는데요, 니체 때문에 좀 망쳤다고도 할 수 있겠습니다만 어쨌든 투르는 시작되었습니다!"

"맞습니다! 티에리. 하지만 바로 이런 게 투르 아니겠습니까. 어떤 마법이 있어야쥬. 제가 한 가지만 말씀 드리겠습니다. 만일 철학이 놀라움을 먹고 자란다면 투르는 예측불허로 사는 겁니다. 그래서 투르가 아름다운 거죠."

"좋습니다, 로랑. 오늘 완전히 철학적 영감이 넘치는군요. 자, 그럼 그 멋진 말과 함께 우리도 여기서 중계를 마치겠습니다. 여러분 모두 감사합니다. 리샤르, 고생했어요. 스포츠 TV 시청자 여러분, 모두 감사합니다. 내일, 스테이지 2에서 찾아뵙겠습니다. 최고의 스포츠, 최고의 투르!"

스프린트는 사이클 선수의 면도날이다

각 팀을 위해 매일 스테이지 출발 전 한 시간가량 버스에서 관례적 브리핑이 이뤄진다. 감독은 코스 구간 및 기후에 대한 지시 사항을 주는가 하면, 이를 현장에서 적용하기 위한 전략적 지침들을 내린다. 독일 팀 버스 안에서는 이미 선수들의 어깨를 짓누르는 압박감이 느껴졌다. 전날 크로노 결과들이 실망스럽기 짝이 없었기 때문이다. 상위권 20위 안에 든 독일인은 한 명도 없었다. 독일 선수 1위(울리그)가 전체 순위 23위에 불과했다. 아인슈타인이 매니저를 그만둔 뒤 실질적 감독의 부재로, 팀원 중 가장 경험이 많은 선수 옌스 포그트가 도로 주행의 주장 역할을 맡았다. 동료들은 그에게 신뢰를 보냈다. 그는 원래 사이클 선수였던 자들과 사이클로 전향한 자들 간의 관계를 완벽하게 조율해냈다. 브리핑에서 모든 사안을 장악하며 설명하는 것도 탁월했다.

"자, 상황을 직시합시다. 우린 어제 별로였어. 의심할 바 없이 관중 앞이라 너무 부담을 느낀 것이다. 의심할 바 없이 외부 영향을 잘 관리하지 못했다. 의심할 바 없이 그 망할 니체의 난입으로 집중력을 잃어버린 것이다. 그러나 이런 이유들은 하등 중요하지 않다. 어제는 어제일 뿐이다. 지나간 것은 지나간 것이다. 이제 다시 동기 부여를 해서 이 악화된 상황을 바로잡아야 한다. 진정한 승부는 오늘부터다! 자, 오늘 코스는 뒤셀도르프에서 리에주까지 202킬로미터. 세 번의 오르막길이 있는 이 코스는 산악 그랑프리의 주요 코스다. 그러나 난이도 제4등급으로 그다지 어렵지 않다. 폴카도트저지를 따기에 딱이다. 그건 별도로 하고, 이곳 코스는 상대적으로 평이하다. 서풍 시속 20킬로미터, 비 올 확률 조금. 자, 여기까지가 기술적 보고인데, 이제 취할 전략은 뭐라고 생각하나?"

"공격으로 바로 들어가야 합니다. 우릴 보여줄 필요가 있어요. 처음부터 공격, 어택*에 들어가야 합니다!" 마르크스가 열정적으로 대답했다. "출발부터 선두를 달려서 도착할 때까

---

*   여기서는 주로 공격하다(attaquer)라는 일반동사를 써서 표현하고 있지만, 사이클 경기 용어 중에 무리지어 달리던 펠로톤에서 몇몇 선수들이 속도를 높이며 따로 떨어져 나오는 것을 어택(attaque/attack)이라 한다.

지 끌고 가야 합니다."

"현대 사이클에서 오전 브레이크어웨이를 끝까지 유지할 수 있다고 믿는 건 환상입니다." 알티히가 당장 마르크스의 말을 반박했다. "당신 어택은 당신 저지를 보여주는 것에 불과해요. 정말 쓸데없는 홍보입니다. 유명 팀들이 사라진 다음에는 이제 이런 건 다 쓸데없게 됐어요. 180킬로미터를 그렇게 달리다가는 완전 지쳐 파이널에 오면 야유받을 일만 남아요. 펠로톤이 좋을 때가 있어요. 우리가 지금 '사이클 만만세' 하러 온 건 아니잖아요. '사이클 샴페인'을 터뜨리러 온 게 아녜요. 자전거 기기에 있어서만큼은 우린 낭만주의자가 아닙니다. 우리에게 중요한 건 결과입니다. 내 전략은 이렇습니다. 도착 지점 35킬로미터를 남겨놓고 방향 전환이 있습니다. 그러면 앞에서 들어오던 바람이 옆에서 들어오기 시작합니다. 그때만큼은 펠로톤을 유지해서 함께 달릴 것을 제안합니다. 그래야 가속도를 올릴 수 있어요. 그다음 가두리를 자극해 펠로톤을 폭파합시다."

옌스 포그트는 이런 야심찬 제안을 일단 환영했다. 하지만 그런 시도를 할 수 있을 만큼 바람이 충분히 강하게 불어주지 않으면 어떡하냐고 했다. 지도를 살펴보면 방향 전환 지점 주변에 숲이 충분히 우거져 있어 바람을 막을 것 같았기 때문이다. 프로이트는 '가두리'가 무슨 말인지 사실은 잘 알지 못하겠다고 했다. 이건 몰려다니는 그룹을 흩어지게 하기 위해 바람의 신 아이올로스를 이용하는 기술이었다. 그런데 말처럼 쉽지 않아 중대한 결함이 생길 여지가 충분했다.

독일 버스 안에서 여차저차 의견이 분분할 뿐 이렇다 할 전략적 선택이 나오지 않자 이번엔 자델이 발언했다.

"사실 가두리 타격이나 오전 브레이크어웨이가 서로 다른 전략 같지만 같은 결점을 갖고 있습니다. 너무 많은 에너지를 소비하는 데 비해 성공률은 낮습니다. 가두리 공격은 훨씬 더 쉽지 않아요. 우리가 펠로톤에서 빠져나왔다 해도 도착점까지 30킬로미터 이상을 더 달려야 하는데, 앞서 취한 부당 이득을 지키는 게 쉽겠습니까. 출발부터 어택을 하자는 것에 대해서라면, 전 그 의견에 동의합니다. 쓸데없이 많은 소음과 노력이 들긴 하겠지만요. 그래도 지금까지 나온 두 개의 옵션은 다 좀 복잡해 보여요. 생각해보니 언젠가 아인슈타인이 알려준 게 있어요. 우리 팀을 떠나기 전에요. '모든 건 가능한 한 단순해야 한다.' 경기 전 인터뷰에서 러셀이 설명하는 것을 듣다보니 이 문장이 생각났어요. 만일 그가 우승을 가져간다면 그 트레이너의 조언 덕분이라고요. 그 트레이너 이름이 뭐였더라……. 오컴의 윌리엄? 그는 어떤 원리를 만든 자인데, 그 원리를 '오컴의 면도날'이라고 하는 거 같았어요. 그러니까 대략이런 말이죠. '수단을 최대한 절약하여 목표를 이룰 것.' 다시 말하면 간단히 할 수 있을 때 왜 복잡하게 하느냐는 거죠. 리

셀은 어제 그의 타임트라이얼을 아주 꼼꼼하게 맞춰놨어요. 자기가 할 수 있는 가장 효과적인 페달링을 택해서 거기 맞춰 완벽히 선형 방식으로 라이딩을 할 수 있게 말이에요. 그 결과 크로노에서 승리했죠. 이제 여러분에게 묻고 싶습니다. 투르에서 어느 정도 인정을 받으려면 난이도가 그다지 높지 않은 스테이지에서 우리가 할 수 있는 가장 간단한 방법은 무엇일까요? 도착 지점 40킬로미터 앞에서 너무 센 공격을 하는 건 분명 좋지 않을 것 같습니다. 출발부터 접근전을 치르는 것도 그닥 별로고요. 그렇다면 우리가 해야 할 것은 이겁니다. 하루 종일 펠로톤 속에서 얌전히 기다립시다. 자전거 바퀴에 몸을 파묻고 최대한 에너지를 아끼다가 앞을 치고 나오는 브레이크어웨이 선수들도 그냥 가만히 지켜보면서 영국 선수들이 바쁘게 움직이는 것도 그냥 내버려두는 겁니다. 걔네들은 러셀의 옐로저지를 어떻게든 사수해야 하니까요. 하지만 그러다 도착점 1킬로미터 남았을 때 앞으로 치고 나갑시다. 이때 모두가 한 팀으로 일렬로 서서 그야말로 사력을 다해 지옥행 열차를 타는 겁니다. 마지막 200미터 남았을 때, 그러니까 스프린트하기 딱 좋은 위치로 진입하면 맨 앞으로 튀어나가 1등으로 리에주를 통과하는 겁니다! 제 말이 틀림없어요. 스프린트는 사이클 선수의 면도칼입니다."

포그트는 가끔은 매우 짜증나기도 하지만 스프린트가 사이클 경기에서 승리하는 최고의 방법이라는 것에 동의했다.

경기 거의 내내 선두에 서야 하고, 고양이가 조용히 매복하다 정확한 순간에 쥐한테 달려드는 것처럼 결승점을 불과 몇 킬로미터 남겨놓고 "이따 봐." 하고 펠로톤이 결정한 대로 냅다 달려나가야 하기 때문이다. 바로 그 순간 고양이들이, 스프린트의 왕들이 행동에 들어간다. 하루 종일 거의 익명으로 있던 한 선수가 이제 시상대에 오르는 자격을 얻게 되는 것이다. 이건 다소 부당할 수 있다. 하지만 경기는 이렇게 하는 것이다. 실용적이려면 현실적 원리로 명령을 내려야 한다. 평이한 스테이지에서 성공 기회를 극대화하려면 결국 스프린트를 노려야 한다.

독일 팀 버스 안에서는 심장이 약간 꼬집히는 느낌이 들지 않은 건 아니었지만 마르크스까지 포함해 모두가 자델의 전략에 찬성했다. 어쨌거나 그들에게 좋은 일이었다. 경기는 검은 칠판에 그려진 대로 잘 굴러갔다. 출발 시 네 명의 선수가 펠로톤에서 빠져나갔다. 그 뒤를 옐로저지를 입은 영국 팀 선수가 스테이지 대부분 구간에서 2~3분 차이로 따라붙었다. 이어서 프로이트를 포함해 스프린트 선수들은 서서히 속도를 줄여나갔고, 도착점이 1킬로미터 남았을 때는 브레이크어웨이의 마지막 생존자들만 남았다. 알티히가 맨 앞에 섰고, 그의 스프린터는 아직 바퀴에 달라붙어 있었다. 드디어 자델이 튀어나갔다. 알티히가 너무나 완벽하게 그를 앞으로 보내주면서 자델은 결승선 150미터 앞을 통과한 후 리에주 거리로 들어와서는 대략 3마신(馬身)*이나 앞서 있었다.

오컴의 윌리엄, 감사합니다!

---

* 경마나 요트 경기 등에서 쓰이는 길이 단위. 1마신은 말 코끝에서 궁둥이까지의 길이로, 여기서는 말이 아니라 자전거 길이를 의미한다. 대략 자전거 석대를 연달아 놓은 거리만큼 앞선다는 의미이다.

스테이지 3: 베르비에 – 롱위
사이클 선수: 지킬 박사와 하이드 씨

스테이지 3의 선수들은 리에주의 약간 남쪽에 위치한 옛 산업 도시 베르비에에서 벨기에 – 룩셈부르크 국경과 인접한 작은 프랑스 마을 롱위까지 달려야 한다. 이 구간 결승점은 1500미터 정도 가야 나오는 작은 구릉의 정상으로, 평균 경사도 7퍼센트를 약간 웃돈다. 당연히 극복 못 할 것도 없다. 앞으로 남은 날들 동안 선수들을 기다리고 있는 것에 비하면 말이다. 그렇긴 하지만 투르 시합에서 처음 나오는 고지대 결승점이므로 자신을 테스트해보고, 상대도 테스트해볼 첫 번째 기회다. 스트레스가 몰려오는 첫 순간이다.

　　이어 최난제는 좁고 구불구불한 도로다. 다 들어갈 자리도 없다. 펠루톤 한가운데서 넘어져 작살이 날 위험이 다분하다. 종이 지도로 보면 결정적인 건 하나도 없는 스테이지에서 자리 배치 실수로 어리석게 시간을 낭비하는 것은 큰 손실이다. 롱위는 이런 장소 가운데 하나다. 격언에 따르면 "투르는 얻는 게 문제가 아니라 잃어버리는 게 문제다."

마지막 구릉지 발치가 나오기 전 몇 킬로미터부터 승패는 갈린다. 이제 모든 팀들은 전투태세를 갖췄다. 자기 자리를 지키기 위해 편법을 쓰고 고함을 지른다.

그리스 선수들도 이 치열한 자리다툼에 참여한다. 팀으로 다시 뭉친 그들은 펠로톤의 앞자리에 있어보려 애쓴다. 한번 물면 한 조각도 내놓지 않는 디오게네스가 이 선수들을 리드하고 있다. 분명 존재감을 발휘해야 한다. 그래야 존중을 받는다.

어떤 경쟁자들은 경험은 부족하지만 젊음에 승부수를 띄우고 달리는 플라톤을 약간 한쪽으로 밀어붙이는 방해 공작을 폈다. 일종의 위협 작전이다. 그러나 플라톤은 이를 허용치 않았다. 진로에서 이탈하여 너무 자기 쪽에 붙는 선수는 어깨로 과감히 밀쳐버렸다. 누군가 그의 진로를 차단하면 그는 다음 커브에서 다시 안으로 파고들어갔다. 경기 막바지의 펠로톤은 흥분한 벌 떼들 같았는데, 플라톤은 자신이 더 이상 무명의 벌이 아니라는 것을 보여주고 싶었다.

"인간은 다른 인간에게는 한 마리 늑대다." 영국 팀의 일원인 홉스가 되뇌던 말이다. 펠로톤은 벌 떼들 그 이상이다. 사냥개 무리들이다. 각자 자기 옆에 있는 자들을 어떻게든 제치고 우위를 차지하려는 치열한 몸싸움이다. 사이클은 격렬한 스포츠다. 스포츠는 격렬함이다.

스포츠에는 다른 기능도 있지 않은가? 프로이트는 리더들의 위치를 잡아주기 위해 펠로톤 선두로 나가려고 애를 쓰면서 속으로 이렇게 말했다. 스포츠 경쟁은 동물적이고 충동적인 우리의 본능을 자유롭게 표출하게 만들지 않나? 우리 육체는 희희낙락할 필요가 있다. 우리 사회는 너무나 통제되어 있다. 누구도 머리를 들어선 안 되고, 욕구의 살덩이도 항상 제발 잠자코 있어라 기도한다. 스포츠는 일종의 밸브다. 긴장을 풀게 하는 장소다. 한술 더 떠 스포츠라는 제도는 우리의 저열한 본능을 영웅적 행위로 탈바꿈해준다. 그리고 그것에 높은 가치를 부여한다. 그런 걸 가리키는 단어가 이미 있지 않은가. 그게 뭐였더라? 그래, 숭고화, 고양화!*

프로이트가 이렇게 자전거에 대해 성찰하고 있는 반면,

---

* sublimation: 숭고화, 고양화 등 높을 고(高)가 들어간 단어로 주로 번역되지만, 라틴어가 어원인 이 단어에는 직접적으로 높다는 뜻은 없다. 'sub'(아래)와 'limes'(경계)의 조어로, 내면 저 바닥 깊이 침잠할 때 도리어 숭고함이 몰려오는 질적 차원의 변화를 함의한다. 19세기를 풍미했던 독일 낭만주의는 이런 정서의 발견에 기반하기도 한다.

플라톤은 옆 경쟁자들에게 한 치도 양보하지 않기 위해 지금 순간에 완전히 몰두하느라 그런 철학적 사고는 좀 나중에 하기로 했다. 그의 경쟁자들은 이 벨로조프가 아직도 선두를 달리고 있는 것에 깜짝 놀랐다. 한편 페달을 죽어라 밟아야 할 최종 고지가 가까워지고 있었다. 그들은 속으로 철학자들은 아마도 친절한 자들일 것이라고 말했다. 몇 백 미터 남겨놓고 정말 열기가 타오르면, 150명의 선수들은 모두 제1열에 들고 싶어 할 것이다. 그런데 딱 20명만 그 자리에 들 수 있어 모두들 이에 칼을 문다. 귀에서 이상한 소리가 들리고 경고가 울리면 철학자들은 브레이크를 밟을 것이다. 그들은 타인에 대해서는 너무나 정중하고, 자신에 대해서는 너무나 깔끔하다. 악행을 하면서까지 이겨야 할 이유가 있는가 묻는다. 그런 스테이지의 최종 국면을 밟아줘야만 형상화하고 개념화할 수 있는 어떤 필수적 학문을 하는 것도 아니다. 이건 데뷔시즌 때부터 볼 수 있는 모습이었다.

하지만 봄에 담대함 부족으로 실수를 한 것을 떠올리면서 플라톤은 이번에는 어떻게든 순위에 들어보려고 온갖 리스크를 감행했다. 두 벨기에 선수가 그를 가로막자, 상대의 양쪽 궁둥이를 그의 자전거 핸들바로 누르면서 어떻게든 뚫고 나갔다. 그렇게 10위에 랭크됐다! 모두 시속 60킬로미터 이상으로, 구릉 발치에서 상위권 10위 안에 들어간 것이다. 포지션의 이데아*다! 여기에는 기술적 격렬성도 있지만 순수한 날 것의 총체적 노력이라는 육체적 격렬성도 있다. 1,500미터를 달리는 게 문제가 아니다. 2분 남짓의 초강도. 이 2분이 어떤 2분인가! 플라톤은 거의 호흡 정지가 왔다. 거의 춤추는 무용수처럼 몸이 올라갔다. 엉덩이에 불이 붙고 폐 속에 망치를 두드리는 모루가 있는 것 같고, 관중들의 함성에 귀가 얼얼해 아무것도 안 들린다. 그는 온몸이 뽑혀 나가는 것 같은 기분으로 이번 스테이지에서 당당히 4위를 거머쥐었다. 이건 전체 순위 중 가장 젊은 신수에게 주는 화이트저지의 동의어였다.

결승선을 통과하자 수평선처럼 한 줄로 서 있던 기자단들이 떼거지로 몰려와 이 그리스 선수를 에워쌌다. 헐크가 다시 브루스 배너가 되었고, 하이드 씨가 다시 지킬 박사가 되었다. 플라톤은 조용하고 침착하게 기자들의 질문에 분석 조로 답했다. 방금 전 사슬에서 풀려난 그는 맹위를 떨치던 짐승 같은 모습과는 천양지판으로 달라진 모습이었다.

＊   플라톤 철학의 요체 이데아(idea)는 그리스어 에이도스(eidos)에서 나왔는데, 모습 또는 형태라는 뜻이다. '이데아', '이데알' 같은 단어들이 오늘날에는 오염되어 혼탁해졌지만, 플라톤이 말하는 이데아가 최고의 이상, 최고의 선만을 의미하는 것은 아니다. 삼각형 또는 변증법 원리처럼 연상될 수 있는, 시공이나 인간의 감각, 인식을 초월하여 겨우 포착되는 본래의 어떤 모습이다

스테이지 4: 몽도르프 – 비텔
만성적 지루함

투르 경기 동안 일간지 『라 플라네트』*는 베르그송에게 펠로 톤 내부를 독자들에게 생생하게 전달할 수 있는 일일 논평을 써주면 어떻겠냐고 제안했다. 베르그송은 수락했다. 사이클 경기에 관심을 가질 만한 대중이 분명 있을 테고, 그 스펙트럼 을 늘리기 위해서라도 신문 논단을 활용하면 좋았다. 스프린 터들이 기대할 만한 대단한 요철 지대가 없는 스테이지 4가 예고된 탓도 있었다. 이 지면을 활용하여 베르그송은 투르에 서 보게 되는 특별한 시간성에 대해 논담을 펼칠 요량이었다. 다음은 그 논평의 일부이다.

* 　행성, 혹성, 지구라는 뜻이다.

투르 경기는 시간을 비트는 기계이다. 달리는 선수를 자동차 안에서 보며 가는 감독은 이 위대한 진리를 결코 맞이하지 못한다. 평원을 다섯 시간이나 달려야 하고, 투르 경기가 결코 끝나지 않을 것만 같다. 산악 구간을 지나는 다섯 시간이 번개처럼 흘러갈 수 있을까? 들판 한가운데를 행렬하는 펠로톤을 앞에 누고 /월의 어떤 시청자도 잠들 수 없을 것이다. 이 펠로톤이 공격을 받아 흔들리고 와해될 때는 열이 확 치솟는다.

한 시간이나 되는 경기는 졸릴 수도 있고 동시에 흥을 돋울 수도 있다. 투르 경기는 시간을 상대적으로 만드는 능력이 있다. 혹은 적어도 어떤 감정을 불러일으킨다. 이 이상야릇한 시간생리학을 어떻게 설명할 수 있을까? 여름날의 열기 효과? 아니면 텔레비전 중계 덕분? 때론 윙윙거리는 헬리콥터 소리를 배경음악 삼아, 아니면 이런 백색 소음의 미묘한 음악을 들으며 아름다운 국토와 문화유산을 껴안고 잠들어 보면 어떻냐고 제안해볼 수도 있다. 시청자들은 이른바 내가 지속시간*이라 부르는 것을 단순히 경험하는 것이다.

---

*   la durée: 베르그송의 주요 테제로, 베르그송은 생명은 연속적이며 우리의 지각은 불연속적이라고 말한다. 우리의 지성은 이런 생명의 연속성에 정확히 들어맞을 때만 생명 개념을 만들어낼 수 있는데, 우리의 지성은 불연속적이어서 이런 생의 연속성을 지각하기 힘들다. 이 순수 지속성의 시간은 지성보다는 직관에 의해 파악되기 쉬운데, 인간 문명에 의해 지나치게 계측되고 분할되기 시작한 서구적 시간선에 대한 총체적 반성 및 성찰이라 볼 수 있다.

지속시간이란 시계의 시간, 과학의 시간, 즉 객관적 시간과 반대되는 지각적 시간이자 의식되는 시간이다. 전자의 시간은 압축되지도 않고 늘어나지도 않는 시간이지만, 지속시간은 그것을 경험하는 사람이 조절할 수 있다. 바로 이렇게 해서 무기력한 평원 구간과 흥분시키는 산악 구간은 서로 다른 지속시간을 가지면서도 동일한 시간을 갖게 될 수도 있다.

선수들은 이 지속시간적 현상에서 벗어나기 힘들다. 선수들을 뒤따르는 수행원들이나 관계자들처럼 아무 일도 일어나지 않는 평평한 구간에서는 그들도 지루함에 빠질 수 있다. 그러면 그들은 10분마다 계측기에 시선을 던지며 30킬로미터는 벌써 지났기를 희망한다. 그러다가 결승 지점까지 8킬로미터나 남았음을 확인하고는 한숨을 짓는다.

마찬가지로, 가령 고개가 나오면 속도를 죽어라 올려 선두 그룹을 따라간다. 그때의 1분은 10분처럼 여겨진다. 시간은 펠로톤의 속도에 따라 늘어나고, 아울러 고통도 증가한다. 이것이 그 유명한 전직 매니저 아인슈타인의 어록 아닌가. 거꾸로 선수가 컨디션이 좋을 때는 움직임이 활발해져 경기가 잘 풀리므로 220킬로미터의 스테이지가 그에게는 100킬로미터쯤으로 여겨진다.

자, 그럼 지체할 것 없이 본론으로 들어가보자. 투르 경기의 아름다움과 그 특수성은 이 지속시간과 물리적-객관적 시간 사이에서 제안되는 완벽한 뒤얽힘에 있다. 다른 사이클 시합도 그렇지만 투르는 크로노미터와의 싸움이다. 즉 물리적객관적 시간과 대결하는, 이른바 '시계와의 싸움'*인 것이다. 자기 저지를 지키기 위해서, 또 몇 등 안에라도 들려고 자리를 놓고 야금야금 다툰다. 시간 장악은 두뇌, 전략, 계산, 감지 능력에 의해 좌우된다.

동시에 이것은 지속시간의 경험이 가장 현존하는 경기이다. 우리는 종종 알고 있는 것에 대해 특권을 느낀다. 투르 경기에는 인간적인 능력이 발휘되는 부분이 항상 있는데, 이것은 과학 부분과 길항한다. 전광석화 같은 직감에 의해 너무 일자로 뻗어 있는 지루한 부분을 왈츠를 추듯 회전시킬 수도 있다. 이날 일정의 첫 번째 고개가 나타나자마자 모든 이성에 대한 공격을 개시한 것은 바로 샬리 골이었다. 샹젤리제를 돌격한 것은 베르나르 이노였다. 산악 스테이지에서 우승을 거머쥔 자는 스프린터이다. 그러나 이 모든 전직 프로 사이클 선수들을 놀래킨 것은 미지의 벨로조프였다.

관객, 매니저, 선수 모두 이 7월에 자주 따분해지는 것이 사실이라면 솔직히 말해보자. 우리 모두는 투르 경기 동안 따분함을 느끼는 것도 아주 좋아한다!

---

* 앞에서 이미 나왔지만, 사이클 경기의 핵심인 타임트라이얼을 프랑스어로는 콩트르라몽트르라고 하는데, 직역하면 '시간에 반(反)하여'이다. 여기서는 비유법으로 쓰여 다소 의역했다.

스테이지 5: 비텔 – 플랑슈데벨퓨
욕망과 결핍

전날의 스테이지 이후 이제 최종 스프린트 구간을 제외하고는 앞으로 어떤 돌발적 사건이 일어날지 전혀 모르는 선수들은 그래도 오늘만큼은 산악 구간을 미리 맛볼 수 있었다. 10퍼센트 남짓의 경사도를 보이는 여러 관문이 있었고, 6킬로미터에 이르는 오르막길의 보주 산맥과 그 유명한 플랑슈데벨퓨 정상의 결승 지점이 있었다. 이번 투르 경기의 강력한 우승 후보자들로서는 여기서 일차적으로 실력을 보여줘야 했다.

소크라테스는 이 같은 강력한 우승 후보자에는 들어가지 않았지만 그래도 나름 중요한 인상을 남겼다. 전날, 도착 지점을 4킬로미터 남겨놓은 상태에서 알 수 없는 기계적 문제가 생겨 30초가량을 바보처럼 허비한 소크라테스는 그래도 어떻게든 따라잡아 사이클계의 이 위대한 이름들과 경쟁하여 당당히 플랑슈 정상에 오르고 싶다는 꿈을 꿨다.

그리스인들은 스스로 문제를 해결해야 했다. 이 끔찍한 최초의 비탈 오르막길에서, 더군다나 이 끝없는 직선로에서 디오게네스는 펠로톤 앞으로 나가더니 절제되지 않은, 거의 광적인 템포를 보였다. 코발트색 대열 2층에 있던 아리스토텔레스는 이 '개-벨로조프'가 본궤도를 이탈하는 즉시 언제든 그와 교대할 준비를 하고 있었다.* 소크라테스는 그 뒤를 이어 자기 페이스에만 집중하며, 광분한 군중을 초연히 헤치고 나아갔다. 온통 하얀 옷을 입은 플라톤은 한쪽에 비켜나 있었다. 그의 리더를 위해 플랑슈에서는 마지막으로 올라올 것이

---

* 　견유학파를 대표하는 디오게네스 드 시노페를 상징적으로 비유하며 재미나게 서술한 문장이다. 라파엘로가 그린 〈아테네 학당〉에 표상된 계단과 그 계단에 서 있는 그리스 철학자들의 위치와 상호 관계 등을 떠올려 볼 필요가 있다. 일체의 물질적 허식을 거부하고, 최소한의 생활필수품으로만 살아가는 자연인에 가까웠던 디오게네스는 그 어떤 계파에도 속하지 않아 플라톤과 아리스토텔레스가 자리 잡고 있는 계단 아래 즈음에 대충 널브러져 앉아 있다. 통을 집으로 삼고, 들개처럼 거리에서 잠을 자 '견유학파'라는 별명이 붙었고 '시니컬'하다는 단어도 여기서 파생했다. 길거리 통 속에서 일광욕을 하던 그를 찾아와 말을 거는 알렉산드로스 대왕을 향해 "지금 내 태양을 가리고 있으니 그 태양에서 좀 꺼져주시오."라고 했다는 일화는 유명하다. 디오게네스는 소크라테스가 사망한 후 1년 뒤인 기원전 400년경 태어났고, 알렉산드로스의 스승으로도 잘 알려져 있다. 발자크는 "나는 나의 주인이자 노예로 디오게네스처럼 실았다"는 말을 하기도 했다.

었다.

펠로톤의 크기는 한눈에 봐도 줄어들어 있었다. 1킬로미터 남짓한 오르막길 이후 선두 그룹에 속한 선수는 30명에 불과했다. 아리스토텔레스가 오르막길 중간쯤에서 교대를 해줘속도가 여전히 붙고는 있었지만 선수들은 하나씩 지쳐 늘어져갔다. 옐로저지의 러셀도 이렇게 힘들어하는 선수들 축에들어갔다. 이어폰에서 신호가 오자 이에 고무된 소크라테스는 기회를 틈타 강력한 어택을 시도했다. 이제 4명의 선수가자기 바퀴를 그나마 지키고 있었고, 그중에는 플라톤도 있었다. 그리스 선수들은 산과의 첫 대결을 위해 이제 결정적 일격을 가해야 했다.

도착 지점까지 아직 1킬로미터 남았다. 약간 평평한 지형이 나오자 각자 숨을 골랐다. 선두의 선수들은 서로를 쳐다보았다. 이것도 일종의 작전이었다. 뒤따라오는 선수들을 보는것이 두려워 소크라테스는 플라톤에게 거의 경사도 20퍼센트가 넘는 마지막 비탈면에서는 그룹으로 가자고 부탁했다. 플라톤은 그렇게 했다.

숙명의 순간은 직진 코스로 300미터 정도 왔을 때로, 길이 갑자기 휘어졌다. 소크라테스는 휘어지는 평지를 따라 그대로 내려가는 게 아니라 뒤에서 갑자기 분출하듯 튀어나왔다. 그의 경쟁자들은 너무 놀란 나머지 대응이 좀 늦었다. 소크라테스는 결국 월계관을 땄다. 그렇게도 갈망한 이 구간의 승리는 그의 것이었다.

시상대에 선 소크라테스는 분명 만족했다. 그의 목표가 실현되었으니까 말이다. 유명세로 미디어의 스포트라이트만 받은 게 아니라 페달링도 잘하는 철학자이자 재능 많은 진정한 사이클 라이더로서 실력을 인정받은 것이다.

하지만 소크라테스는 버스에 몸을 싣고 나자 이런 승자의 꽃 정도로는 만족이 되지 않았다. 소크라테스는 잠시 후 샤워를 이미 마친 플라톤을 만났다. 플라톤은 시상대 의식이 끝날 즈음에야 결승선을 통과한 파스칼과 몇 마디를 주고받았다.

소크라테스는 그의 젊은 팀원에게 소중한 도움을 주어 고마웠다고 정중히 인사했다. 이에 대해 플라톤은 당연히 해야 할 일을 했을 뿐이라고 겸손하게 응대했다. 블레즈 파스칼은 이런 장면을 보고 놀랐다. 플랑슈의 영웅들이 흥분하지 않는 것이 무척 감동적이었다. 그 역시 그런 자리에 끼고 싶었다.

"웃어보세요. 제발 좀!" 그가 그들에게 말했다. "소리를 질러요. 노랠 불러요. 춤을 춰요! 소크라테스, 지금 투르 시합에서 막 승리한 거예요. 얼마나 대단한 스테이지였습니까! 모두가 우승하고 싶어 하는 구간 아닙니까. 그게 뭘 의미하는지 알기는 하는 겁니까? 아니 왜 눈썹 하나 씰룩거리지 않는 거예요."

파스칼은 말하지는 않았지만 사실 그 이유를 알고 있었

다. 소크라테스는 흥분 결핍의 산증인이었다. 이어 그는 시선을 시상대 쪽으로 돌렸는데, 거기에 네덜란드인 스피노자가 보였다. 스피노자는 이 스테이지에서 3위를 차지한 후 전체 순위에서 리더 격인 옐로저지를 걸치고 있었다.

욕망은 인간의 본질 그 자체다. 이 욕망 대상에는 어떤 것들이 있을까? 존재하지 않는 것, 소유하지 않는 것, 결핍된 것. 사이클 선수는 영원히 만족할 줄 모르는 자다. 물론 이런 일이 그렇게 자주 발생하지는 않지만 그가 승자가 된다 해도 200명 가까이 되는 선수들이 하나의 펠로톤을 구성하는 것을 생각하면 혼자 속으로 훨씬 잘, 더 크게 승리할 수도 있었을 텐데, 하고 말하게 된다.

스포츠인으로서 모든 목표를 달성한 것만큼 끔찍한 것은 없다. 제7의 하늘을 누리고 싶어 하지 않는 운동선수도 많다. 따러 갈 별이 하나도 없어 절망할 일을 만들어선 안 된다. 계속해서 새로운 목표를 남겨놓아야 비로소 더 정상이 될 수 있다. 인간은 원래 그렇다. 사냥할 먹이가 없으면 곧 쇠락하고 마는 것이다.

소크라테스는 낡은 것에 만족하기보다는 사냥수로 계속 머물기로 마음먹는다. 겨우 스테이지 하나에서 우승한 것이다. 그는 더 많은 것을 원한다. 그 유명한 옐로저지, 그래, 그 신성한 튜니카를 쟁취하고 싶다.

스테이지 6: 브줄 – 트루아
펠로톤, 이 지옥 덩어리

지금까지 프랑스 투르 팀은 익명으로 있었다. 개회를 알리는 타임트라이얼 기록경기에서 앙크필의 멋진 성과를 제외하곤 삼색기는 그닥 휘날리지 않았다. 그들이 실력이 좋지 않아서가 아니다. 앙크필은 항상 전체 10위권 안에 들며 명예로운 자리를 놓치지 않았다. 장 브라치크는 스프린트에서 여러 번 차석을 했다. 그리고 모리스 타랭은 노장임에도 불구하고 날로 역량이 강화되는 듯했다. 블레즈 파스칼만이 경쟁심 부족인지 투르 초반부터 힘들어했다. 따라서 프랑스팀의 경기력은 전체적으로는 큰 무리가 없었다. 다만 언론과 여론의 압박이 심해 프랑스 선수들은 중간 성적 정도로는 만족하면 안 되었다. 그들은 우수해야했다. 아니 월등해야 했고 특히나 딕월해야 했다! 대중을 전율시켜야 했다.

　스테이지 6이 시작된 날 저녁, 뜨거운 열기가 확연했던 기나긴 하루가 끝나갈 무렵, 사르트르는 심문을 위해 그의 암양*들을 소집할 결심을 했다. 투르 초반부터 프랑스 선수들은 매일같이 펠로톤 안에서 뜨거운 하루를 보냈다. 브라지크가 이 스테이지에서 5위를 차지했으니 웃음거리가 될 만큼은 아니었지만 그들은 아직 혁혁한 성과를 내지 못하고 있었다. 프랑스 팀 매니저는 뭔가 대응 방안을 찾아야 했다. 버스에서 랑데부가 잡혔다. 마사지와 식사 시간 사이 저녁 8시 정각이었다. 사르트르가 곧장 발언했다.

　"여러분, 오늘 저녁 이렇게 이례적으로 모임을 소집한 것은 지금 상황이 조금도 제 마음에 들지 않기 때문입니다. 아니, 전혀 좋지 않습니다. 왜인 줄 아십니까? 수행 차량 속에 있다 보니 하루 종일 정말 지겹더군요. 전혀 감정이 끓어오르지 않아요. 여러분이 어떤 위대한 것을 꿈꾸게 하는 기회를 저에게 전혀 주질 않는단 말입니다. 여러분이 저를 정해진 역할 안에만 가둬놓는 느낌이 들어요. 절대 선을 넘지 않으려고 하는 것 같단 말입니다. 자크, 왜 그대는 항상 그냥 뒤에서 따라가는 것에만 만족하나? 10위 안에 들 자신은 있겠지? 오케이, 그건 그렇다 치세. 하지만 더욱 공격적으로 해서 리스크를 걸

---

*　기독교 신자를 뜻하는 은어이다.

고 자신을 가늠해본다면, 훨씬 높은 목표를 겨냥해볼 수 있지 않을까. 장, 자네는, 자네도 알겠지만 속도가 아주 빠르진 않아. 스프린트를 예정보다 앞서 해봐. 400미터 전에서 해보면 어떨까? 그러면 아마 버틸 수 있을 거야. 그리고 말이지, 모리스, 이 길고 긴 브레이크어웨이에서 뭔가 꿍꿍이가 있는 거야? 누슨 비밀을 품고 있는 거 같던데, 우리한테 4주가 있는 게 아냐. 일단 파리에 도착하면 이미 늦어. 블레즈는 그냥 바퀴에만 매달려 있어도 좋아. 파리에 도착만 해도 가상해. 자네는 멀찍이 그 뒤에서 매일같이 자신의 비참함을 훈련하고 있지 않은가, 한데 다른 사람들은 달라! 왜 더 공격적이지 않은 건가? 제기랄, 좀 더 앙가주망*을 해보라고! 그래, 뭐, 그게 그렇게 쉬운 건 아니라고? 그래, 비디오 게임은 아니지. 상대가 물론 여러분을 방해하려 들겠지. 변명은 쉽네! 악의, 불성실, 기만! 행동하지 않기 위해 가짜 변명거리를 찾는 거네. 어택을 해야 한다는 생각만 해도 불안하지? 장, 그런가? 그런 감정은 자네에게 굴레를 씌우는 게 아니라 오히려 자넬 초월하게 해줄 걸세. 왜냐하면 이건 결국 자유의 전조니까. 해방의 전조 말이야. 자크, 자넨 뭐 할 말 없는가? 난 도무지 이해가…….

*   engagement: 원래는 개입, 약속, 저당, 약혼 등 어떤 대상이나 사안과 연계됨을 뜻하는 말인데, 사르트르의 철학적 성찰로 더욱 특화되었다. 지식인 또는 우리 모두이 실천저 지선과 행동하고 참여하는 양심을 뜻하는 말이나.

지옥이 달리 있겠는가? 아마도, 그래, 이 펠로톤이 지옥이야. 이게 감옥이야. 그 관례와 기호들이 여러분을 끈끈이를 바른 듯 옭아매니까 말이야. 이 야윈 선수들이 벌레들처럼 우글거리며 한 무리를 형성해 달리는 광경을 보노라면 이 슬픈 미온의 깊이가 느껴질 걸세. 하지만 누가 자네들의 해방을 방해하는가? 분명 나는 아니야. 난 반대로 자네들에게 자신들의 자유를 마음껏 쓰라고 하고 있어. 미리 구상한 경기 도식을 작살내버리게. 이 여름날의 지옥 같은 모터 아래, 펠로톤 속에 뜨겁게 있지 말고 행동하게! 공격하게! 마음껏 그것을 누리게! 이런 말 해주는 매니저들은 그렇게 많지 않아. 하지만 아마도 지옥은, 궁극적으로 자네들 자신일 걸세. 자기 확신과 신념에서 빠져나오기를 너무나 두려워하는 자네들 말일세."

이렇게 어마어마한 단어들이 쏟아져나오자 아무도 감히 중간에 끼어들 수가 없었다. 소리 하나 내지 못하고 선수들은 버스에서 내렸다. 저녁 식사 때도 거의 한마디도 주고받지 않았다. 그들은 무슨 생각을 하는 걸까? 메시지는 전달된 것일까? 아니면 몰이해가 선수들과 감독 사이에 자리잡았을까?

암흑을 벗어나다

이튿날, 펠로톤 뒤를 따라 가는 수행 차량의 운전대를 잡은 사르트르는 신경이 곤두서 있었다. 이 구간에 관해 '라디오 투르'에서 나오는 정보를 하나도 안 놓치려고 그는 전날들처럼 거의 매복 상태에 있었다. 대시보드 위에 놓은 작은 텔레비전에 눈을 고정한 채, 또 하나의 새로운 속도전을 펼칠 준비가 된 이 알록달록한 공 모양 한가운데서 1위권 안에 들어갈 선수가 누가 있을지 찾아보려 애썼다.

우린 아직 가상의 출발선상에 있다. 아직도 도심을 100미터는 달려야 하기 때문이다. 그런데 이제 경기 감독관이 깃발을 흔들며 이 중립 지대의 끝을 알리고 선수들을 마음껏 풀어놓았다. 됐다. 이제 진짜 출발이다. 곧 독일 선수 한 명과 프랑스 선수 한 명이 공격을 시작할 거라고 발표했다. 평지 구간에서 흔히 보듯 펠로톤은 이런 곳에서는 절대 부동이다. 옐로저지는 자연스러운 소변 욕구를 해소하기 위해서라도 잠시 멈추는데, 이건 곧 선두 그룹에서 앞으로 치고 나갈 자들에게 출구를 열어주는 전략적 시그널이기도 하다. 그래, 좋다. 이것이 오늘의 브레이크어웨이다.

사르트르는 선두에 선 두 사람의 성공률이 거의 제로에 가깝다는 것을 알면서도 모른 척했다. 새로운 도착 그룹에 유리하게 경기를 조절할 스프린터들을 데려오면 되기 때문이다. 어쨌든 그는 행복했다. 전날 그가 했던 말을 다들 알아들은 것 같아 흥분되기까지 했다. 그는 좌석에서 몸을 배배 꼬았다. 한데 앞에 달리는 선수의 정체는 무엇인가? 분명 앙크필도 아니고 브라치크도 아니다. 아마도 타랭? 그런데 이 자는 기마행렬 같은 긴 구간의 신봉자다. 텔레비전이 갑자기 안 나온다. 수행 차량들은 숲지대를 횡단한다. 안테나가 어떤 네트워크도 감지하지 못한다. 마침내 '라디오 투르' 방송이 나온다.

"자, 선두에 선 두 선수의 정체가 밝혀졌습니다. 벌써 4킬로미터 기준 구간에서 45초를 앞섰어요. 등번호는 17번을 달고 있네요. 아, 독일 팀의 마르크스입니다. 그리고 프랑스 팀 선수도 보이는군요. 등번호 66번, 파스칼입니다."

파스칼? 말도 안 돼! 분명 기록 요원이 뭔가 실수를 했을 거다. 파스칼은 요 며칠 동안 펠로톤 안에 들어오는 것도 힘들어했다. 그렇다면 오늘 브레이크어웨이를 해낼 리가 없다.

경기 요원들이 해당 팀원 수행 차량에 지시하기를, 경기 전 선수들에게 몇 가지 언질을 주거나 물이나 음료를 공급하거나 반드시 필요한 경우 자전거 수리를 할 수도 있다고 했다. 사르트르는 급히 차를 몰아 펠로톤까지 거슬러 올라갔다. 뒤에 있는 게 습관인 파스칼인지라 아무리 그래도 역시나 뒤에 있을 수 있으니 다시 한번 뒤를 유심히 보지 않을 수 없었다. 그런데 아니었다. 정말 사실이었다. 파스칼은 선두에 있었다. 이 브레이크어웨이를 진척시키기 위해 쏟아붓고 있는 저 노력이 얼마나 대단한지 굳이 헤아리고 있는 것 같지도 않았다.

"자, 침착, 침착. 아주 잘하고 있어. 너무 흥분하면 안 돼. 구간은 길어. 오늘도 여전히 날씨가 뜨겁고 말이야. 잘 마시고 잘 먹는 것만 생각해야 해. 그리고 자네의 모든 근력을 관리해야 돼. 다른 동료들은 훈련하게 내버려 둬. 세게 달리든 아니든 그 격차를 결정하는 건 펠로톤이야."

사르트르는 그의 직업에 있어서만큼은 프로페셔널하기에 말을 절제했다. 그러나 마음 저 깊은 곳에서는 이 투르 신인의 행동이 너무나 자랑스러워 며칠 동안 입이 다물어지지 않을 것 같았다. 오늘은 이 싸움판에 돌격하여 머리를 쳐들게 될 것이다. 물론 허탕을 칠 수도 있다. 펠로톤이 언제 다시 돌아올지 모른다. 그래도 어쨌든 화려한 깃털장식을 달 수 있을 것이라는 기대를 약간은 할 수 있다.

스테이지 대부분의 구간 동안 펠로톤은 4분과 5분 간격으로 안정을 유지했다. 이게 많아 보이지만 실제로는 아무것도 아니다. 스프린터 팀들이 서로 교대를 하면서부터는 선두에 선 선수들이 이 점을 활용하여 아주 빠른 속도로 질주할 것이다. 이것이 숫자의 힘이다. 게다가 도착 지점 50킬로미터를 남겨놓고 펠로톤은 이미 펠로톤을 빠져나간 선수들을 1분 30초 차이로 따라붙었다. 너무 빠르다. 스프린터 팀들은 너무 일찍 당도하지 않도록, 발을 약간 올리기로 했다. 너무 빨라도 안 좋은 것이, 그러다 지쳐 아직 덜 지친 선수들에게 역습당할 수 있기 때문이다. 그러면 경주 마지막에 가서 두 명의 브레이크어웨이 선수들을 관리해야 하는데 이게 훨씬 어려워질 수 있다.

선두들은 그렇게 당황하지 않았다. 사르트르의 지령에 따라 마르크스와 파스칼은 이 스테이지 제1구간에서만큼은 최대한 그들의 근력을 아꼈다. 마지막에 가서 더욱 가속을 밟기 위해서였다. 펠로톤 안에서 서로 밀착되려고 할 때 브레이크어웨이 선수들은 속도를 조절했다. 총결집을 너무 빨리 하면 스프린터에게 유리하지 않다는 것을 너무나 잘 알고 있었다. 어느 순간, 또 어떤 순간, 그들 뒤에서 보면 리듬이 둔화된다. 바로 그때 격렬하게 속도를 밟아 치고 나가야 한다. 펠로톤에 충격을 주면서 일순간, 일격으로 유리한 고지를 점해야 하는 것이다.

대략 도착점이 50킬로미터 남았을 때, 주요 그룹의 몇몇 선수들은 전반적으로 감속했다. 그때를 활용해 몇몇은 마지막 요의를 해결하기 위해, 또 소변 눌 깡통 몇 개를 가지러 가기 위해 자동차 쪽으로 내려갔다.

뉘의 상황을 전달받은 마르크스와 파스칼은 마침내 전력 질주를 하기로 결심했다. 모든 것을 위해 모든 것을 다 걸어야 한다! 그러나 대가를 치러야 하는 전략이므로 다음 포인팅에서 격차를 4분은 앞당겨놔야 한다. 스프린터 팀들을 재구성할 때다. 도착점 35킬로미터를 남겨놓고 선두 그룹에서 이탈하거나 질주할 선수들이 이 4분 30초 동안 정해지는 것이다.

수행 차량 안에서 사르트르는 몸이 뜨거워졌다. 딱 보아도 얼굴이 붉게 달아올라 있었다. 거의 질식하게 만드는 뜨거운 날씨 때문일까? 아니다. 서서히 올라오는 아드레날린 때문이다. 자기 망아지가 성공을 눈앞에 두고 있는 것을 보면서 어찌 흥분하지 않을 수 있겠는가! "자, 어서, 어서! 정말 위대한 일을 지금 하고 있는 거야! 알지?" 그는 자동차 밖으로 고개를 내밀고 파스칼을 향해 규칙적으로 이런 말을 외쳐댔다. 프랑스 팀의 다른 팀원들에게도 펠로톤 앞으로 빨리 와서 다른 팀의 추격을 방해하라고 온 힘을 다해 외쳐댔다.

도착점까지 20킬로미터, 아직 3분 정도 남았다. 샤파드*

의 법칙에 따르면 "오전 브레이크어웨이를 10킬로미터를 해도 딱 1분 만에 펠로톤을 다시 만들어야 한다." 그렇다. 이것을 해내고 말아야 하는 것이다! 하지만 이런 법칙은 스프린터들이 주변 선수들과 아주 인상적인 집단력을 발휘하는 현대 사이클 경기에서만 유효하다.

어쨌든 지금은 아무도 그의 근력의 응력과 항력이 어느 정도인지 계측하지 못하고 있다. 이미 앞서 전적인 앙가주망을 하지 않았던가. 마르크스와 파스칼은 그들에게 남아 있는 것을 다 쏟아부었다. 지난번 '바라키 트로피' 대회에서처럼 어떠한 생각도 없이 그들이 가진 힘을 다 썼다. 전에 개인별 타임트라이얼에서 맞붙은 적 있던 두 파트너가 보여주는 이 신화적 시련의 구간. 그 뒤는 공포의 도가니였다. 뒤에는 각기 다른 팀들이 있었는데, 마치 기차 행렬처럼 하나가 되어 입에 칼을 문 듯 악다구니를 쓰며 몰려가는 선수들이 거의 십여 명이 넘었기 때문이다.

10킬로미터 남았음을 알리는 플래카드가 보이고, 이제 1분 남았다. 격차는 줄었다. 그러나 승부수는 모른다. 이제 남은 마지막 구간에서는 다시 바람을 등져야 하기 때문이다. 이

*   Robert Chapatte(1921~1997): 프랑스의 사이클 선수로, 축구를 먼저 시작했으나 사이클 선수로 전향했고, 1949년 프랑스 텔레비전의 인터뷰에 처음 응한 선수로 기록되어 있다.

건 선두에 있는 사람들에게는 유리하다.

　제기랄! 도착 지점 8킬로미터를 남겨놓고 마르크스는 평지 같지만 실은 길게 이어지는 오르막길 구간에서 파스칼과 교대할 생각에 약간 속도를 늦췄다. 그렇다면 두 사람 다 여기서는 승리하기 어려울 수 있다. 아니, 한 사람만 우승해도 대단한 부운이다. 거의 기적일 것이다. 하지만 파스칼은 독실한 신앙인이기에 그러면 어떤 것도 불가능하지 않다고 사르트르는 믿었다. "자, 더, 너! 전력을 다하란 말이야!" 사르트르는 마치 파스칼이 전력을 다하지 않은 것처럼 고함을 쳤다. "계산하지 마! 승리의 여신이 자네에게 팔을 벌리고 있어. 자, 제발, 조금만 더!"

　경기 요원들은 프랑스 팀의 이 매니저에게 사인을 보내 결승점까지 1분 남짓 남은 지점을 지났다고 알려줬다. 이건 그가 브레이크어웨이 선수와 펠로톤 사이에 끼어드는 것이 규정상 불가능하다는 뜻이었다. 출발 때처럼 경기 종반에도 그는 경기 규칙에 따라 일정 거리를 두고 가야 했다. 텔레비전 중계 팀이나 '라디오 투르'라면 이런 상황을 중요한 정보로 전달하고 싶어 할 것이다.

　도착점 6킬로미터를 남겨놓고 그는 펠로톤이 지나가도록 잠시 옆으로 비켰다. 바로 이때 자기 팀 포인팅을 만들 기회가 생겼다. 35초. ㄱ는 파스칼에게 이어폰으로 지금 45초라고 알렸다. 이게 무슨 깜찍한 거짓말인가? 선수를 자극하고, 그래서 그 선수가 투르의 스테이지에서 우승을 거머쥘 수 있다면 이런 거짓말이라도 해야 하는 걸까? 펠로톤 선두에 선 선수들이 그의 옆을 지나갈 때 그는 선수들의 얼굴을 분석하려 애썼다. 속도를 파악하지 않아도 얼굴 찡그림의 정도를 통해 어느 정도 고통을 느끼는지 간파하면 그 속도 또한 유추할 수 있기 때문이었다.

"자, 어서, 파스칼! 뒤에서 바짝 쫓아오고 있단 말이야. 어서 달려야 해."

실로 스프린터들은 아름답고 장하도다. 체형을 받는 순교자들 같은 표정을 하면서 거의 체념 일보 직전까지 가면서, 도저히 더는 속도를 낼 수 없는 지경인데도 해내야 하는 것이다. 2킬로미터 지점에서, 그리고 25초에서 승부가 결정된다!

"그래, 자넨 위대해. 할 수 있어. 거의 다 왔어! 자네가 어디서 왔는지 생각해. 자넬 기다리고 있는 영광을 생각하란 말이야. 자네 처와 자식들을 생각해." 흥분한 나머지 사르트르는 파스칼에게 처와 자식이 있는지는 상관하지 않았다. 그런데 말해놓고 보니 좀 미심쩍어 다시 이렇게 말했다. "이 승리가 자네에게 가져다줄 불멸성을 생각해. 다른 자들은 익명으로 남을 거야. 하지만 자네는, 자네의 무훈은 수세기에 걸쳐 알려질 거야! 1킬로미터 이상 남았다. 자, 할 수 있어. 오, 신이시여! 그들은 다 자네의 상자 안에 있어. 작은 악마들이지만 자네를 삼키지는 않아! 특히 뒤돌아보면 안 돼. 뒤돌아본다는 건 의심하는 거야. 몇 초간 사력을 다해놓고 그 끈을 놓쳐버리는 거야. 패배의 바람에 항복하는 거지. 그건 권좌를 포기하는 거야. 집중하면 돼! 자, 끝까지! 거의 끝났어! 거의 다 왔어, 으아, 이제 거의 구원이야. 그래, 그래, 하지만 절대, 절대, 뒤돌아봐 선 안 돼."

그리고 이때 갑자기 '라디오 투르'에서 알림 방송이 나왔 다. "브레이크어웨이 선수 하나가 400미터 지점에서 낙차했 습니다. 등번호 66번, 파스칼입니다."

파스칼은 그만 뒤를 돌아본 것이었다. 마치 사랑하는 에 우리디케를 보기 위해 뒤돌아선 오르페우스*처럼 승리의 연 미복 꼬리 뒤로 보이는 이 지옥 무리들 방향으로 눈길을 던진 것이다. 그는 지금까지 거의 이긴 경주를 펼쳤다. 자신의 유리 한 점을 계측**하면서 확신을 가졌다. 그런데 길바닥에 작고

---

* 아내 에우리디케를 잃고 하계행을 하는 오르페우스 신화에서 가장 많이 회 자되는 알레고리는 원하던 '것'(에우리디케)이 거의 쟁취되는 '순간'(하계에 서 지상으로 나오기 바로 직전) 절대 뒤를 돌아보아서는 안 된다는 것이다. 자기 뒤를 따라 죽은 자들의 세계에서 거슬러 올라오고 있는 에우리디케를 결국 돌아봄으로써 오르페우스는 하데스가 말한 금기를 어겼고 영영 에우 리디케를 잃게 된다. 파스칼도 오르페우스의 오류를 범한 셈인데, 인간들이 가장 많이 범하는 실수이기도 하지만 특히 스포츠 세계에서 이런 실수는 치명적일 것이다.

** 블레즈 파스칼을 묘사할 때, 계산, 계측, 계량 등의 단어가 사수 나오는 것

가느다란 홈이 파여 있었다. 파스칼은 바로 그때 뒤를 바라보았다. 그러나 홈은 보이지 않았다. 자전거 바퀴가 그 홈 사이 틈으로 들어가기 바로 직전 이미 그의 바퀴가 그를 균형감을 잃게 만들었고, 그의 환각도 꺼지게 만들었다*.

실의에 빠진 사르트르는 자동차 운전대에 머리를 들이박고 있었다. 정말 위로할 길이 없었다. "이건 저주야, 저주! 저주받지 않고서야 어떻게 이런 일이……." 그는 한탄에 한탄을 거듭했다.

은 파스칼이 수학자인 것도 있지만, 그가 오늘날 계산기의 원리를 처음 생각해냈기 때문이다. 그리고 오늘날 전차의 원리를 처음 생각해낸 사람도 파스칼이다. 길바닥에 파인 홈은 이를 떠올리게 한다.

* 블레즈 파스칼의 『팡세』가 탄생한 것과 관련된 유명한 일화가 있다. 파스칼은 1664년 말, 네 마리 말이 끄는 마차를 타고 지금의 파리 북서부 지역에 있는 뇌이이 다리를 건너다 죽을 뻔한 사고를 당했다. 말들은 다리 아래로 떨어졌고 차체는 난간에 걸려 파스칼은 무사히 목숨을 건졌지만, 병약하고 예민했던 파스칼은 그 자리에서 기절하여 15일 만에 깨어났다. 의식이 돌아오고 나서 파스칼은 강렬한 종교적 투시 체험을 하게 되고, 급히 떠오르는 대로 글을 적어가기 시작했다. 이렇게 쓰여진 글들이 『팡세』의 일부가 되었다.

스테이지 8: 돌 – 레루스
지혜와 광기, 광기의 지혜

투르 경기에서는 운명을 측은해할 시간이 없다. 절망에 굴복할 시간도, 이런저런 감정에 깊이 잠길 시간도 없다. 그런 감정에 깊게 빠진다면 그 상처에 붕대를 감아줘야 한다. 왜냐하면 매일 아침 새로운 모험이 시작되기 때문이다.

　이제 제8의 스테이지가 시작되면 어떤 돌발적 사건들이 생길까? 우선은 그걸 말하기에는 너무 이르다. 지금 말할 수 있는 것은 제시된 경기장의 지형적 조건이다. 골짜기가 계속해서 나오는 쥐라 산맥을 횡단하는 180킬로미터 주행 코스다. 운동량을 훨씬 많이 요하는 경주에 알맞은 진정한 산악 구간이라 할 것이다.

　우리는 현존하는 자연력이나 이 스테이지에서 관건이 되

는 것 또는 각자의 야망에 대해 말해볼 수 있을 것이다. 목표는 다양하지만 가끔 그것들은 상반된다. 대다수가 그날의 브레이크어웨이 선수가 되는 것을 목표로 한다. 여기에서 성공하면 그 스테이지의 우승을 다뤄볼 수 있는 결정적 찬스가 생기기 때문이다. 낙차로 인한 관절 통증과 연속적 타박상까지 겹쳐 지칠 대로 지친 파스칼은 전날 너무 많이 쓴 힘을 만회하기 위해서라도 제한 시간 이내라면 하루가 거의 끝날 무렵에야 도착하길 원했다. 스피노자는 리더로서 입는 옐로저지를 지키고 싶어할 것이다. 한편 소크라테스는 그에게서 옐로저지를 빼앗아오고 싶었다.

그러나 스피노자는 강해 보였다. 더욱이 그는 결속력이 대단한 팀에 의지하고 있기에 그걸 빼앗기는 쉽지 않아 보였다.

따라서 간접적인 방법을 쓰거나 마땅한 전략을 쓰거나 새로운 방법을 도입해야 했다. 만일 소크라테스가 공격으로 전환하기 위해 이 마지막 킬로미터를 기다렸다면 그는 비교적 쉽게 순위권 안에 들 수 있을 것이다. 그러나 그가 동료들에게 체력이 고갈될 때까지 더 빠른 템포로 밟아줄 것을 부탁했다면 그는 실망할 공산이 크다. 그의 사도신경은 이것이다. 시도하라, 아무것도 후회하지 말라. 감히 해내라, 자신을 드러내라, 공격하라!

그래, 그런데 언제? 너무 빠르지도 너무 늦지도 않게 최적의 순간을 찾아야 한다. 쓸데없이 너무 앞서가다 지치면 안 된다. 의미 있는 격차를 낼 수도 있는데, 너무 늦어도 안 된다. 모든 건 타이밍이다. 아리스토텔레스 가라사대, 모든 건 카이로스이다.

카이로스란 무엇인가? 적박(適拍), 적기 이런 이야기를 하려는 건가? 아니, 그건 아니다. 카이로스는 이성적 계산이나 조절, 통제 같은 체계가 아니다. 오히려 그 반대다. 우호적이고 이로운 순간을 느끼는 기술이다. 계산에서 분명히 벗어나 느슨해져야 가능하다. 그래야 경기를 불태울 수 있게 된다.

높은 기량을 지닌 스포츠인의 삶은 95퍼센트가 니체가 말한 대로 절도, 제어 등으로 이루어져 있다. 니체가 그리스의 신을 참조하여 강조한 아름다움 말이다. 정확한 비례, 그리고 시적인 세계가 그것이다. 준비시간은 준비시간일 뿐 예측하지 못한 순간에 준비했던 모든 것이 다 날아가버릴 수 있다. 자신의 경기력을 객관화하고, 거의 과학적인 계측을 해줘야 한다. 경기 중에 모든 변수를 장악하는 것이 관건이다. 물론 자기 근력도 관리해야 하며 동시에 펠로톤에서 자기 포지션을 지속적으로 감시해야 한다. 또한 영양 상태, 수면 상태, 게다가 미디어를 상대로 한 발언 등도 관리해야 한다. 종일 어떤 통제와 조절 속에 있어야 하는 것이다.

종일 또는 거의 종일…… 이성의 바다 한가운데 있다가도 광기의 파도가 올라올 수 있다. 아니, 올라올 수밖에 없다.

그래야 정직한 선수다. 철저히 중용을 지키는 사이클 선수가 챔피언이 되게 마련이지만, 그럼에도 불구하고 이런 비이성의 파도가 들이닥친다. 이것을 카이로스 상태라고 한다. 모든 것이 통제와 조절하에 있지만 어느 순간 왜인지 모르게 그냥 스스로 위험에, 과잉에, 무절제에 뛰어들고 마는 것이다. 아폴론이 포도주와 취기의 신인 디오니소스 앞에서 쓰러지고 마는 것이다.

소크라테스는 본질적으로는 아폴론적인 선수다. 완벽히 제어된 타임트라이얼 실력과 플랑슈데벨뷰에서 보여준 강심장, 그리고 겨울 동안의 꼼꼼한 준비와 모든 우연을 제거하고자 하는 강력한 의지가 이 모든 것을 증명한다. 하지만 소크라테스는 디오니소스적으로 변할 여지를 남겨놓고도 있다. 오늘이 바로 그때다. 바로 돌에서 레루스 사이에서 그렇게 될 것이다. 지혜를 광기로 변형시키고, 너무나 갈망한 튜니카를 쟁취하러 떠날 때다.

그리스 팀은 오전의 브레이크어웨이 선수로 아리스토텔레스를 지정했다. 이것은 하나의 계획이었다. 처음에는 그를 앞세웠지만 혹시라도 적절한 상황이 생기면 소크라테스로 교체할 터였다. 다시 말해 즉흥적으로 하려는 것이다.

선수들은 오르막길 구릉과 내리막길이 계속해서 나오는 가파른 길을 따라 달렸다. 네덜란드 팀은 다소 편안하게 격차를 벌렸다. 지치지도 않고 달리는 에라스무스가 있어서였다. 그들은 상대적으로 평온한 하루가 될 거라 생각했다.

　그런데 갑자기 도착점을 40킬로미터 이상 남겨놓았을 때, 소크라테스가 상당히 가파른 오르막길에서 마치 작전 개시를 하듯 힘차게 달렸다.

　자, 이것이 그 유명한 광폭 행보다. 에라스무스는 너무 깜짝 놀란 나머지 바로 대응하지 못했다. 스피노자도 마찬가지였다. 이 네덜란드인은 성가신 자를 최대한 빨리 따라잡아 상황을 뒤흔들어놓기보다 그냥 하던 대로 하는 편을 택했다. 그런데 앞에서 혼자 가다 보니 괜히 더 지쳤다. 하지만 이 자살적 공격 후에 다시 추격을 당하면 파이널 국면에서 더 많은 시간을 잃게 된다.

　소크라테스는 피곤해 보이지 않았다. 오히려 이와 같은 노력 끝에 쟁취하게 될 옐로저지를 생각하며 더욱 속도를 올려 전진했다. 그에게 유리한 구불구불한 내리막길에서 그는 마치 자기 자신을 떠나 있는 것처럼 모든 리스크를 각오했다. 오르막길 구릉에서는 거의 공중에 떠 있었다. 소크라테스는 불같았다. 무중력 상태, 거의 황홀경 속에 있었다.

　브레이크어웨이 팀 속에 있던 아리스토텔레스는 그의 리더가 공격에 돌입했다는 것을 알게 되었다. 사실 아리스토텔레스는 어떤 이유인지 몰라도 뭔가 고상한 이유로 스테이지 우승 기회를 포기하고 반격을 기대하며 그 그룹에서 떨어져

나갔다. 한편 소크라테스는 우월한 자기 페이스를 되찾자 격차를 더욱 벌리기 위해 완전히 배를 납작 엎드리고 달렸다.

그의 뒤에서 네덜란드인들이 위협적인 자세를 취했다. 그리고 그들의 대표격인 스피노자에게 빨리 정신을 차릴 것을 촉구했다. 그러나 너무 늦었다. 소크라테스는 떠났고 그를 다시 보지 못할 것이다. 소크라테스는 스피노자보다 56초 먼저 결승선을 통과했다. 그는 보통 28초 늦는다. 그러나 그가 건 리스크는 나름 값비싼 대가를 치르고 살 만한 것으로 판명되었다. 옐로저지는 그의 것이 되었다.

스테이지가 끝난 그날 저녁, 선수 수행원들은 모두 그에 매료되어 속으로 이런 질문을 했다. 이 괄목할 만한 공격은 성찰에서 나온 것인가? 물론 부분적으로는 그렇다. 소크라테스는 위험을 감수할 수밖에 없다는 것을 알고 있었다. 하지만 영감, 즉흥성, 비예측성의 여지도 있었다. 소크라테스는 그 앞에 제시된 가파른 오르막길을 보았다. 아리스토텔레스가 경기 전 그와 어깨를 나란히 할 준비가 되어 있는 것도 알고 있었다. 그의 본능은 그에게 주사위를 던지게 만들었다. 주사위는 좋은 쪽으로 떨어졌다. 아는 것과 느끼는 것의 완벽한 합일, 조절과 과잉의 위대한 조합, 그것은 바로 카이로스였다.

스테이지 9: 낭튀아 – 샹베리
전망과 투시의 문제

일주일 이상이나 경기가 진행되어 선수들은 이제 많이 지쳤다. 그들이 고대하고 고대하던 첫 휴식이 내일로 예정되어 있었다. 하지만 그 이전에 우선 힘들기로 정평이 난 스테이지 9를 버텨내야 했다. 낭튀아에서 샹베리에 이르는 181킬로미터 구간으로, 울퉁불퉁하고 고도 기복이 심한 곳을 다 합하면 4,500미터에 이르렀다. 여태 한번도 본 적이 없는, 평균 경사도가 10퍼센트에 이르는 고개가 네 개나 있는 험악한 지형이었다!

당연히 이 스테이지는 누구에게나 두려움을 자아낸다. 비산악인 선수라면 지각생처럼 늦게 결승선에 들어가지는 않을지, 투르의 우승 후보 기대주들은 좋은 최종 성적을 기대하는 모든 희망이 여기서 송두리째 사라지지는 않을지 의심하는 것이다.

특히 소크라테스는 어려운 하루를 예견했다. 전날의 우승 이후 반대 여파가 있지는 않을지 두려웠다. 3주 동안 시합하며 쏟아부은 모든 노력이 또다시 시험선상에 오른 것이다. 더욱이 네덜란드 선수를 비롯, 다른 나라 팀 적수들은 전혀 새롭게 등판한 이 옐로저지 선수가 여기서 꺾인다면 주저하지 않고 당장 계산서를 요구할 것 같았다. 이런 게 투르 경기다. 추격자가 언제든 추격 대상이 된다. 그토록 소중히 얻은 것이 한순간에 달아나 버릴 수 있는 것이다.

선수들의 이런 심려와는 다르게 관중들은 선수들이 지나가는 것을 보려고 준비 중이었다. 그날의 마지막 난관인 샤산(山)의 고갯길 가장자리 기슭 여기저기에 사람들이 몰려와 있었다. 일주일 전부터 캐러밴을 타고 와서 그곳에 자리잡은 열성팬도 있었고, 악마 군단 같은 지지자들과 관광 중인 바캉스 휴가객들도 있었다. 또 호기심 많은 지역 주민들도 투르 경기를 알리는 온갖 색깔의 깃발과 포스터로 뒤덮인 그곳 일대를 구경하고 있었다. 자신의 우상들이 달리는 길을 자신도 똑같이 달려보기 위해 자전거를 끌고 온 사람들도 있었다. 이렇게 잡다한 관중이 7월의 마법에 홀려 이곳에 모여 있었다.

시간은 오전이 거의 끝나갈 무렵이고, 선두권 선수들이

오려면 오후가 한참 지나야 한다. 그때를 기다리며 누구는 바비큐를 만들고, 누구는 파스티스를 홀짝거리고, 누구는 이 사람 저 사람의 우승 성공률에 대해 토론했다. 날씨는 화창했다. 분위기도 한결 풀어져 있었다.*

　같은 시각 낭퇴아에서는 분위기가 완전 달랐다. 출발 몇 분 전, 선수들은 출발선에 모여 있었다. 평소와는 다르게 긴장감이 손에 잡힐 듯했다. 선수들은 보통 경기 전 서로 이야기도 하고 농담도 하는데 오늘은 어떠한 목소리도 들리지 않았다. 선수들은 각자 자신을 기다리고 있는 것에 집중하고 있는 듯했다.

　태양이 비칠 것으로 예고되었으나 하늘은 위협적이었다. 선수들은 걱정이 하나 더 늘었다. 어떻게 입지? 샤쥐블**? 샤쥐블은 안 되나? 토시? 토시는 안 되나? 내리막길에서는 손끝이 얼지 않게 조심하고 오르막길에서는 과열을 조심해야 한다. 어떤 선수들은 자전거 바퀴의 공기를 살짝 빼기도 한다. 아직은 전혀 모르지만, 만일 길이 미끄럽다면 약간의 고리 장치가 필요할지 모른다. 또 다른 선수들은 아침을 든든히 먹었

---

*　아니스 향이 나는 프랑스의 식전주. 알코올 도수가 제법 되며 물에 희석하여 마신다.
**　원래는 미사 때 사제가 입는 제의인데, 운동선수들이 안에 걸치는 조끼 셔츠를 가리킨다.

는지 물어본다. 혹시 심한 허기를 느낄까 봐 호주머니에 쌀과자를 넣어둔다. 만일 필요하면 뒤적거려 조금씩 갉아먹으면된다. 하지만 너무 먹으면 안 된다. 1킬로미터도 못 가서 바로첫 번째 오르막길이 나오는데, 그때 배가 부르면 잘못 올라가기 때문이다.

그 사이에 샤산에서는 티셔츠냐, 소시지냐 이런 질문들은 하지 않는다. 다만 파스티스 탓인지 지지자들 사이에서 토론이 불붙었다. 도대체 영문 모를 곳에서 온 그 소크라테스라는 자가 얼마나 오랫동안 환상을 심어줄 수 있을까? 어떤 사람들은 그의 성실성에 의문을 제기했다. 또 어떤 사람들은 탁월할 만큼 영리한 경기 운용으로 분명 성공할 것이라 단언하며 그를 옹호했다. 전날의 스테이지 이후 화가 단단히 난 네덜란드 선수들은 그가 부당이득을 챙겨 가고 말 것이라고 장담했다. 사람들은 이 위대한 등번호 다음으로 복수심에 불탄 스피노자가 우승할 확률도 있다고 점치기도 했다.

내기 도박이 즉흥적으로 벌어지기도 했다. 스피노자 말고 앙크필이라는 이름도 이 예측에서 자주 나왔다. 독일 팀 지지자들은 울리그를 떠올리기도 했는데, 투르 경기가 시작되고 나서 아직까지는 커튼 뒤에 숨어 있지만, 이 내기꾼들에 따르면 이번 스테이지 9에서 분명 그가 진가를 발휘할 것이라는 얘기였다.

경기가 시작되었고, 선수들은 벌써 그날 일정 중 첫 난제를 만났다. 기대대로 펠로톤 속도가 상당했다. 약 30명가량 되는 선수들 사이에서 제법 빠르게 한 명의 브레이크어웨이 선수가 빠져나왔다. 이제 경기를 조절하고 통제하는 것은 그리스-라틴 팀이었다. 선두 선수들을 잘 '필터링'해서 전체적으로 펠로톤을 잘 구성하여 한 명의 낙오자도 생기지 않게 했다. 다만 디오게네스, 아리스토텔레스, 마키아벨리를 비롯한 몇몇 동료들은 브레이크어웨이 그룹에 약간 자리를 내주기 위해 적당히 간격을 벌려주었다.

우려했던 대로 소크라테스의 감각이 잘 살아나지 않는 문제가 생겼다. 어제는 발목까지 오는 가벼운 양말을 신었는데, 오늘은 두 다리가 영 뻣뻣했다. 하루가 길어질 것 같았다.

샤산 오르막길에서도 마찬가지였다. 다행히 관중들을 담당하는 홍보 캐러밴이 와 있었다. 거의 한 시간가량, 대사육제가 벌어진 것처럼 온갖 마크가 달린 수많은 차량들이 지나갔고 음악이 잇달았다. 3주간 분위기를 띄우는 역할을 맡은 학생들이 차량 지붕 위에 올라가 음악에 맞춰 춤을 추고 함성을 질렀다. 이 모든 것들이 어디서도 본 적 없는 시각적, 음성적 패치워크를 만들어냈다. 이것이 투르 정체성의 일부라면 일부였다. 이어 그 유명한, 관객들에게 던지는 '선물' 세례가 있었다. 미니 소시지, 사탕, 모자, 열쇠고리……. 물론 값비싼 것들은 아니었다. 하지만 어른들까지 아이들처럼 이 소중한 보물을 받아 가려고 달려들었다. 중요한 건 사냥 그 자체이지 포획물이 아니다.

캐러밴이 지나가자 어떤 사람들은 곧장 그곳을 떠났다. 그들은 이런 분위기를 즐기러 온 것이지 경기 자체에는 그다지 관심이 없었다. 또 어떤 사람들은 혹시 몰라 가져온 옛 라디오 수신기를 켜고 진행상황을 들었다.

"자, 이제 경기는 그랑콜롱비에 고개에서 폭발합니다. 오늘 구간 중 끝에서 두 번째로 힘든 구간입니다. 전 등급별로 엄청 움직이는군요. 선두에는 브레이크어웨이 그룹이 있는데 10여 명으로 압축되었습니다. 특히 스페인 선수 프레데리코 바야몬테스가 치고 올라오는군요. 이 선수는 특히 오르막길 구간에서 아주 멋진 인상을 남겼는데요. 그리고 그 뒤 프랑스 팀이 고개 앞 내리막길에서 가속을 밟아 펠로톤에 균열을 만들며 상황을 장악했습니다. 그랑콜롱비에 발치에서 모든 게 거의 질서를 잡아가면서, 이제 미국 팀이 프랑스 팀 대신 상당히 꾸준한 리듬을 보여주고 있네요. 그렇다면 이제 주요 그룹도 상당한 타격을 받겠어요. 지금 주요 그룹은 20여 개밖에 없어요. 뒤는 거의 패주병처럼 난잡합니다. 선수들은 이제 한 명씩 각개전투를 하고 있어요. 지금으로선 특별한 기대주가 없는 듯하군요. 앗, 아닙니다. 저 옐로저지를 입은 소크라테스 선수에게 주목하시기 바랍니다. 펠로톤 맨 뒤쪽 자리에 있었는데, 성조기를 든 팀의 선수들이 내는 속도를 따라잡기 위해 사력을 다하고 있는 것 같군요. 상대방 속이기 기술일까요? 아니면 진짜일까요? 자, 이건 다음 이어지는 킬로미터에서 알게 될 겁니다."

이번엔 자못 진지하다. 소시지도 다 먹었고 캐러밴과 축제도 끝났다. 이제 스포츠다. 선수들이 다가오고 있다. 긴장이 올라갔다. 드라마가 시작된다. 관객들은 거의 한 시간 만에 샤산에서 이 단테풍* 스테이지의 에필로그를 목도하게 될 것이다. 자, 저 낮은 쪽 구불구불한 곳을 돌아 누가 처음 나타날 것인가? 관객이 이 결과를 알려면 좀 시간이 걸릴 듯하다. 긴장이 고조되는 한편 이제부터는 모두가 경기에 휘말리게 된다.

그런데 소크라테스의 머릿속에는 더 이상 긴장이 없었다. 그는 하루 종일 옐로저지를 지키기 위해 사력을 다했다. 하지만 이제 비로소 시간이 왔음을 직감했다. 바로 쇠락의 시간! 마지막 오르막길 부벽에서부터 그는 버틸 힘이 거의 남아 있지 않음을 느꼈다. 이제 포기할 때였다. 페달링의 효능에 집중하거나 근력을 최선의 조건으로 관리해봐야 소용없었다. 1미터씩 계속해서 차이가 벌어지는 것을 속수무책으로 보고

---

* 　단테의 '지옥', '연옥' 등을 비유한 표현이다.

있을 수밖에 없었다. 그의 상대들은 이 상황을 재빨리 간파하고 더욱 속도를 높였다. 소크라테스는 투르 최종 순위에서 우승하리라는 희망을 완전히 상실해가고 있었다.

선두 선수들 바로 앞을 달리고 있는 시주(試走) 차량이 확성기로 공지를 내보내고 있었다. "샤산 발치부터 옐로저지가 처지고 있습니다. 이건 돌이킬 수 없는 격차입니다." 이렇게 관중들은 기대주 그룹에 관한 소식을 듣게 되었다. 그렇다면 선두에서 좀 다른 그림이 그려져야 하는데 그런 건 전혀 보이지 않았다. 브레이크어웨이 생존자들이 이 스테이지 승리를 다툴 만큼 충분한 이점을 가지고 있을까? 누가 이 최종 오르막길을 활용해 맨 앞으로 떨어져 나와 그 명예로운 성과를 가져갈까? 앞선 힘든 구간에서 바야몬테스는 제법 강해 보였다. 많은 사람들이 그가 따로 떨어져 나가 질주할 것을 기대했다. 독일 팀 지지자들마저 이제 포기하는 듯했다. 울리그는 오늘은 아닌 것 같았다.

안전 요원들이 탄 마지막 오토바이들이 지나갔다. 저 멀리에서는 거의 미친 듯 열띤 응원을 펼치는 무리들이 보였는데, 뭔가 올라오자 뒤로 살짝 물러나 코스 앞쪽 좁은 통로를 비워주었다. 길을 열어젖힌 건 단 한 사람이었다. 십중팔구 바야몬테스일 것이다! 아니 천만에! 한데 저 경기복은 뭐지? 우리가 아는 국가 마크가 아니다. 와, 이건 말도 안 된다. 중립국 깃발을 달고 출전한 선수라면 니체 아닌가! 그렇다, 정말 그다! 믿을 수 없다! 타임트라이얼 실력을 발휘한 스테이지 1에서 자기 기량을 마음껏 발휘한 후, 니체는 첫 일주일은 중간이나 중간 이상 정도를 달렸다. 그래서인지 많은 사람들이 투르 경기에서의 그의 존재감을 완전히 잊고 있었다. 익명 가운데 익명으로 있으면서 이 벨로조프는 펠로톤 한가운데서, 그 열기 속에서 하루를 보낸 것이다. 힘이 풀려 느슨해진 선두 선수들 가운데 있지도 않고, 그렇다고 자신의 이점을 드러내는 법도 없었다. 분명 스스로 그렇게 잊힐 방도를 찾았을 것이다. 샹베리로 향하는 이 구간에서 브레이크어웨이 팀에 들어가 자신의 존재감을 드러낼 생각은 하지 않았던 것이다. 더욱이 니체는 평원이나 골짜기는 좋아하지 않았다. 대신 높은 산과 큰 산을 기다렸다. 그래야 마침내 자신의 존재감을 드러낼 수 있으니까. 이제, 모든 시선이 그를 향했다. 그들 앞에 마침내 인간 벽 하나가 나타났을 때 독일 팀 지지자들은 이 선두 주자가 뿜어내는 매력에 당장 사로잡혔다. 니체의 페달링은 민첩했고 공중을 부양하는 듯하면서도 명료했다. 다른 선수들은 힘들어 입을 비죽거리며 억지로 웃는 사람처럼 얼굴을 구겼지만, 이 등반가 철학자는 입가에 엷은 미소를 짓고 있었다. 그런데 이것도 그가 느낀 고통의 독특한 신호였는데, 너무나 존재감이 있다 보니 고통을 겪은 게 아니라 고통을 원하는 것처럼 보였다. 니체는 자전거와 놀고 있는 듯했다. 고통과 춤을 추고 있는 듯했다. 독일 팀 지지자들은 말 그대로 이 챔피언의 매력에 빨려들었다. 같은 민족이라 응원하는 게 아니었다. 같은 민족이라 그에게 박수갈채를 보내는 것도 아니었다. 니체가 독일 팀 경기복을 입었든 안 입었든 그건 문제가 안 되었다. 이건 한 사람을 경배하고 우상화하는 것이라기보다 그저 그가 해낸 업적을, 그 순수하고 절대적인 육체적 수행을 찬미하는 것이었다. 그리고 이 브레이크어웨이 선수가 그들 쪽으로 다가와 찰나적으로 던진 눈빛과 마주친 순간, 그들 역시나 이 선수의 무훈에 같이 참여한 것 같은 기분이 들었다. 그들도 자전거 위로 몸이 들어올려진 것 같은 기분이 들었다. 감정 전이를 느낀 것이다. 마치 니체와 함께 정상까지 페달을 밟고 가는 느낌이 들었다.

30초 후 니체는 사라졌다. 흥분도 가라앉았다. 다른 선수들이 하나씩 줄지어 지나갔고, 이제 각자 비탈길과 피로를 대면해야 했다. 독일 팀 지지자들은 이어 지나가는 다른 선수들에게는 아까 그 선수에게서 느꼈던 마법 같은 감정을 다시 느낄 수 없었다. 하지만 다른 관객들은 다른 선수들에게서도 같은 성격의 열정을 느낄 법했다. 이어 영웅적인 바야몬테스가 나타났기 때문이다. 니체를 따라잡기 위해 그는 악착같이 달렸다. 이어 스피노자가 나타났다. 전날 누가 그에게서 훔쳐간 것을 되찾고 싶은 욕심에 온 힘을 다하는 위대함을 보였다. 이어 소크라테스가 나타났다. 그는 공허한 시선을 하고 있었지만 그 속에는 정신적 혼란을 견뎌낸 위대함이 가득 차 있었다.

기다림의 시간은 때로 며칠이 걸리기도 하지만 뜨거운 열정의 순간은 몇 초에 불과하다. 균형이 맞지 않는다. 하지만 이런 강렬하고도 밀도 있는 짧은 순간 때문에 그 시간을 또 기다리는 것이다.

운동선수와 관중은 근본적으로 다른 두 세계에 산다. 선수들은 행동 속에 산다. 경주하는 몇 시간 동안 그들은 모든 것을 한다. 투르는 이들 모두에게 진지한 사안이다. 그래서 해수욕복을 입은 채로 지나가다 호기심이 동해 길가로 몰려들어 구경하는 관광객들을 보면 씁쓸해진다. 오르막길 한쪽에서 같이 달리는 사이비 지지자들을 볼 때도 그렇다. 선수들은 이런 지지자들에게 뭐라 하진 못하지만 관중이 오로지 자신들을 진지하게 바라봐주길 바란다.

한편 관중은 보통은 피로를 풀러 거기 와 있다. 잡지 연재물을 읽듯 투르 경기를 따라가는 것이다. 이것도 물론 중요하다. 그러나 더 중요한 것도 있을 것이다. 결국 투르는 그들에게 킬링 타임이다.

그러나 선수와 관중이 구분된다 해도, 배우와 관객이 하나가 되듯 궁극에는 이들에게도 마법이 일어난다. 겉으로는 동떨어져 보이는 두 세계가 가끔은 서로 겹치고 포개진다. 한순간 같은 공간에 있고, 같은 시간 한 곳을 바라본다. 이런 찰나적 만남으로 모두가 원기를 얻는 것이다. 그리고 각자 자기 세계로, 일상의 자기 일로 돌아간다. 선수는 다시 페달을 밟고 관중은 일하러 가거나 가족과 함께한다.

스포츠를 살아 있게 만드는 여러 순간들 중 한 순간, 바로 그 순간이 있기에 투르를 사랑하는 것이다. 그리고 투르 경기를 또 보러 오는 것이다.

휴식일: 결핍의 날

"아, 다시는 못해!" 너무나 고통스러웠던 이 끔찍한 산악 구간 후 선수들은 다 속으로 이렇게 외쳤다. 이튿날 휴식을 취할 권한이 있어 선수들은 샹베르에서 베르주라크까지는 비행기를 타고 갔는데, 비행기 안에서 선수들은 이런 고통 속에서는 더 이상 경기를 할 수 없다는 생각까지 했다. 1등부터 꼴등까지, 그러니까 바야몬테스(니체를 따라잡기 위해 마지막 내리막길에서 사력을 다한 승부로, 그는 이 구간 최종 우승자가 되었다)에서 소크라테스(샹베리에 도착했을 때는 거의 제2상태, 즉 의식과 몸이 분리된 상태였다. 새로운 옐로저지를 쟁취한 미국인 선수 힐러리 푸시맨보다 15분 정도 늦게 도착했다)까지 모두가 자기 극한까지 갔다고 생각했다. 물론 투르 경기는 계속되지만 이런 극한적인 노력을 다시 할 수는 없을 것 같았다. 그들은 결코 다시는 그렇게 하고 싶지 않았다. "휴식을 취하니 얼마나 좋은가. 이 하루가 영원히 계속되길!"

그러나 이튿날 오전이 끝나갈 무렵, 투르 경기를 지켜보던 자들이 이날에 대해 해설할 게 하나도 없어 약간 우울해지는 것처럼 선수들도 공허감을 느꼈다. 신체적으로도 텅 빈 이 느낌은 아드레날린이 부족하기 때문일 수도 있었다. 어떤 통증도 오늘은 없을 것이다. 어떤 괴로움도 없을 것이다. 역설적으로 그들에게는 이런 고통 없음이 결핍감으로 느껴졌다.

프로이트는 이것을 잘 인식하고 있었다. 선수들에게 고통은 마약 같다. 그것은 마조히스트적인 기쁨이며 음울한 열락이다. 이런 마약이 혐오감을 준다 해도 그걸 사용하는 게 쉬운 것도 아니다. "다시는 절대, 하지만 당신이 저에게 한 모금만 더 주신다면!" 그날 하루가 흘러가길 초조하게 기다리며 프로이트는 침대 위에 몸을 길게 뻗고 누워 있었다.* 파스칼 역시 이런 중독을 잘 알고 있다. "인간의 모든 불행은 의자 위에서 24시간 동안 휴식하며 머무를 줄 모른다는 데 있다."**

---

* 프로이트의 정신 치료 의자를 함의하며 쓴 문장이다. 환자는 침대 위에 길게 몸을 뻗고 누워 의사를 보지 않고 말한다. 저 무의식 아래 있는 기제들이 말을 통해 흘러나온다.

** 블레즈 파스칼의 유명한 문장 "인간의 모든 불행은 자기 방 안에서만 머물지 못하는 데 있다"를 약간 바꾸어 표현했다.

누군가가 이렇게 휴식하는 날, 왜 100킬로미터 외출을 실행했는가 하고 묻는다면 그는 약간 부끄러워하며 이렇게 말할 것이다. 더 말해 무엇하랴? 인간은 움직임이 필요하다. 신이 죽은 것을 안 이래로는 더욱더.

인간은 가만히 있지 못한다. 인간은 후회하고 투신하며 예감한다. 어떤 선수들은 모든 순위를 상세히 분석한다. 또 어떤 선수들은 각 팀의 전략적 포지션을 토론한다. 또는 다음 번 브레이크어웨이의 성공 가능성을 이리저리 계측한다. 또 어떤 사람들은 이 경기의 바이블이라 할 투르의 로드북을 탐독한다. 2주차에 있을 여러 다른 스테이지들의 주행 코스와 단면도를 보며 꼼꼼히 공부하는 것이다. 간단히 말해 운동이 없으니 흥분거리를 찾기 위해 이렇게라도 하는 것이다. 고통이 잊혀지기가 무섭게, 다시 그것을 맛보기를 꿈꾸는 것이다.

스테이지 10: 페리괴 – 베르주라크
지도와 지형

꿈을 꾸고 운동을 모의로 해보는 것은 얼마나 달콤한가! 하지만 그 꿈의 매력과 고품질을 그대로 간직하기 위해서는 꿈은 거기서 멈춰야 한다. 모든 것이 상상에 불과한 세계는 그저 무미건조한 맛이지 않을까? 후회하다, 환기하다, 상상하다, 투신하다, 이런 모든 것은 반응적 행동을 전제로 한다. 실제 세계와 직면하는 것이 하나의 지상명령인 것이다.

이런 명령이나 현지 지형에 따른 절대적이고 긴급한 요구사항을 선수는 일상적으로 경험해야 한다. 왜냐하면 끊임없이 이 위대한 진실과 맞닥뜨려야 하기 때문이다. 만일 지도가 하나의 사안이라면 현지 지형은 또 다른 사안이다.

지도의 불편한 점이라면 변하지 않는다는 것이다. 다시

말해 그 단계나 층위가 부동이라는 것이다. 반면 현지 지형은 지도처럼 똑같아 보이지 않는다. 자동차를 타고 가느냐, 비행기를 타고 가느냐, 자전거를 타고 가느냐에 따라 다르게 인식된다. 낭퇴아에서 샹베리까지 백여 킬로미터 되는 곳을 가는 동안 들이는 모든 노력을 상상해보라. 더욱이 알프스 지형에 가까운 거친 고개를 타고 넘어갈 때 들여야 할 악착같은 노력이라니…… 이와 같은 높은 고개들도 선수들을 프랑스 남서부로 데려가는 비행기로는 순간일 뿐이다. 1시간 남짓? 그럴 때 이런 고개는 아무것도 아니다. 그렇다면 프랑스의 이 투르는 아무것도 아니다. 아주 하찮고 미미한 것일 뿐. 1시간의 비행이면 국가를 횡단하고도 남는다. 이것처럼 사이클 선수를 미치게 하는 건 없다.

페리괴에서 베르주라크로 이어지는 이 스테이지에서 지도가 선수를 어떻게 대놓고 조롱하는지 보자. 지도상에서 보면 평지 느낌이 난다. 로드북에 실린 단면도만 보면 거의 매끈하다. 게다가 모든 수행 요원들도 이 구간은 평지 구간이므로 그날 일정을 그저 이동 단계 정도로 파악하고 있었다. 그렇다면 이 구간에서 주요 리더들은 자전거 바퀴에 달라붙어 에너지를 낭비하지 않고 달리고, 몇몇 대담한 자들만이 그날의 명예를 쟁취하기 위해 승부수를 걸 수 있었다. 작지만 제법 힘든 비탈면이 이날 하루 종일 계속해서 나왔고, 선수들의 두 다리는 칼을 맞은 듯 쑤셨다. 선수들은 물론 길이 지도대로 생기지 않을 수 있다는 걸 안다. 그러하기에 리더이건 아니건 A 지점에서 B 지점을 연결하는 데 있어 페달에 의존하는 것 말고는 다른 방도가 없었다.

그날 하루 마지막 킬로미터를 달릴 때는 실제로 길이 평평했지만, 갑자기 정면에서 격렬한 바람이 들이닥쳐 브레이크어웨이도 어렵고 펠로톤에서 뭔가 자리싸움을 하면서 대결국면으로 가는 것도 어려워졌다. 브레이크어웨이 선수들의 포부와 희망을 한순간에 물거품으로 만든 것은 지도가 아니라 바로 현지 지형이었고, 선수가 맞닥뜨리는 돌발적인 상황이었다.

당연히 지도가 완벽하지 않을 수도 있다. 도착 지점이 될 베르주라크 마을의 입구처럼 복잡한 공간의 모든 디테일을 지도가 다 알려주지는 않는다. 도시 정비 구역이 어딘지, 길이 협소해지는 데가 어딘지, 원형 교차로가 어딘지 등을 로드북이 최대한 참조 사항으로 알려주지만 아주 섬세한 것까지 다 알려줄 수는 없다. 결국 현장 상황에서 선수가 느끼는 것을 대체할 만한 것은 없는 셈이다.

지도는 스프린터들에게 객관적 지표를 제공하지만 이런 지표들도 선수들의 본능적 직감에 못 미친다. 본능적 직감으로 어떤 순간에 어떻게 위치하고 재위치하는지 알아야 한다. 어느 길로 가야 나을지 알려주는 것도 이 본능적 직감이다. 최고의 경기복은 바로 T의 순간*에, 그러니까 가장 절묘한 순간에 스프린트를 담대하게 시도한 자에게 주어질 것이다.

분석하기, 묘사하기, 해독하기, 다 좋다. 그러나 현장 지형에서 실제로 있어 보는 것, 그것을 대신할 수 있는 것은 아무것도 없다. 결국 페달을 밟고 실제로 달려보는 게 가장 중요하다는 것을 결코 잊어서는 안 된다.

---

* Instant T. 여기서 T는 시간을 가리키는 TEMPS의 이니셜 문자이다. 계측적 시간이 아니라 본능적 육감의 찰나적 순간을 가리킨다,

스테이지 11: 에이메 – 포
호소와 선언

전날처럼, 투르 경기 초반부터 자주 그랬던 것처럼 스테이지 11은 육중한 스프린트로 마무리되었다. 현대 사이클 경기의 고전적 시나리오대로라면 펠로톤의 선수들은 우선 조절이 쉬운 브레이크어웨이로 처음 몇 킬로미터 달리다가 마지막에 가서 마치 독수리가 먹잇감에 돌진하듯 최종 결승선으로 돌진해야 한다.

이날 마르크스는 다시 한번 용감한 브레이크어웨이 선수 가운데 하나가 되었다. 이 마지막 생존자들은 '그날의 가장 전투적인 선수'라는 타이틀을 달 만하다. 경기 후 스포츠 TV 방송 무대에 초대받은 그는 이 기회를 활용해 하나의 선언 같은 메시지를 내보내기에 이르렀다.

"실패할 것을 알면서도 이렇게 강렬한 공격을 감행하며 몸을 던져 날리는 저는 미친 것일까요? 아니, 차라리 미친 사람은 최종 명단 선수 중에 익명으로 있는, 그러니까 폭발력을 보여주지 못한 채 그저 펠로톤 한가운데 비활동적으로 있는 선수들입니다. 그런 선수들은 무엇을 기다리는 걸까요? 스프린트 구간이 나타나면, 몇몇 선수들만 이걸 해내고 서로 꽃다발을 나눠 갖습니다. 하나같이 허벅지만 굵고 다 거기서 거기인 선수들이죠. 가만히 있느니 전 차라리 해보고 싶습니다. 불가능에 도전하고 싶습니다. 아마 여러분도 잘 알 것입니다. 한 동료가 말한 것처럼 '가능과 불가능 사이에 다른 건 글자 하나다.' 문제는 이것입니다. 우선 우리의 정신은 옛 관행에 젖어 있습니다. '평평한 구간은 스프린트로 마쳐야 한다. 그러니 그것을 명령하는 바이다.' 모두 이런 식입니다. 선수들은 이 도식이 너무나 몸에 배어서 어길 생각조차 안 합니다. 어택을 금지하는 법은 없습니다. 그렇다고 스프린트가 숙명도 아닙니다. 시합을 하는 자를 선수라고 합니다. 단지 두세 사람만 어택을 해서는 안 됩니다. 열 명, 스무 명, 아니 서른 명이 할 수 있습니다. 이런 기획이 미친 짓은 아닐 겁니다. 우리가 달콤한 몽상가가 되려는 것도 아닙니다. 우리는 투쟁을 좋아하는 자들입니다. 달리 말하면 우리를 정신 차리게 만드는 게 스프린터 팀에게는 가장 어려운 일일 겁니다. 단결이 곧 힘입니다. 뭉쳐야 삽니다. 우리가 충분한 숫자가 안 된다면 진정한 투지는 공격수와 팀원들 사이에서 생겨납니다. 투지만이 우릴 우승하게 해줄 겁니다. 우리는 스프린터들의 지배에서 벗어나야 합니다. 우리 사이클 경기의 비전을 다시 찾아야 합니다. 그림자 선수들에게도 권력을, 우리 자전거 프롤레타리아들에게도 권력을! 여기에 단 하나의 조건이 있습니다. 우리가 다 스프린터인 것도 아니고 등반가인 것도 아닙니다. 우린 무산자 계급이며 열심히 일하는 노동자입니다. 우리가 어떤 팀인가는 중요치 않습니다. 우리가 사이클 선수냐, 철학자냐, 벨로조프냐, 다 상관없습니다. 우리 모두 결집해야 합니다. 우리를 착취하는 지도자들을 위해 노동하는 것을 멈춰야 합니다. 훨씬 아름다운 사이클을 위해, 훨씬 스포츠다운 사이클을 위해 우리는 우리 장딴지의 힘을 한 곳에 모아야 합니다. 전 세계 노동자여, 단결하라!"

이 격정적인 편치의 강력한 담화를 들은 티에리와 로랑, 리샤르 같은 스포츠 TV 기자와 해설위원들은 눈가에 눈물이 그렁그렁했다. 이들도 당장 등에 번호를 붙이고 이튿날 스테이지로 출격할 기세였다!

감정의 파도가 몰려왔다 빠져나가자 티에리는 겨우 정신을 차리고 다시 기자로 돌아와 이렇게 지적했다. "당신이 희망하듯 우리 투사들은 하나가 되어야 합니다. 당신도 브레이크어웨이 15인 중 한 사람이 되어야 합니다. 펠로톤으로 복귀하고 싶은 마음을 이겨내야 합니다. 그렇다면 스테이지 우승은 어떻게 결정될까요? 여러분 가운데 누가 될까요?"

사실 마르크스는 이런 문제는 생각해보지 않았다. 승리는 공유할 수 있는 게 아니다. 질서를 전복하는 것은 좋다. 하지만 어떤 질서를 그 자리에 세우는가? 구체제를 대신하여? 투사들 진영 한가운데에서 일어나는 내부 전쟁은 어떻게 피할까? 단 한 사람밖에 승자가 될 수 없다면? 이것이 정말 문제다.

이 어려운 문제와 마주하기보다 차라리 마르크스는 기자들에게 실례를 구하는 편을 택했다. 지금 마사지 내기 시간이라 이제 방송국 세트장을 떠나야 한다고, 회복이 가장 급선무라고, 그래야 혁명도 온다고 했다. 그런 다음 이제 어떻게 우리 자신을 조직해야 하는지 보자고 속으로 생각했다.

스테이지 12: 포 – 페라귀드
조로아스터의 등산가

무미건조한 평원이 멀어져간다. 흥분을 일으키는 산이 다시 나타난다. 투르 경기는 이제 피레네로 들어섰다.

절제와 통제, 계측의 시간이 지나고 이제 위험과 과잉의 시간이 왔다. 바야흐로 조로아스터 영웅의 시간이자 민첩한 발의 등반가의 시간이 온 것이다. 디오니소스의 시간, 바로 니체의 시간이었다.

이른바 '콧수염 독수리'로 불리는 니체는 펠로톤이라는 이 집단 무리 속에서 숨이 막혀 죽을 것 같았다. 그래서 훨씬 더 잘 기습하여 앞으로 치고 나가기 위해 이미 몇 주 전부터 눈여겨 봐둔 그 유명한 포르드발레스에서 비상을 시도했다. 옐로저지를 입은 미국 팀 푸시맨의 개성 없는 템포를 참느라

지친 니체는 오르막길이 시작되는 데서부터 폭발적으로 달려보겠다 결심했다. 니체는 파워 테스트기를 곁눈질하면서 페달을 밟고 우뚝 섰다. 그리고 그 의지의 파워를 측정하는 기계 소리에 촉각을 곤두세운 채 그의 비밀병기인 칼로 찌르는 듯한 날렵한 어택을 감행했다.

이런 시도는 무모해 보이기도 했다. 거의 자살에 가까운 것이었다. 니체는 열망에 너무 취해 포르드발레스를 폭발적으로 올라가다 보니 순간 명철함을 잃어버린 것 같았다. 자신이 오르막에는 강하지만 내리막에는 약하다는 것을 결정적으로 간과한 것이다. 오르막과 내리막 사이 지렛대 역할을 하는 지점이 나오고, 그다음 이어지는 내리막길 첫 커브길에서 그는 그만 낙차하고 말았다. 다행히 심각한 부상은 없는 낙차여서 다시 일어나 속도를 밟아 달릴 수도 있었지만 너무 늦었다. 다른 리더 그룹들이 그를 제치고 지나가면서 이 조로아스터 등반가가 그토록 갈망했던 스테이지의 승리 기회는 사라져버렸다.

아, 그렇다면 별 소용없는 일격이었나? 꼭 그렇지만은 않았다. 왜냐하면 적어도 포르드발레스에서 우선순위로 들어와 산악왕 순위에서는 많은 포인트를 땄기 때문이다. 그래서 항상 인기 만점인 폴카도트저지는 걸칠 수 있게 되었다.

니체는 고독한 등반가이며 관객을 겁에 질리게 하는 인물인데 바로 그런 점 때문에 대중의 총아가 되었다는 점은 참 역설적이다. 그는 패자인데도 열성팬을 몰고 다니는 어마어마한 스타가 된 것이다. 투르의 인생길은 참으로 알 수가 없다.

스테이지 13: 푸아 – 생지롱
파스칼의 굴욕

프랑스 팀이 탄 버스는 선수들을 호텔로 데려가고 있었고, 버스 안에서 파스칼은 행복감에 젖어 있었다.

"옛날 옛적, 푸아 마을에는 간이 작은 한 선수가 있었다. 신앙 깊은 옛 남자 파스칼이었다.* 그는 이것이 마지막이라고 정말 믿었다."

그는 이제 자신을 비웃듯이 별로 아름답지 않은 단어들을 가지고 운을 맞추며 유희하고 있었는데, 몇 시간 전만 해도

---

*   스테이지 13의 출발 도시인 푸아(Foix)의 동음이의어인 '간'(foie)과 '신앙'(foi)을 유희하고 있다. 이어지는 바로 아래 문장에서 블레즈 파스칼이 별로 아름답지 않은 단어들의 운을 맞추며 언어유희를 했다는 표현은 그래서 나온 것이다.

그는 오만하지 않았다. 왜냐하면 끔찍한 페귀에르의 벽이 다가올 것을 알고 있었기 때문이다. 이건 거의 전쟁이 될 것이었다. 며칠 전부터 그는 건강 상태가 안 좋은 것을 느꼈고, 투르를 계속하는 것이 어렵다는 것도 알았다. 어제는 발레스였지만, 이제는 발레즈가 되었다.*

아프고 피곤한 이 신참자는 고통스러웠다. 이 스테이지는 짧지만 강렬해서 그를 분명 때려눕힐 터였다. 총길이 100킬로미터 이상 되는 고개가 세 개나 나온다. 죽도록 힘들다. 크로노미터를 가져가야 할 필요가 있었다. 운율 놀이는 충분히 했으니 파스칼이 왜 그렇게 죽을 애를 써야 했는지 알아보자.** 바로 제한 시간 때문이다. 모든 선수는 경기를 계속하려면 스테이지 우승자의 시간을 정확히 따져 주어진 시간 안에 결승점을 통과해야 한다. 짧고 강렬한 구간이란 지체 시간을 최대한 줄여야 하는 구간이다. 비(非)등반가에게는 불행이 몰려오는 구간, 온갖 종류의 고통으로 온몸이 마비되는 구간이다.

파스칼은 이 두 난국에 다 처해 있었으니 어떻게 여기서

---

* 발레스(balès)와 발레즈(balèze)에는 s와 z의 철자 차이가 있는데, s는 무성음(발음할 때 성대가 울리지 않는)에 가깝고 z는 유성음(발음할 때 성대가 울리는)에 가까워 기운이 없어 느리고 처지게 발음하면 s가 z가 된다. 지쳐 발음도 풀리는 파스칼을 비유한 표현이다.

** 프랑스어로 운을 맞춘다는 '리메'(rimer), 죽도록 애를 쓴다는 '트리메'(trimer)로 이것도 운이 맞는 조합이다.

벗어날 것인가? 수학 재능의 덕을 볼 것인가! 처음 몇 킬로미터 구간에서는 약간의 경쟁심을 되찾았다. 하지만 라트라프 고개부터는 도저히 안 되었다. 그래도 이완성을 띤 그루페토*라도 해야 했다. 이어 누적분까지 포함된 남은 시간을 계산하면 되었다. 해냈다. 파스칼은 30초가량 늦었지만 그래도 제한 시간 안에 도착했다.

그동안 이렇게 가련하고도 부질없는 생각을 한 그를 용서해야 한다. 걱정, 피로, 안도 등이 뒤섞인 감정, 이런 감성들이 정말 소중하고도 경이로운 사유를 하게 만드는 것이다.

---

* Gruppetto: 이탈리아어의 음악 용어로, 회음 또는 톤꾸밈음이라고 한다. 본음 위의 음에서 시작하여 본음과 그 아래의 음을 거쳐 본음으로 돌아오는 꾸밈음이다. 높은 고개를 힘겹게 올라가는 자전거 페달링을 비유한 표현이다.

스테이지 14: 블라냐크 – 로데즈
나 자신을 위한 생각들

파스칼과 마찬가지로 마르쿠스 아우렐리우스도 투르 경기 초
반부터 고통스럽게 달리는 선수들 부류에 속해 있었다. 그는
스포트라이트를 받는 것과는 거리가 멀었고, 주어진 시간에
만 들어와도 천만다행일 정도로 아무도 주목하지 않는 선수
였다.

아무도 그에게 관심이 없자, 마르쿠스 아우렐리우스는
그저 소박하게 '나 자신을 위한 생각들'*이라는 제목의 일기

---

*　　로마제국 제16대 황제인 마르쿠스 아우렐리우스는 학식 높기로 유명한 로
　　마 5현제 중 마지막 황제로, 대표적인 후기 스토아 철학자 중 한 사람이다.
　　그의 주저 『명상록』을 우회적으로 표현한 것이다.

를 써보겠다고 결심했다. 다음은 그 일부이다.

어느덧 경기 2주째. 하루하루가 갈수록 나는 점점 더 스토아적 영웅이 되어가는 것 같다. "버티고, 참아야 해." 이것은 에픽테토스가 나에게 줄기차게 말한 것이다. 나를 강박하고 나를 괴롭힐 정도로, 쉬려고 눕기만 해도 그 감독의 말이 환청처럼 들렸다. "자, 집중, 집중. 고통은 아무것도 아냐. 잊어야 해. 모두가 잊을 수 있어. 그리고 이미 잊었네. 자전거는 인내의 스포츠라고 내가 말하지 않았나. 고통과 피로와 대결하며 머리를 숙이고 등을 둥글게 말게. 그럼 선수 같은 기분이 들 걸세." 이건 말처럼 쉬운 게 아니다. 적용하는 건 여간 까다롭지 않다.

경기가 진행될수록 고통은 증가하지만 해내고 싶고, 해낼 수 있을 것 같은 마음이 굴뚝 같다. 한편으로는 홍보 과잉의 이 대중적 스포츠에서 빠져나와 가만히 무념무상 상태로 있고 싶다. 나의 친구와 가족들 곁으로 가고 싶다. 꿀물이나 한 잔 마시면 좋겠는데. 아, 기름기 많고 짜고 단 음식을 먹고 싶다. 몇 달 전부터 배척해온 모든 것을 다 누리고 싶다. 그러나 거기에 저항할 것을 명령하는 말이 들리기도 한다. "이 모든 나쁜 열정으로부터 떨어지게. 이 모든 쾌락을 꿈꾼들 그게 다 무슨 소용인가. 자넨 그걸 누릴 권한이 없다는 걸 잘 알잖아. 자넨 투르의 선수야. 그 미덕은 자네만의 지배력을 갖는 거야. 고행의 삶을 살아야 해. 금욕하란 말일세." 금욕하다. 나는 더 이상 금욕을 하지 않는다. 나는 금욕하는 것을 금욕하기를 꿈꾼다. 하지만 스토아적인 나는 스토아인으로 남아야 한다.

스토아 철학의 중심 요소는 우리에 의해 좌우되는 것과 우리가 아닌 외부 요소에서 유래한 것을 명확히 구분하는 데 있다. 그러니까 이 후자는 추상화하고(그도 그럴 것이 우리가 이보다 더 우세하지 않기에), 전자는 우리에 의해 좌우되는 것이므로, 이것은 우리가 행동하고 대처할 수 있는 것이므로 바로 여기에 온 에너지를 집중해야 한다.

악마같이 고약한 에픽테토스는 나에게 계속해서 연설을 해댔다.

"날씨 탓을 하지 말게. 자넨 신들의 힘을 가지고 있지 않아. 비를 내리게 하고 날을 맑게 하는 건 자네가 아닐세. 바닥에 쓰러져도 운명을 너무 탓하지 말게. 상대가 무너지길 바라면서 실력을 발휘할 생각은 하지 말게. 중요한 것은 낙차 이후 다시 일어서는 것일세. 생각해야 할 것은 자기 스스로 최선을 다하는 것이지."

뭔가 할 수 있는 곳으로 자기 의지를 향하게 하자. 자신에게 달려 있지 않은 것은 무시하자. 자, 그런 너를 보고 싶다. 외부 요소들은 어떻게 추상화할까? 폭우가 너를 덮칠 때, 추위가 너를 갉아먹을 때, 심한 배고픔이 몰려들 때, 이 외부 요소들을 어떻게 추상화할 것인가? 한탄스러워 땅을 칠 노릇일 때, 몸과 영혼이 치명적인 상처를 입었을 때, 한탄하지 않기란 어려운 일이다. 승리를 원하는 것, 바로 이것이 승리를 위한 필요조건임은 인정한다. 그러나 충분조건은 분명 아니다. 곧 알게 되겠지.

사실 고백하고 싶은 게 있다. 나는 스토아의 진정한 영웅이 아니다. 오늘 저녁, 투르든 투르가 아니든 나는 조금의 맥주를 나에게 허할 것이다. 하지만 쉿! 조용……. 에픽테토스에겐 말해선 안 된다.

스테이지 15: 레사크 – 르퓌앙블레
자본

경기 2주 차 마지막 날 스테이지 15 경기를 마친 저녁, 독일 선수들은 저녁 식사 후 비공식 토론을 위해 카페에 모였다. 경기 초반부터 지금까지 각 팀이 우승한 경기와 전체 성적표가 공개되기도 해서였다. 마르크스는 이 기회를 활용해 조심스러운 제안을 했다. 상금을 나눠갖자는 것이다.

통상적으로 팀 멤버들 각자가 탄 상금은 일종의 공동기금 명목으로 별다른 구분 없이 한데 모아놓는다. 이어 팀 선수들의 수로 나눈다. 그 일부는 스태프에게 간다. 암묵적 법으로는 투르 우승자는 동료들에 대한 감사의 표시로 자기 몫을 포기한다.

공동재산 및 재분배 원칙은 마르크스에겐 적절했다. 그

러나 그는 한 발 더 나아가고 싶었다. 수상과 상금 내역표를 자세히 살펴보니 1위에서 10위까지 격차가 있었다. 그닥 좋은 결과를 내지 못한 '작은' 팀이냐, 대함대급의 '큰' 팀이냐에 따라 상당한 차이가 있었다. 마르크스는 지배계급이기 때문에 지배계급에게 더 많이 분배하는 이런 시스템에 분개했다*.

"얼마나 수치인가! 돈이, 더 필요한 사람들에게 가는 대신 이미 모든 것을 독점한 자들에게 가서 축적되고 있으니. 베트남 같은 팀의 예를 보자. 이 팀은 구조적으로 거의 부를 축적할 수단을 갖고 있지 못하다. 따라서 이들은 탁월한 실력을 발휘할 수도 없고 상금을 탈 만한 성적을 기대할 수도 없다. 이런 팀에게 물적 자원과 재원이 더 우선되어야 한다. 그래야 좋은 장비 및 도구를 구입할 수 있을 것이다. 예비 프로그램 참여나 스태프 구성에도 다 재원이 들어간다. 간단히 말해 이런 팀의 실력 향상을 위해서는 돈이 절실하다. 그런데 미국처럼 이미 돈이 있는 팀들에게 모든 돈이 돌아간다. 푸시맨이 옐로저지를 차지한 후부터 매일 미국은 천 유로를 버는 셈이다. 키가 큰 자들은 키가 작은 자들이 자라는 것을 원치 않는다. 그들은 리더십을 유지하고 싶어 하고, 이것이 그들에게 실질

---

* 마르크스주의는 특히 자본가에게만 부가 축적되고 노동자는 더욱 궁핍해진 19세기 말 산업사회에서 노동과 자본이 그 모순을 여실히 드러내면서 탄생했디.

적 보상이 주어지는 이유다. 나는 다음과 같이 제안한다. 부의 집중이라는 이 편파적 시스템을 끝장내야 한다. 자본의 재분배가 더 이상 팀 내부에서만 이뤄지는 게 아니라 국가를 뛰어넘어 펠로톤 전체로 퍼져 나가길 희망한다."

"아니 미쳤어?" 알티히는 부들부들 떨며 말했다. "자네가 지금 반대하고 나선 건 스포츠 개념 그 자체야. 경쟁인데 동등하자는 거야? 정의대로 하자면 경쟁은 동등한 게 아니지. 출발선상에서 어떤 선수들은 크고 어떤 선수들은 작지. 어떤 선수들은 심박동 45로 뛰는 심장을 갖고 태어났어. 어떤 선수들은 굵은 장딴지를 갖고 태어났지. 스포츠는 원래 비정한 세계야. 그런데 자네는 더 이상 1등도 2등도 꼴등도 없는 스포츠를 원하고 있어. 요컨대 자넨 더 이상 1등만을 위한 스포츠를 원하지 않지. 그건 공상이고 위선이야. 자, 그냥 베트남 선수들이 알아서 해결하게 내버려 둬. 우리 앞에 놓인 마지막 주를 위해 에너지를 아껴두도록 해. 자네가 진짜 맞서 싸울 것을 아낌없이 발견하게 될 거야."

알티히는 그의 발언이 적어도 당분간이라도 마르크스의 정신 속으로 들어가 그의 신념을 조금은 흔들어놓았을 것이라 확신했다. 결국 독일 팀은 이 점수판에서 상당히 좋은 등수에 들었다. 이 소중한 자본을 탕진하는 것을 보는 일이 생겨서는 안 될 것 같았다.

휴식일: 마사지 또는 신체 심리학의 기술

투르 드 프랑스 기간 동안 선수의 일상에서 중요한 순간은 마사지의 순간이다. 휴식일의 시간표는 훨씬 느슨해서 운동으로 생겨난 아드레날린과 스트레스가 가라앉는다. 그럴 때 마사지 요원은 시합 초반부터 축적된 신체적 고통을 조용히 몰아내준다.

모든 운동선수들이 이 순간을 같은 식으로 파악하는 건 아니다. 어떤 사람은 마사지를 통해 전적으로 긴장을 푼다. 치료사는 근육을 너무 강하게 눌러서도 안 되고, 운동선수한테 경기에 관한 질문을 해서도 안 된다. 가령 디오게네스는 견유학파로 알려진 벨로조프인데, 그는 조용히 만져주는 걸 좋아한다. 거기에서 기쁨과 여유 그리고 이완의 순간을 발견한다.

치료사가 경기 같은 약간 진지한 이야기를 하려고 하면 달갑지 않다. 그는 말의 무게에 따라 확신을 갖는 것도, 자유로워지는 것도 아니기 때문이다. 더욱이 누가 자신의 고통에 대해 연민을 가져준다고 고통이 사라지는 것은 아니라는 걸 안다.

반대로 프로이트는 마사지 침대에 길게 누워 속내를 고백하는 것을 좋아한다. 윌리 회이디펠이라는 치료사에게 자신을 내맡기며 어떻게 사이클계에 들어오게 되었는지 설명한다. 자신의 눈부신 지적 여정과 자신을 늘 따라다니는 신체적 결핍 감정에 대해서도 말한다. 그리고 어느 날 꾼 이상한 꿈을 말해준다. 꿈에서 그는 사자와 권투 시합을 해서 이겼다. 그러자 아름다운 젊은 여인이 그에게 꽃을 가져다준다. 이어 그는 아인슈타인의 초청이 갖는 전조를 환기한다. 아인슈타인이 그를 '검출'하여 드한 경기에 참여하게 되지 않았나. 그때까지 그 안에 잠재되어 있던 욕망이 눈으로까지 튀어 올라왔고, 그의 운명은 이렇게 계시되었다. 그는 위대한 사이클 챔피언이 될 것이다. 운동선수로서 진정한 영웅이 될 것이다.

이제 그는 정말 사이클 선수가 되었고, 프로이트는 회이디펠에게 선수로서의 그의 영혼 상태에 대해 토로한다. 그는 사람들이 자신을 충분히 신뢰해주지 않은 것에 대해 서운함을 느낀다. 그에게 그저 울리그의 동료 역할만 맡겼으니 말이다. 그런데 울리그는 전체 순위에서 겨우 11위를 차지했을 뿐이다. 그는 자신만의 카드를 내보이고 싶었다. 그의 뱃속에 들어있는 것을 다 보여주고 싶었다. 그의 역량을 알려주고 싶었다. 하지만 단체 규칙들이 이를 가로막았다. 그의 깊은 충동적 본능을 억류하는 대신 마사지 치료사에게 다 말하고 싶었다. 마사지 치료사는 고해 신부처럼 그의 말을 경청해주었다. 물론 마사지사가 운동 감독은 아니니까 문제가 해결되는 건 아니었다. 하지만 적어도 프로이트의 마음을 강하게 만들어주는 이점은 있었다. 경기 3주차에 필요한 힘이 그에게 생긴 것이다.

이런 힘을 니체는 굳이 이런 마사지 치료사에게 가서 찾을 필요가 없었다. 이미 그 안에 있었으니 말이다. 현재 도트저지를 입은 선수에게 마사지는 도리어 함정이 될 수 있었다. 고요한 평정과 자기 집중의 순간이 그에게 있는 어떤 분개심을 촉발할 수도 있기 때문이다. 그는 평소 운동할 때는 낙천적이고 역동적인데, 이런 조용한 순간이 오면 지나간 사건들을 되새기게 된다. 이런 그에게는 조수의 집중적이고 열성적인 보살핌 외에 다른 어떤 것도 소용없다. 발레스의 내리막길에서 일어난 불행한 낙차는 다시 생각해도 후회막심이었다. 내리막길 전 차라리 샤산에서 이런 낙차가 일어났으면 어땠을까 하는 생각도 해보았다. 마찬가지로 투르의 마지막 주에 벌어질 수천수만 가지 시나리오도 떠올려보았다. 도트저지를 지킬 수 있을까? 마침내 스테이지 우승을 거머쥘 수 있을까?

아니면 체력 고갈과 낙차로 이어져 가장 힘들고 어려운 경기 후반부를 맞이하게 될까? 니체는 이 모든 상황을 예견하면서도 진지한 가면을 쓰고 이를 드러내지 않았다. 하지만 마음 깊은 곳에서 그는 늘 의심하는 자였다. 만일 그 어떤 것으로도 그의 몸이 되살아나지 않는다면 그의 정신은 결국 저 어둡고 깊은 쪽으로 향하여 하염없이 배회하게 될 것이다.

니체는 해로운 생각과 맞서 싸우는 법을 알고 있다. 되풀이 되는 감정은 곧 적개심을 가져오고, 이것이 다시 고통과 피로, 나태와 게으름으로 이어진다는 것을 잘 알고 있었다. 그는 필요하면서도 위험한 이 마사지 타이밍과 대결하기 위해 전략을 세우기도 했다. 그는 개인 조수인 피오도르 바그너에게 제한된 시간 안에서 가능한 한 세게 그의 근육을 눌러달라고 부탁했다. 따라서 그는 마사지로 인한 긴장 외에 다른 어떤 것에도 몰두하지 않게 되었다. 니체는 고통에 대한 즉각적 감정에 전적으로 순응하면서 분개심에 자신을 내맡기지 않을 수 있었다. 게다가 이상한 현상이 생겨났다. 운동선수는 이런 고통을 사랑하게 된다. 경주를 하면서 고통을 즐기듯이 마사지 침대 위에서 고통을 즐기는 피가학적 기쁨을 찾는다. 그러면서 살아 있는 감정을 느낀다. 여기, 그리고 지금 이 순간. 그 어떤 잡스러운 생각에 주의가 산만해지지 않고 말이다.

마사지하는 바그너의 손아귀에서 니체는 더 이상 어떤 배후가 있는 세계를 꿈꾸지 않는다. 그는 지금의 이 세계를 따르기로 한다. 투르의 시련을 받아들인다. 자신의 운명을 기꺼이 껴안는다. 불굴의 아모르파티*로 살아야 한다. 그럼으로써 새롭게 다시 태어나야만 하는 운동선수는 이제 자신을 초월할 준비가 되었다. 그는 투르의 챔피언이 될 준비를 하고 경기 3주째를 맞이하게 될 것이다.

*   amor fati: 직역하면 '운명을 사랑하다'이고, '운명애'(運命愛)로 번역하기도 한다.

어린 왕자

그랑 투르 3주차 경기는 항상 놀라움으로 가득하다. 지금까지 혁혁했던 선수들도 예상치 못한 실수를 한다. 초반에 복잡하게 경기를 풀어갔던 선수들이 후반에 오히려 실력을 드러내면서 모든 예측 결과를 뒤집어놓을 수도 있다.

이런 선수들의 좋은 예가 마키아벨리다. 그는 이탈리아인이지만 경험이나 기술 감각 때문에 그리스-라틴 팀에 속해 있었다. 하지만 시합 초반부터 지금까지 이렇다 할 만한 것을 보여주지 못했다. 그의 실력으로는 영국인들은 도메스티크라 부르고 이탈리아인들은 그레가리오라 부르는, 이른바 하인처럼 물병을 들고 다니는 역할밖에 주어지지 않았다. 그래서 그는 자신의 리더들인 소크라테스와 플라톤에게 싫은 기색 하나 내

지 않고 음지에서 그의 시간을 기다리며 기꺼이 헌신했다. 왜
냐하면 그의 시간이 올 것을 알고 있었기 때문이다. "효과를
발휘하려면 자신의 의도를 숨겨야 해." 이렇게 그는 속으로 되
뇌었다. 첫째 주에 반짝반짝 빛났던 스타들이 피로에 짓눌려
서서히 그 빛을 잃어갈 때 비로소 그는 발견되는 것이다.

마침내 때가 왔다. 소크라테스는 옐로저지를 쟁취하느라
너무 많은 힘을 썼고, 에트나 사건 이후 다시 컨디션을 회복하
는 데 너무 많은 에너지를 썼다. 그는 허무를 느꼈고 이제 단
한 가지만 열망하게 되었다. 투르 경기와 함께 이제 모든 것을
끝내고 은퇴하기로 말이다. 플라톤은 어떤가 하면 아직도 최
고의 젊은 신인선수에게 주는 화이트저지에 집착했다. 이건
거의 따놓은 당상이었다. 하지만 스테이지가 이어지면서 그
는 추격자들에게 너무 많은 시간을 허비했다. 현재 컨디션을
보건대 이 상황을 어떻게 타개해나갈 수 있을지 앞이 잘 안 보
였다.

간단히 말하면 그리스 선수들이 보여줬던 경기 초반의
당돌한 성공은 이제 기억에서 흐려졌고, 경기가 길어지고 후
반으로 가면서 이들의 경험 부족이 점점 더 환기되었다. 바로
이때 마키아벨리가 투입되었다. 그는 그의 동료들 같은 신체
적 능력을 갖지 못했다. 아니 그런 능력과는 거리가 멀었다.
하지만 다른 천부적 소질과 재능을 가지고 있었다. 바로 무대

앞 공간이 열릴 때까지 인내심 깊게 기다리면서 자신의 능력을 아낄 줄 아는 것이었다.

스테이지 16, 르퓌앙블레와 로망쉬르이제르 사이에서 무대 커튼이 바로 자신 앞에 열리게 될 것을 그는 직감했다. 론 계곡을 횡단할 때 측면에서 아주 강한 바람이 불어왔다. 갓길에 자리 잡기에 아주 이상적인 지형이었다.

갓길이란 무엇인가? 자전거가 돛이라면 선수들은 갈대다. 강한 측면 바람이 불어 선수들의 진행을 방해하는 경기 상황을 축약해 갓길로 빠지기 상황이라 부른다. 사이클 선수들은 자신을 보호하기 위해 이동하는 기러기 떼처럼 선수들끼리 조금씩 서로 삐져나오면서 부채꼴 모양으로 자리잡는다. 다만 기러기들이 하늘 전체를 점유하며 군진을 만드는 식이라면, 사이클 선수들은 제한된 도로를 나아가야 한다. 이 군진 제1열이 바람을 막기 위해 길 끝에 자리 잡는다 해도 펠로톤 전체를 다 막아줄 수는 없다. 어떤 선수들은 자전거에 몸을 완전히 파묻고 비스듬한 대각선 방향으로 자리를 잡는다. 하지만 이내 갓길 도로가 다 차서 더는 이 대열에 들어오지 못하고 만다. 선수들은 피난처도 없이 바람과 맞서 홀로 싸워야 하는 것이다. 한편 앞에서는 다섯 명, 열 명 또는 열다섯 명이 계속 로테이션을 해가며 힘을 합해 주행해나갈 것이다. 홀로 달리는 자는 아무리 강해도 서로 교대를 하며 함께 달리는 선수들의 리듬을 따라잡을 수 없다. '제쳐진 자'는 결국 떨어져 나가게 된다.

따라서 갓길은 관현악단 구성처럼 아주 잘 조직하면 가공할 무기가 될 수 있다. 아름다운 음악을 연주하려면 모든 악기가 조화를 이뤄야 한다. 바람이 적당히 강하고 방향이 일정하면 좋다. 갓길 도로가 깨끗이 비워져 있으면 좋다. 그러니까 길에 나무도 없고 집채도 없으면 좋다. 주행하는 길이 평평하고 곧게 뻗어 있으면 더 좋다. 그리고 너무 넓지 않으면 선수들이 얼마라도 대열에 진입할 수 있다. 결국 한 팀이 갓길로 빠지는 가장 적기의 순간을 감지하고 집단적으로 속도를 올리는 결정을 정확히 내려 이 갓길 도로로 얼른 몸을 내던짐으로써, 동시에 나머지 펠로톤을 놀라 자빠뜨리면서 이들을 산산이 부서뜨릴 수 있는 것이다.

로망쉬르이제르 도착점을 35킬로미터 남겨놓은 지점에서 마키아벨리는 모든 조건이 제대로 갖춰져 있음을 느꼈다. 선수들은 이제 숲지대에 들어섰다. 그런데 저 멀리 펼쳐진 숲 가장자리의 윤곽이 흔들리는 모습을 보니 바람이 곧 측면 쪽에서 불어올 터였다. 길은 평평한 듯하면서도 딱히 평평하지 않은 약간 내리막길이었다. 이런 상황이라면 이상적이다. 이 상황을 더욱 유리하게 활용할 필요가 있었다. 마키아벨리는 이어폰으로 그의 모든 동료들에게 즉시 펠로톤 앞쪽으로 모두 올라가라고 명령했다. 투르 초반부터 마키아벨리는 익명의 선수들 무리에 섞여 가면을 쓴 채 그저 주어진 리듬을 따라 가며 나아가고 있었다. 그러나 지금은 모든 것이 그의 수중에 있다. 그의 영광의 시간이 온 것이다.

펠로톤이 숲을 빠져나가기 조금 전 마키아벨리는 소크라 테스, 플라톤, 마르쿠스 아우렐리우스와 그의 동지들에게 앞 으로 가서 자리를 잡고 방향 전환을 시작하라는 신호를 보냈 다. 그는 일종의 도어맨 역할을 할 것이다. 도어맨은 대열의 보조와 속도를 조정하고 누가 이 대열에 들어가고 누가 못 들 어가는지를 결정한다.

선수들은 이제 숲지대를 완전히 벗어났다. 마키아벨리는 동료들에게 이제 거칠게 밀어붙일 것을 명했다. 즉각적 효과 가 나타났다! 1킬로미터 남짓 더 내달리니 전통적인 그룹 형 태의 펠로톤 대신에 7명, 8명, 10명 정도의 작은 그룹이 투르 경기 도로에 연속해서 만들어졌다. 이들은 바람과 맞서 싸우 느라 이런 조직 형태를 갖춘 채 선두 그룹이 지시한 보조와 속 도를 그대로 유지하고 있었다. 이 선두 그룹은 예외적으로 거 의 그리스-로마 팀원으로만 구성되어 있었다.

이들 선두 그룹은 결승점에 가서는 볼 수 없게 될 것이 다. 대영주이신 마키아벨리께서 이 스테이지 승리가 그의 동 료 팀원인 마르쿠스 아우렐리우스에게 돌아가도록 다 준비해 놨기 때문이다. 그렇지만 오늘의 수훈자는 단연코 마키아벨 리다. 그는 이 스테이지에 그만의 시그니처를 남겨놓았다. 적어도 당분간은 투르 시합이라는 이 대사교계를 좌지우지하게 될 인물이었다.

플라톤은 마키아벨리를 치하했다. 그도 그럴 것이 화이트저지는 이런 영리한 팀플레이를 한 팀의 일원에게 주어지기 때문이다. 플라톤은 마키아벨리에게 이런 별명도 붙여 주었다. 일 피콜로 프린키페, 즉 '프티 프랭스', 어린 왕자.* 그레가리오 마키아벨리는 도로 주행에서 캡틴으로서의 역할을 톡톡히 해냈다. 별 볼 일 없어 보이는 물 심부름꾼이 사실은 전략전술의 귀재였던 것이다.

그렇게 완벽한 전략적 타격이 어떤 아이디어에서 나왔느냐고 누군가 묻자 마키아벨리는 겸손하게 우연이 이 상황을 만들어냈다고 대답했다. 그리고 그의 재능, 아니 그의 덕성이라면 그저 그때 우연히 당도하신 아이올로스 신을 행복한 포르투나** 신으로 바꾼 것밖에 없다고도 말했다.

---

* 　마키아벨리의 『군주론』의 군주를 어린 왕자로 재미있게 패러디한 표현이다. prince(왕자), principle(군주 또는 원칙)은 모두 prin(첫 번째)이라는 어원에서 파생했다.
** 　로미 종교에서 풍요의 번영을 가저다주는 운명의 신.

스테이지 17: 라뮈르 – 세르슈발리에
하늘은 스스로 돕는 자를 돕는다

버스에서 선수들은 출발 전 준비를 했다. 특별한 긴장이 감지되었고, 서로 주고받는 말도 거의 없었다. 으레 시끌벅적하게 마련인 이 집단생활 공간에서 거의 묵상하는 듯한 침묵이 감돌았다.

지금 장난하거나 수다를 떨 분위기가 아닌 것은 그들을 기다리고 있는 다음 스테이지가 최악으로 끔찍하다고 예고되었기 때문이다. 그들은 출발부터 오르농 고개를 넘어가야 했다. 그러나 다음에 나올 메뉴와 비교해보면 이건 새발의 피였다. 크루아드페르와 거기서 25킬로미터나 이어지는 울퉁불퉁한 비탈길, 이어서 거의 단테풍인 고도 2,700미터 이상의 텔레그라프 – 갈리비에 고개 정상까지, 도합 45킬로미터 이상의 오르막길을 통과해야 했다.

　7월의 대미사는 종교가 깃든 스포츠 시합이다. 사이클 선수들의 상당수가 기독교 신자다. 출발 전 그들은 성호를 긋고 모든 게 잘 이루어지게 해달라고 기도한다. 낙차를 피해주소서, 이 산 끝까지 무사히 지나가게 해주소서, 힘을 북돋아 주소서⋯⋯. 여기에서는 종교에 의지하지 않을 수가 없다. 다들 어떤 것이라도 갖다놓고 나름 성스러운 의식을 치른다. 출발 전 한 시간가량 성서, 그러니까 로드북을 마지막으로 정독한다. 몇 분 후 성찬을 대신하여 커피, 에너지 충전 쿠키 등 이른바 금식 기간의 가벼운 식사가 나온다. 이어 의례복인 반바지와 등번호판 두 개를 핀으로 앞뒤로 고정한 경기복을 입을 시간이 온다. 아, 그리고 2년 전 신고 달려 우승한 행운의 양말을 다시 꺼내 신는 것도 잊지 않는다. 중요한 경기 때마다 다시 신어야 할 양말이다. 선수들 목소리가 잘 들리는지 이어폰도 테스트해야 한다. 이제 마지막으로 출발 20분 전 다리 위에 기름을 바르는 도유식이다. 실제로 이런 게 효과가 있는지 어떤지는 모르지만 그래도 뭐라도 하면서 신비효과를 바라는 의식 행위이다.

　선수들은 골고다 언덕을 올라갈 준비가 되었다. 이제 독실하고 열성적인 신도들의 박수갈채를 받는다. 신도들은 그들의 우상이 비상하는 장면을 보기 위해 진작부터 길가에 나와 있다. 선두 선수들, 이 아스팔트 길의 신들을 경배하라. 한편 맨 뒤에 달리는 선수들, 이 가련한 순교자들은 연민과 긍휼의 위로 대상이다. 결과가 대수인가. 일등이 있으면 꼴등도 있고, 선두 선수들이 꼴찌 선수들이 될 수도 있다.

"이 모든 게 다 얼마나 슬픈 광경인가." 니체는 이 모든 준비과정과 스테이지 17의 출발을 둘러싸고 벌어진 신비의식 같은 열광과 도취를 관찰하며 이렇게 혼잣말했다.

뭐라고? 마르크스와 프로이트도 이 우스꽝스럽기 짝이 없는 비장한 의식에 고개를 숙였다고! 이 가련한 자들은 자신들이 무엇을 하는지 모르나니……. 그들의 온갖 동작, 온갖 의식, 마법의 부적, 다 그들을 안심시키기 위한 도구일 뿐이다. 그들은 무엇이 두려운가? 고통을 느끼는 것이 두렵다. 끝까지 갈 수 있을지 걱정이다. 그들은 정말 이렇게 말할 수 있기를 바랐다. 내가 그걸 해냈어요! 나는 참가했어요! 아, 이런 야망 부족이라니.

니체는 적어도 모든 것을 얻기 위해서라면 모든 것을 버려도 좋다는 각오였다. 그는 맨 마지막 선수라는 울적한 평온 속에 묻히기보다 승자로서의 위험한 삶을 택했다. 그는 교부인 성 바울의 한 문장을 떠올렸다. "얻기 위해서는 달려라." 참신자라면 자신을 노출하고 폭로해야 한다. 담대한 내기 속으로 자신을 던져야 한다. 가장 위대한 것을 찾으러 가야 한다.

냉정한 안전을 너무 확신하지 말고. 야망에 찬 것이 곧 불안에 찬 것이 되는 원(原)종교의 슬픈 도착(倒錯).

니체는 우승을 위해 달릴 것이었다. 크루아드페르 앞에서 겁에 질린 이 모든 우상들을 비웃으며 그는 스테이지 초반부터 어택을 감행했다. 그는 갈리비에 정상에 이르는 긴 오르막길을 장악하며 그날 경기의 대부분을 단독 선두로 달렸다. 마침내 그는 세르슈발리에에서 신동 같은 무훈을 보여주어 경쟁자들보다 2분 이상 앞서며 우승을 차지했다. 투르의 절정이었다.

스피노자 역시 이런 모든 사이비 신성 의식을 조롱했다. 환상에 가득 찬 신앙, 잘못된 가짜 종교. 그는 이것을 다 미신이라 불렀다. 옐로저지를 받은 미국인과 격차를 벌이기 위해 신의 의지를 따를 생각은 없었다. 그렇게 선을 되찾으면 뭐하는가. 자신의 선을 찾을 용기를 잃어버린 자들에게 너무나 쉬운 해결책이 되는 종교는 한마디로 '무지한 피난처'였다. 그는 심사숙고했다. 계획을 짜보고 계산을 해가며 작전을 그림으로 그려봤다. 이제 푸시맨을 함정에 빠뜨리기 위해서는 갈리비에 내리막길에서 공격을 감행하면 된다.

옐로저지를 탈환하기 위한 그칠 줄 모르는 욕구로 그는 몸이 달아올랐다. 중력의 법칙을 거스르듯 자신의 운명을 향해, 투르 드 프랑스 최종 우승을 위해 멈추지 않는 포탄처럼 날아올랐다. 푸시맨은 깜짝 놀랐다. 이런 공격은 정통한 전략에서 나온다. 그는 스피노자를 따라 하려고 했지만 구불구불한 내리막길 하나에서 그만 실수를 범한다. 낙차는 경미했다. 푸쉬맨은 다시 일어섰다. 너무 늦었다. 스피노자가 쏜살같이 그를 앞질렀고, 상황은 종료되었다. 미국인은 패했다. 그는 다시 돌아오지 않으리라.

　　슬픈 열정이 패배한 것이다. 강한 열정에 한 방 먹은 것이다. 니체가 그 드높은 야망으로 자신을 먹여 살릴 이유를 갖게 된 것처럼, 스피노자는 자신의 존재와 자신의 탐색 속에서 자신을 지킬 이유를 갖게 될 것이다. 목표에 도달하기 위해 오로지 그 자신으로 다시 돌아갈 이유를 갖게 될 것이다. 이 목표에 그는 거의 도달해 있었다. 그러나 승리를 인정받으려면 아직 며칠이 더 있어야 했다. 그래야 투르가 완벽해질 것이다. 기쁨이 만방에 표명될 것이다. 할렐루야!

스테이지 18: 브리앙송 - 이조아르
행복한 사이클 선수를 상상해야 한다

투르의 마지막 산악 구간, 이조아르 고개 꼭대기에서 샹젤리제를 내려다보면 시야가 확 트였다.

어제의 하루가 모든 사람에게 힘들었다면 오늘 하루는 그보다 나았다. 훨씬 쉽다는 것뿐 아니라 선수들은 이제 여기서 마지막 노력을 다해야 한다는 것을 알았다. 드디어 길의 끝이 보였다. 투르 생존자들에게는 휴식이 임박했다는 것이 오히려 동기 부여가 되었다. 진정 그들의 목표를 달성해야 할 때가 왔다. 이 스테이지의 끝에 이르면 이제 웬만한 상황은 끝이 난다.

정말 그럴까? 3주 동안의 각고의 노력과 움직임이 끝나가는 지금, 선수들 마음 저 깊은 곳에서는 이제 정말 여기까지

왔구나 하는 안도감이 들었을까? 이조아르를 올라가면서, 투르의 이 마지막 고개를 넘기 위해 죽도록 고생하면서 그들은 그 모든 고통과 괴로움이 며칠만 있으면 정말 끝이 나는 걸까 의문이 들었다. 이 투르 일주의 버클이 정녕 완전히 잠기는 건지……

갤리선을 젓는 도형수처럼 길 위를 달리는 이 라이더 도형수들은 시합 도중 도대체 몇 번이나 이번이 마지막이라고 다짐하고 각성했던가. "아, 이건 너무해. 다 그만둘 거야. 이번이 정말 마지막이야." 이 마지막 페달링의 윤곽이 거의 드러나는 지금, 경이와 향수가 뒤섞인 가운데 모두가 이 투르 경기 내내 정말 행복했었음을 비로소 깨닫는다. 가장 어려웠던 순간을 비롯해 낙차 후, 그리고 체력 고갈 후 찾아온 숱한 의심의 순간들마저. 이조아르를 목이 쉬도록 숨 가쁘게 올라가는 지금만 해도 그들은 행복하다. 이 3주 내내 중력과 싸웠고 근육에 쌓인 독소와 맞서 싸웠다.

하데스의 산 정상까지 바위를 영원히 들어올려야 하는 형을 선고받은 시지프스처럼, 사이클 선수들도 고개를 힘겹게 오르고 나면 다시 곧장 내려가야 하고 이내 또 올라가야 하는 형을 선고받았다. 하지만 이런 형벌이 영원히 주어진 것은 아니라는 것을 깨달은 순간 갑자기 우울해지는 것이다. 이제 이런 고통이 며칠 후면 사라지고 말 거라고 생각하니 서운하기 짝이 없는 것이다. 왜냐하면 그들이 결국 사랑한 것은 바로 이런 고통이기 때문이다.

파스칼, 스피노자, 마르크스, 니체, 소크라테스, 플라톤, 프로이트 그리고 다른 모든 사람들이 거품을 흘릴 정도로 고통받았다. 하지만 이렇게 혹독한 노력으로 땀을 흘리는 동안 이 모험을 다시 하고 싶다는 생각에 또 침이 돈다. 누르 경기 마지막에 가서는 선수들이 완전히 지쳐 얼굴을 알아보지 못할 정도로 일그러졌지만 혈색은 너무 좋다. 이게 잠 부조리해 보일 수 있다. 그러나 지금 정말 행복하다.

스테이지 19: 앙브룅 – 살롱드프로방스
신화들

투르 경기의 진정한 마지막 스테이지. 이튿날로 예정된 마르세유 거리에서의 결정적 타임트라이얼, 그리고 그 다음날 열릴 샹젤리제에서의 시상식이 기다리고 있으니 벌써 축제 분위기다. 긴장이 풀리는 분위기가 펠로톤에서도 감지되었다. 영화의 엔딩 신처럼 드라마적 긴장이 가라앉는 것이다. 시상식 무대도 기지개를 켜기 시작했고 다른 부수적인 몇몇 행사가 준비되었다. 투르 관련 기사들이 오락거리처럼 보너스로 제공되었다. 물론 경기는 아직 끝나지 않았다. 그러나 중요한 고비들은 넘겼다. 투르의 핵심은 이미 완성되었다. 이런저런 순위도 확정되었다. 수상자 명단을 보자. 옐로저지에 스피노자, 최고의 스프린터에 자델, 도트저지에 니체. 최고의 젊은 선수에게 주는 화이트저지만 아직 잠정적인데, 플라톤이 유력하지만 그의 뒤를 바짝 추격하고 있는 스페인 선수 미구엘 아베로에스보다 겨우 26초 앞서 있다. 마지막 난국, 아니 마지막 플롯의 대단원을 기다리며 앙브룅으로 출발하는 동안 벨로조프 팀은 우선 첫 번째 결산을 해봤다. 이 위대한 미친 모험에서 과연 무엇을 얻어냈는가? 자긍심? 당연하다. 끝까지 종주한 것만으로도 이건 충분히 미쳤다. 그들은 해냈다! 그런데 뭘 해냈는가? 투르 우승? 꼭 그것만은 아니다. 그렇다고 벨로조프들이 참가한 것에만 만족하는 건 아니었다. 그들은 우승을 위해 싸웠다. 그들의 야심찬 기획을 버린 것도 아니다. 언론의 호기심 그 이상을 그들은 보여주었다. 그들이 진정한 선수라는 것을 보여주었다.

스테이지 출발 전 잠시 주어진 몇 분 간, 앙브룅 호수에 비친 자신의 반영을 바라보며 소크라테스는 나르키소스를 생각해본다. 고향에서 사냥을 하다 늪지를 만났고, 그 늪지에 얼핏 보인 자신의 반영과 사랑에 빠진 나머지 거기서 떨어져 나오지 못해 결국 죽게 되는 나르키소스.

이 신화는 보통 자기 자신에 대한 과도한 사랑을 경계할 때 소환하곤 한다. 나르키소스는 너무 자기 집착적인 것이 죄가 되는 부정적 영웅으로 알려져 있다. 그러나 소크라테스는 이 신화를 다르게 읽는다. 그에게 나르키소스의 태도는 존경

할 만하다. 왜냐하면 그 태도는 영웅적 위대함을, 즉 위엄 있고 상징적인 어떤 열정에의 전적인 몰두를 보여주기 때문이다. 그 열정이란 바로 그 자신에 대한 열정이다.

망아(忘我)를 명령하는 모든 이타적 도덕에 무심한 나르키소스는 끝까지, 죽을 때까지 이기주의를 받아들인다. 어떤 이들은 어리석은 허무라고 말할 것이다. 그러나 소크라테스는 비극적 고귀함이라 생각한다.

앙브룅 호수 앞에서 오늘 이 그리스 벨로조프에게 귀족적 후광이 드리워진다. 그는 야망의 끝까지 간 것에 대해, 어떤 위대한 일에 자신을 내맡긴 것에 긍지를 느낀다. 나르키소스처럼 어중간한 선에서 만족하지 않는 것에 긍지를 느낀다. 그는 이제 결정적으로 조용히 떠날 수 있다. 사냥 시합은 종결되었다. 소크라테스는 스테이지 19 출발 명단 서류에 서명하지 않을 것이다. 그는 페달보트를 빌리는 편이 더 나을 거라 생각했고, 더 말하지 않고 혼자 호수로 가서 자기 이야기에 코웃음을 치고 싶었다.

그리스-라틴 팀 대장이 한 발 뒤로 물러나 있을 때 젊은 가드가 앞으로 올라왔다. 플라톤이 화이트저지 수호에 집중하며, 특히 이튿날의 결정적 타임트라이얼을 위해 힘을 아끼는 동안 아리스토텔레스는 그에게 주어진 마지막 기회를 잡았다. 아침 브리핑 때 에픽테토스는 간단한 연설을 했다. 각자 남은 힘에 따라 자신이 이해한 대로 자유롭게 달리라는 것이었다.

살롱드프로방스 방향을 향해 가면서 아리스토텔레스는 마지막의 미친 브레이크어웨이를 감행했다. 그리스의 이 젊은 선수는 지금까지는 팀원으로서 맡은 일을 하는 데 주로 만족하며 투르에 대해서는 충분히 신중한 입장을 드러냈다. 하지만 신중함이 소심함을 뜻하는 건 아니다. 아리스토텔레스에 따르면 이 개념은 실천적 지혜의 형태다. 자신을 드러낼 절호의 기회를 두 개의 과잉 사이 그 정확한 중간 지점에서 찾았다. 신중함은 용기와 호환 가능하다. 비겁함(어택에 대한 두려움)과 무모함(지나친 대담함, 실패할지 모를 공격의 운명을 알면서 빠져나가기) 사이의 딱 중간 지점, 아리스토텔레스가 투르 스테이지 19 브레이크어웨이에 참여하여 증명한 게 바로 이런 용기였다.

살롱드프로방스로 가는 길 위로 뜨거운 땡볕이 내리쬐고 있었다. 선두를 달리는 선수 12명은 더욱 녹초가 되어 거의 쓰러질 지경이었다. 앞으로의 전진이 힘들었다. 선두를 차지하기 위해 10여 분간 사력을 다해 다투는 펠로톤 내에서는 이런 분위기가 더욱 심했다. 스테이지 우승을 노리는 자라면 브레이크어웨이를 시도하게 마련이다. 아리스토텔레스는 용기를 내서 해보고 싶었지만 결승점 30킬로미터를 남겨놓고 자신에게 닥친 무감각 상태를 느꼈다. 자신에게 주어진 기회를 지켜낼 수 있을지 의심이 들기 시작했다. 다행히 바로 그때 펠로톤 한가운데 있던 플라톤이 이어폰을 통해 자신의 동료를 응원했다.

플라톤과 아리스토텔레스는 처음에는 경쟁했지만 3주간의 경기를 통해 참된 우정을 맺었다. 특히 아리스토텔레스가 플라톤이 피레네를 횡단하는 동안 화이트저지를 수호하도록 도운 후 그들의 우정은 돈독해졌다. 플라톤은 오늘 옐로저지를 다투는 리더인 아리스토텔레스가 이번엔 자신을 필요로 한다는 것을 직감했다. 그는 둘을 연결시켜주는 무선 전화기를 통해 브레이크어웨이를 감행하도록 자극했다.

"아리스"하고 먼저 불렀다. "힘든 줄 너무 잘 알아. 태양이 작열하는군. 피로가 더할 거야. 하지만 이 하나만 생각하게. 자네 옆에서 브레이크어웨이를 하는 선수들도 다 마찬가지라네. 내가 분명히 말하지. 펠로톤 안에서는 다 비틀거려. 오늘의 승자는 가장 강한 자가 아냐. 가장 원하는 자, 가장 높은 곳을 겨냥하는 자야. 그런 자가 돼보게! 태양을 두려워하지마. 그냥 그건 좋은 거라고 생각해. 자네에게 좋은 거라고 생각해. 자네에겐 그것이 승리와 동의어야. 태양을 향해 이카로스처럼 날아. 높이 비상하란 말이야! 아마 자네 날개가 다 불탈지 모르네. 하지만 아마 그러면 자넨 태양을 따낼 걸세."

이런 말들이, 이런 디테일이 중요한 건 아니다. 하지만 아리스토텔레스로서는 이것이 더 많은 걸 말해주길 바랐다. 플라톤과 자신을 하나로 만들어준 우정이 이젠 각자의 이해관계나 어떤 이론적 대립을 뛰어넘기를 바랐다. 이런 믿음이 생기면 더 높은 목표에 도달할 수 있을 거라고 생각했다.

갑자기 평온해진 아리스토텔레스는 공격을 감행하며 이날 일정의 마지막 난관을 활용하기로 한다. 이제 선두에서 그 명예로운 성공을 위해 비상한다. 그는 단독 선두에 섰다. 탈수 현상으로 날개가 떨어져 나가시만 않는다면, 추격자들이 그를 잡아먹지만 않는다면 선두를 빼앗기지 않을 것이다.

끝까지 갈 수 있을까? 미스터리다. 우리가 아는 것은 바로 소크라테스를 본받아 아리스토텔레스가 감히 불가능에 도전할 것이라는 사실이다. 이것이야말로 숭고한 가능성의 필요조건이다.

스테이지 20: 마르세유
우울 치료제

"잇 원트 비 롱, 예, 예, 예! 잇 원트 비 롱, 예!"(It won't be long, yeah, yeah, yeah! It won't be long, yeah!)

마르세유 타임트라이얼 경기를 하기 전 홈트레이너 위에 올라 워밍업을 하던 앙크필은 비틀스를 들으며 동기 부여를 해보려고 했다. 정말 그렇게 되지 않는다 하더라도 이 곡이 운동에 딱 맞는다는 생각이 들었다.

"길지 않을 거야." 정말일까? 투르 종합 순위 11위인 그는 너무 경험이 많아 크로노미터가 항상 어렵다는 것을 알고 있었다. 참기도 힘들고 끝나도 끝난 게 아니라는 것을 결코 모르지 않았다. 앙크필은 이 절대적 고통과 대적할 힘이 느껴지지 않았다. 그래도 마음속으로 이 크로노를 해내리라, 아니 그의 손으로 해내리라 마음먹었다. 어쨌든 프랑스 팀의 경기는 글렀다. 우승한 스테이지가 하나도 없다. 소소한 몇 가지 공로 외에 대략 다 실패다.

사르트르는 이 곡을 듣지 않았어도 그의 선수가 워밍업을 어떻게 하는지 보면서 곧 이 선수의 무력감을 눈치챘다. 이 프랑스 팀 매니저는 그러잖아도 이 선수가 경기에 너무 집착하는 것에 대해 인상을 찌푸린다는 것을 잘 알고 있었다. 하지만 프랑스 팀의 이 리더는 고독한 노력가였다. 그런 그가 의욕 부재로 그날 스테이지에서 좋은 등수를 낼 수 있는 기회를 놓친다면 얼마나 유감인가. 이 챔피언 선수의 딜레탕티즘을 관리하는 데 익숙한 사르트르는 앙크필에게 약간의 용기를 주려고 해보았다. "자, 마지막으로 조금만 기운을 내봐. 파리에 가면 이제 영광이 기다리고 있어. 축제가 있어. 오늘 저녁부터는 당장 자네가 좋아하는 식사를 해. 구운 양고기, 감자튀김, 상그리아.* 크로노에서 상위 5위 안에만 들면 돼. 자, 기운을 내자. 자네가 막 완수한 3,500킬로미터에서 이제 딱 20분만 더 힘을 쓰면 된다고. 명예로 가득한 삶을 맞으려면 몇 초간의 고통만 참으면 돼, 알겠어?"

"나도 원해요, 장 폴! 하지만 조금도 못 하겠어요." 앙크필

---

* 직포도주에 과일 조각을 담기 설탕, 향료를 담은 음료.

은 하소연했다. "정말 지쳤어요. 배터리가 없어요. 기름이 없어요, 아니 정수가, 본질이* 하나도 안 남았다고요."

"기름 따윈 중요하지 않아! 그건 나중에 줄게. 경기가 다 끝나면 말이야. 지금 중요한 건 어떤 걸 택할지 자네 스스로 결정하는 자유야. 탈락만큼은 안 되고 이 크로노를 조용히 실행해서 눈에 잘 띄지 않는 편안한 자리를 차지하거나, 아니면 마지막으로 사력을 다해 철저히 온몸을 불사르는 거야. 전 국민이 자랑스러워할 정도로 말이야. 둘 중 하나를 선택하는데, 결정은 자네가 하는 거야. 무욕의 초연이냐, 욕망의 도취냐. 그러니 기름이 없다는 말은 나한테 하지 마. 내가 어마어마한 진리로 자네 말을 반박할 테니까. '실존은 정수에, 본질에 앞선다.'** 바로 이거야. 행동하지 않으면 어떤 것도 쓰여지지 않아.

사르트르가 선택은 그에게 달려 있다고 했지만 그건 별 의미 없는 말이었다. 그도 그럴 것이 이 매니저의 한쪽으로 쏠

---

* 원어는 'essence'이다. 핵심, 정수라는 뜻도 있지만, 자동차 기름, 정유(精油), 휘발유, 가솔린 등의 뜻으로도 쓰여 '배터리'에 이어 이 단어를 중의적으로 썼다.

** 사르트르 철학에서 말하는 실존은 'existence'로 'sister'(존재하다) 앞에 외부/밖을 뜻하는 접두사 ex가 붙는 반면, 정유, 정수, 핵심, 본질, 실체 등 다양하게 번역되는 'essence'는 저 깊은 안쪽 내부의 핵을 상정한다.

린 눈이 좌우지간 이 크로노를 철저히 실행하라는 말을 하고 있다고 앙크필은 이해했으니까. 앙크필은 워밍업을 하면서 곡을 바꿨고 다시 극렬하게 속도를 올렸다. 비틀스 같은 약간 처지는 노래 다음에는 생각을 좀 긍정적으로 바꿀 때였다. 그 래서 롤링 스톤스의 〈타임 이즈 온 마이 사이드〉를 들었다. 시 간은 내 편이다. 그렇다. 실제로 시간은 프랑스 챔피언 편에 있게 될 것이다. 헌신적인 크로노의 주자로서, 앙크필은 마르 세유 거리에서 고독한 질주를 하며 영국 선수 브래들리 러셀 을 몇 초 앞지르며 최고 득점을 했다. 그 누구도 이보다 잘할 순 없었다. 투르의 마지막 경기일 전야. 앙크필은 자신의 기록 을 끌어올리면서 프랑스 팀에 기대하지 않았던 스테이지 첫 승리를 가져다주었다.

그리스-로마 팀에게는 굳이 이런 구제가 필요 없었다. 이미 성공했기 때문이다. 만일 플라톤이 화이트저지를 지켜 내는 데 성공한다면 정말 이례적인 일이 될 터였다. 하지만 쉽 지 않으리라. 미구엘 아베로에스가 매복하고 있기 때문이다. 이 선수의 타임트라이얼 퀄리티는 뛰어나서 지체된 시간을 비교적 쉽게 만회할 수 있을 것 같았다. 20킬로미터가 넘는 구 간 동안 고독한 노력으로 레이스를 마친다면 26초는 아무것 도 아니었다. 때문에 플라톤은 스트레스를 받았다.

　워밍업에 집중한 이 젊은 헬레나이 라이더는 점점 올라

오는 스트레스를 감춰보려고 노력했다. 하지만 평소와 다른 감춰진 표정이 오히려 그의 불안을 드러내주었다. 내가 그만큼 해낼 수 있을까? 내가 좋은 기어비를 선택했을까? 내가 빨리 출발해야 할까? 아니면 마지막을 위해 유보해야 할까? 내 감각들은 잘 살아 있나? 아베로에스가 결국 광명을 보겠지? 플라톤은 제멋대로 상상했다. 이런 상상은 그를 안심시키는 게 아니라 더 불안하게 만들었다. 결과를 도통 알 수 없으니 말이다.

감독의 역할이 필요하다면 바로 이런 순간이다. 감독은 선수가 가진 의심을 좋은 에너지로 바꿔줄 줄 알아야 한다. 에픽테토스는 이를 위해 변증법을 사용했다. 소크라테스가 이를 적절히 사용하는 것을 본 후로 플라톤에게 이런 방법이 효과가 있을 것임을 알았다.

"플라톤, 보게나. 자네에게는 두 개의 다리, 두 개의 팔, 그리고 하나의 심장과 하나의 머리가 있지? 아베로에스도 똑같지 않나?"

플라톤은 이런 논리를 굳이 반박할 수 없었다.

"자네 경쟁자와 똑같이 자네도 두 발 달린 동물 아닌가?" 에픽테토스는 계속했다.

"물론 그렇죠. 그래서 결국 어떻다는 건데요, 코치 님."

"플라톤, 아베로에스를 상대하면서 어떤 콤플렉스도 갖지 말라는 걸 자네에게 알려주려는 거야. 왜냐고? 자네도 그와 비슷한 구조의 인간이니까. 그런 생각 안 드나?"

"당연하죠. 하지만 누군가의 다리 두 짝이 다른 누군가의 다리 두 짝보다 훨씬 강할 수 있고, 심장 하나가 더 빠를 수 있고, 정신 하나가 더 명철할 수 있어요."

"쯔쯔쯧," 에픽테토스는 플라톤의 말을 가로막으며 말했다. "아직도 부정적인 생각을 하고 있구먼. 자네 경쟁자가 어떻든 간에 신경쓰지 말래도! 비교하지 말라고! 자네가 통제해야 하는 건 바로 '자네의' 근력, '자네의' 항력! 자네가 할 줄 아는 대로만 라이딩을 하란 말이야. 자네의 걱정과 불안은 아무런 근거가 없는 거야. 아직도 납득이 안 되나?"

플라톤은 겨우 약간 납득이 된 듯 싶었다. 그런데 벌써 크로노 출발지로 가야할 때가 되었다. 눈살이 찌푸려지고 심장이 무거워 고통스러워진 플라톤은 '발사대'를 향해 나아갔다. 10분, 5분, 3분…… 시간은 믿을 수 없을 정도로 천천히 흘러갔다. 1분, 30초, 5초…… 드디어 진짜 시련과 시험에 몸을 날릴 순간이 도래했다. 20분 내에 플라톤은 알게 된다. 그의 배에 무엇이 들어 있는지, 그가 어떤 유형의 선수인지, 미래를 기대해볼 만한지 아닌지.

크로노의 마지막을 기다릴 필요가 전혀 없을지 모른다. 5분이 지나자 플라톤은 이미 알았다. 그의 감각은 예외적이었다. 그에게 어떤 다른 것도 올 수 없었다. 아베로에스의 퍼포먼스가 어떻든 간에 플라톤은 확신이 들었다. 절대 이 스페인 라이더는 그만큼 최고의 시간대를 실현하지 못하리라. 노트르담드라가르드의 그 가공할 오르막길에서 이 젊은 헬레네인은 거의 초월한 기분을 느꼈다. 가장 높은 정상에라도 닿을 수 있을 것 같았다. 정말 너무나 드문 유동성으로, 강렬한 기어비로 바퀴를 돌리면서 플라톤은 자전거의 본질, 자전거의 정수, 아니 그의 사상의 정수인 이데아에 닿는 기분이 들었다. 벨로조프의 지혜를 얻기 위해 이토록 고행의 노력을 하다니, 이런 탐색이 마침내 목표에 이른 것을 보는 이 행복감이란!

　플라톤의 감각은 결코 그를 속이지 않을 것이다. 이 스테이지 우승자 앙크필에 겨우 몇 초 뒤져 3위로 들어선 이 그리스 라이더는 파리에서 화이트저지를 거머쥘 수 있을 것이라는 확신이 들었다. 이어 올림피아로 금의환향하면 새롭게 사이클 열성팬이 된 지지자 무리가 이 미친 오디세이를 마친 영웅에게 박수갈채를 보내러 그곳에 모여 있을 거라는 기대도 살짝 들었다. 호적수였던 아베로에스는 상대의 우수함을 인정하면 인정했지 다른 변명거리를 찾지는 못할 것이다. 플라톤의 우승을 축하하는 찬사 가득한 해설과 해석들이 곳곳에 퍼져 나가며 이제 그는 사이클 챔피언 기대주로, 유망주로, 특히 미래의 벨로조프 왕으로 인정받게 될 터였다.

스테이지 21: 몽주롱 – 파리

오, 샹젤리제

이제 샹젤리제의 시간이 왔다. 온갖 난관과 우여곡절, 돌발적 사건들로 점철된 이 모험의 해피앤드 에필로그만이 남았다. 모든 의심의 순간들, 모든 힘든 일격들은 다 잊혔다. 투르에서 승리했다는 만족감만이 남았다.

이 만족감이 스피노자의 얼굴에서도 읽혔다. 스피노자는 스테이지 초반 몇 킬로미터를 펠로톤의 선두에서 행진했다. 관례대로 다른 라이더들은 이 초반 몇 킬로미터에서 요술로 가리듯 제 모습을 살짝 감추고 있었다. 투르의 승자는 기자들에게 기쁨을 주기 위한 샴페인 한 잔을 손에 들고 있었고, 그의 아름다운 옐로저지를 자랑스럽게 선보였다.

그런데 스피노자가 공공연히 드러낸 만족감은 그의 내

면의 기쁨*과는 비교가 안 되었다. "아름다운 것은 모두 어렵고도 드물다." 그는 스스로 이를 음미했다. 지난 3주는 거칠고 사나웠다. 그래도 체험할 만한 충분한 가치가 있었다. 스피노자는 오늘 사이클의 경지에 이른, 아니 숭고함에 이른 기분이 들었다. 오늘 이 네덜란드 라이더는 역사 속으로 들어왔다. 영원불멸의 기록에 등재된 것이다. 파리 중심부로 라이더들을 안내하는 코스를 조용히 달리며 스피노자는 극치의 행복을 느꼈다. 그의 탐색은 완성되었다.

파스칼은 투르에서 우승하지 못했다. 뭐 대수겠는가. 샹젤리제 대로 위를 그의 자전거 바퀴가 처음 굴러가던 순간, 그는 정말 위대해진 기분을 느꼈고 마음 깊은 곳에서 극치의 행복감이 올라왔다. 니체가 신의 죽음을 그에게 폭로한 후부터 이 옛 신학자는 육체와 영혼을 이 야심 가득한 경기에 걸었다. 허무의식에 사로잡혀 사는 인간의 비참성에서 빠져나와 프로 사이클 선수가 된 것이다. 그의 옛 대학 동료들은 시시하기 짝이 없는 무용하면서도 몰지각한 목표라고 무시하며 온갖 썰

---

* 스피노자의 삶의 준칙은 최소한의 존재론적 비용으로 최고의 즐거움을 생산하는 에피쿠로스적인 테제와 연관되는데, 스피노자의 대표적인 철학 용어인 이른바 내재성(immanence)을 비유한 표현이다. 자신의 이름을 이니셜로 쓴다거나 살아생전 출판에 연연하지 않는다거나 평생 '카우테'(caute, 신중함)를 좌우명으로 삼은 일화는 유명하다.

을 늘어놨지만, 지금 그들은 샹젤리제 대로 옆 인도에 서서 파스칼의 개종을, 그의 성공을 질투하며 바라보았다. 파스칼은 인생을 걸었고, 해냈다. 파리는 이제 그의 것이었다.

독일 팀은 아직 샹젤리제를 달리는 기쁨을 온전히 누리지 못하고 있었다. 팀의 모든 라이더들이 아직 마지막 목표에 집중하고 있었기 때문이다. 자델이 명예로운 마지막 성과를 이뤄냈다. 바로 최고의 스프린터에게 수여되는 그린서시를 획득한 것이다. 보그트, 프로이트, 울리그, 마르크스, 알티히. 이들은 결승선 마지막 100여 미터를 남겨두고 서로 돌아가며 앞서거니 뒤서거니 펠로톤의 선두에 섰다. 마지막 역주를 목표로 최선의 상태에서 결승선을 통과하기 위해 최선을 다했다. 미션 완수! 그야말로 이상적으로 몸을 던진 자델은 콩코르드 광장에서 그의 위력을 보여주었다. 세계에서 가장 아름다운 대로라는 타이틀을 갖고 있는 곳, 오늘따라 더더욱 아름다운 '오! 샹젤리제'에 그는 가뿐히 들어섰다.

프로이트는 히스테릭했다. 거의 무의식 상태였다. 마지막 결승선을 통과하자마자 그는 기자들 무리 쪽으로 갔다. 기자들은 그날의 승자를 둘러싸고 있었다. 프로이트는 기자들을 하나하나 제치고 말 그대로 자델의 품 안으로 뛰어들었다. 그의 꿈이 이루어진 것이다. 그가 이긴 것은 아니다. 그러나 그가 이긴 것이나 마찬가지다. 사이클 챔피언이 되는 데에는 실패

했지만 프로이트는 이들 옆에 서 있는 것이 너무나 행복했다. 이런 대리 만족만으로도 만개한 기쁨을 느끼기에 충분했다.

마르크스 또한 7월의 월계관을 몸소 누리진 못했다. 하지만 브레이크어웨이 선수들을 이끌면서 상당한 활약을 했고, 자전거 이외 분야에서 그에게 소중한 여러 이유와 명분들을 지키는 데 애썼다. 심사위원장은 마르크스에게 시합에 활력을 불어넣은 선수에게 부여하는 상인 '투르의 슈퍼 투사' 타이틀을 주지 않을 수 없었다.

최고의 스프린터에게 주는 그린저지를 받은 자델에 이어, 마르크스는 이 투르 경기의 최종 시상대 연단에 오르는 영광을 누리게 되었다. 사이클 선수이자 철학자로서의 경험이 성공했음을 입증하는 가장 강렬하고도 상징적인 순간이었다. 독일 팀을 비방하던 중상모략자들은 이들을 부조화가 뻔한 인위적으로 조합된 팀이라고 비판했다. 그러나 그건 부당한 비방이었다. 독일 선수들은 샹젤리제에서의 이 마지막 성공에 이르기까지 경기 내내 그야말로 팀 정신을 입증했다. 프로이트에게서 얼핏 보인 감정의 고양, 마르크스와 자델이 시상대에 올라서 서로 주고받던 공모적 미소. 이 모두가 이질적 합금이 얼마나 견고한지를 역설적으로 보여주는 장면이었다.

사실 아인슈타인은 매사에 선구자였다. 조롱받은 것도, 비난당한 것도, 그리고 지금처럼 칭찬을 받는 것도. 그 덕분에 독일 사이클은 약간의 아우라를 되찾았다. 그 덕분에 성찰하는 인간과 운동하는 인간은 양립하는 게 아니라 상호보완 한 다는 것을 깨달았다. 시상대 위에서 형제애로 악수하며 마르 크스와 자델은 새로운 세기를 열었다. 그들은 결정적으로 사 이클과 철학을 결합하여 봉인했다.

그리고 니체와 플라톤, 최고의 등반가이자 최고의 젊은 이. 그들 역시나 투르 경기의 최종 시상대 위에 모습을 드러냈 다. 이들 또한 '생각하다'와 '행동하다'의 완벽한 합일을, 육체 와 정신의 완전한 합일을 상징적으로 명실상부하게 보여주었 다. 이렇게나 몸소 입증했는데 이 주제에 대해 더 할 말이 있 는가? 사실 없다. 너무 많은 어록이 나왔고 너무 많은 노력이 쏟아졌다. 이걸로 충분하다. 이제는 삶을 누릴 시간이다. 이 위대하고 아름다운 서사시의 대미를 장식할 시간, 우리 사이 클 철학자 영웅들이 잠시 이성을 내려놓고 즐기는 축제, 디오 니소스적인 축제를 상상해도 좋으리라.

그러나 굳이 이것에 대해서는 말하지 않는 것이 좋겠다. 다 아는 일이지만 온전히 다 말할 수 없는 것에 대해서는 입을 다무는 것이 좋기 때문이다.

후기
소크라테스는 신성한 투르를 하였다

벌써 2년이 흘렀지만 『사이클을 탄 소크라테스』를 다 쓰고 난후 지금까지 나는 또 얼마나 많은 페달링을 했던가? 다리 아래로 강물이 흐르고, 이마 위에는 진주 같은 땀방울이 맺혔다. 소크라테스는 신성한 투르를 하였다. 소크라테스는 오늘 재간행되었다. 아고라 아니면 그 밖의 어딘가에서 대화라는 단순한 기술로 그의 가르침을 전승하고 싶었을 뿐, 살아생전 그어떤 책도 쓰지 않은 것으로 유명한 이 철학자에게 이것은 좀과도한 상찬 아닌가. 그는 책을 거부했지만 그의 책에 대한 거부를 다룬 책들은 수없이 쏟아졌다. 나의 입장에선 왜 그가 문어가 아닌 구어를 선택했는지, 즉 움직임과 역동성, 행동성을 선택한 까닭이 무엇인지 분석함으로써 나 자신의 개인적인 문체는 다소 제한하려 한다. 소크라테스는 그의 사상이나 그라는 사람이 굳어지는 걸 원치 않았다. 세계가 무엇인지 밝혀보겠다는 주장도 하지 않았다. 그는 결론을 낼 수 없는 자신의 무능력을 항상 잘 인식하고 있었기 때문이다. 그의 작업은 그저 길을 내며 가는 도정일 뿐이었다. 이런 면에서 소크라테스는 최초의 반체제, 반제도권 인사다.

그렇다고 나를 그와 비교할 생각은 추호도 없다. 나야 책의 유혹에 굴복했으니까. 하지만 내게도 체제에 대한 거부감, 진리를 결정화(結晶化)하는 것에 대한 거부감은 있다. 한정적이고 철저한 설명, 이론적이면서도 아름답고 유혹적인 완벽한 이론 구조. 이런 것도 중국에 가선 텅 비어 보이고 살아 있는 신경이 제거되어 있는 듯 보이기 때문이다.

『사이클을 탄 소크라테스』가 움직이는 텍스트, 틈이 많은 텍스트, 그래서 독자가 자기 방식대로, 자기가 원하는 바대로, 각자 알아서 그 틈을 채워갈 수 있도록 쓰여진 것도 그래서다. 철학이나 사이클과 관련해 여기 언급된 여러 준거, 인용, 암시들을 꼭 다 알아야 하고 일일이 해명을 해야 하는 건 아니다.* 오히려 그 반대다. 알 수 있으면 아는 것이고 알고 싶

---

* 여기에 등장하는 철학자들에 대한 묘사나 서술은 단어 하나, 문장 하나, 여러 일화와 장면들이 그냥 나온 것이 아니며 결코 자의적이지 않다. 철학자들의 삶과 사상이 정확히 투영되어 있다

으면 알면 되는 것이다. 가수 보비 라포앵트도 노래하지 않았는가. "할 수 있으면, 원하면 알겠지." 아마 이 노래도 소크라테스를 참조하고 만든 것 같다. 아니면 니체……. 니체 역시 이렇게 썼다. "글을 쓸 때 이해해주기만을 바라며 쓰는 건 아니다. 이해되지 않기를 바라며 쓰기도 한다." 내 책은 여러 다양한 이유로, 특히나 내 처음 의도와는 완전히 다르게 읽히고 평가되었다. 그래도 다행이다! 그 말은 내 글이 살아 있었다는 말이니까.

그렇다면 계속해서 더 살아 있어야 할 이유가 있을까? 서문을 추가하고, 후속편(『사이클을 탄 소크라테스, 그 귀환』 아니면 『사이클을 탄 소크라테스 2』)을 첨부해 이 책을 다시 작업하면 어떻겠느냐는, 다시 말해 재출간을 해보면 어떻겠냐는 제안을 처음 받았을 때 나는 좀 거북했다. 한 권의 책이 출판되고 나면 더 이상 움직여서는 안 된다. 책에 오류가 있든, 부족함이 있든 어떻든 간에 말이다. 왠지 '책의 신성화'라는 저 고대풍의 종교심이 스멀스멀 올라오는 것 같다. 나는 곰곰이 생각해 보았다. 의미 있는 게 아무것도 없고 영원한 진리도 없으며 어떠한 것도 고정되어 있지 않다면, 그렇다면 그 어떤 신성도 없다. 그 많은 책들이 있고 그 많은 독자들이 있고 그 많은 진실과 해석들이 있다면, 첫 출간 이후 한 저작이 계속해서 진화하는 것을 굳이 반대할 이유가 없다. 유일무이한 책은 존재하지 않는다.

『사이클을 탄 소크라테스』는 그래서 지금은 약간 새롭게 바뀌었다. 특히 앞부분의 리듬과 톤을 조금 바꾸었다. 읽다 걸리는 부분이 좀 덜하고 훨씬 가독성 있게 읽히도록, 단어로부터 독자가 해방되도록, 그래서 말한 것을 그대로 비추는 거울이 되도록 앞부분을 조금 수정했다. 그러나 텍스트의 전체적인 구조는 그대로다. 핵심은 다른 것에 있다. 첫 출판 이후 이 책이 외부의 영향을 어떻게 받았는가다. 내가 이 책에서 말한 것보다 더 중요한 것은 이 발언이 지각되는 방식이었다. 하나의 저작물이 꼭 저자의 것으로 요약되는 것은 아니다. 저자는 그저 관점과 전망을 열어주기 위해 있는 것이다. 이 책은 거기에 투사된 다양한 시점과 관점들 덕분에 성장했다.

이 후기에서 어떤 설명적 주석이나 모럴, 일종의 독서 가이드 같은 것은 찾지 말기 바란다. 이 재간행본은 나의 애초의 계획과 동일한 연장선상에 있다. 다시 말해 각자 자기 방식대로 다시 읽고, 다시 발견하면 된다. 만화 아스테릭스, 니체의 아포리즘, 보비 라포앵트의 샹송, 소크라테스의 대화 등을.

나는 카테고리를 너무 남용하거나 너무 빨리 클리셰를 갖다 붙이는 것을 싫어한다. 내가 라벨 붙이기를 좋아하는 사람을 그닥 좋아하지 않는 것은 삶이 변화성 속에 있음을, 우리 환경과 시간이 서서히 우리를 다듬어 가고 있음을 보지 못하고 있기 때문이다. 한 권의 책은 생의 이미지이다. 책은 독자

들의 개입이든, 등장인물들의 개입이든, 또는 그 저자의 개입
이든 이런 것들에 의해 변화하는 것이다.

본문을 펼쳐 처음 만나게 되는 도시들만 해도, 이 도시들
이 독법에 변화를 줄 수 있다. 소비자가 곧 행위자가 될 수 있
다. 『사이클을 탄 소크라테스』는 진화했다. 왜냐하면 등장인
물들 스스로 본문을 점령하여 그들의 직관과 지각을 스스로
새기고 싶어 했기 때문이다. 그들의 갈망과 욕구, 이데올로기,
정신, 그리고 그들의 몸까지 다 새기고 싶어 했기 때문이다.
이렇듯 이들을 살아 있는 대상으로 여기며 이야기에 동화되
고, 더욱 발전시켜주신 나의 독자들께 감사할 따름이다.

사실 등장인물들이 스스로 이 글의 흐름을 바꿔놓은 측
면도 있다. 나는 원형만 가지고 출발했는데, 이 원형들이 서서
히 구현되었다. 나의 벨로조프들은 파리에 있건, 올림피아에
있건 예전과 같지 않다. 이들은 신뢰를 받았고 인정을 받았다.
한마디로 단숨에 출세했다. 사람도 이렇게 바뀌고 책도 이렇
게 바뀐다. 『사이클을 탄 소크라테스』(제목은 뒤늦게 지었다)는
논문을 작성하거나 파워포인트로 프리젠테이션을 준비하듯
미리 구도를 잡고 쓴 책이 아니다. 몇 가지 첫 실마리만 가지
고 시작해서 실을 잡아당기듯 써갔다. 등장인물들의 변화와
진화가 느껴지면 또 그것을 이어받아 썼다.

사이클 시즌에 맞춰 우리는 그 일정을 따라갔다. 다시 말
해 하루하루 일정 그대로 진척시켜 나갔다. 소크라테스, 플라

톤, 니체, 마르크스는 그렇게 차례대로 나와줬다. 물론 그들의 몸 상태는 등락을 거듭했다. 물론 그게 정상이다. 사이클 선수는 몸 상태가 좋지 않으면 자신에 대해 재빨리 나쁘게 생각하는 경향이 있다. 사람들은 다 하루하루 살아가면서 실수를 하거나 좌절한다. 그러고 나면 쉽게 자신을 깎아 내린다. 철학 역량을 가진 사이클 선수들에 관해 한 권의 책을 쓴 것은, 어떤 것도 결정적인 것은 없다는 것을 말하고 싶어서였다. 우리의 무매개적, 즉각적 상태를 영원한 것으로 고정시키려는, 어쩔 수 없는 마음의 발로에서 좀 뒤로 물러나 있고 싶었다. 자전거는 하나의 사이클이다. 계절도 사이클처럼 지나간다. 삶이 영원하다면 재래(再來)해서이다. 이것이 회귀라면 회귀이다. 왜 처음부터 반복하길 원하는가?

　이 문제는 나 자신에게도, 나의 독자에게도 같이 제기되는데, 우리는 흔히 나를 빨아들일 듯한 적개심과도 싸워야 하고 최후에 도래한 사건을 절대시하는 함정과도 싸워야 한다. 글쓰기란 나에게는 이런 음울한 생각들을 초월하는 아주 좋은 수단이다.

　글을 쓰는 저자도 진화한다. 이러한 문학적 경험을 시작하고 나서, 나는 더 이상 2017년의 내가 아니다. 나는 스포츠 선수로서도 성장했고 작가로서도 성장했다. 이 책을 다시 읽어보니 부족한 점들이 더욱 보인다. 첫 번째, 스타일이 가끔은 너무 직접적이거나 솔직하다. 아량 있는 척하는 게 두려운 것 같다. 이건 과잉된 겸손이거나 사기꾼의 전조가 아닐까 싶기도 하다. 두 번째, 반대로 가끔은 너무 예민해져 벨로조프, 그러니까 사이클 선수와 철학자 사이에 미묘한 뉘앙스를 너무 주려고 한 것도 같다. 형식과 내용은 서로 호응해야 한다고 생각하는 나의 욕심 탓이다. 아니면 에세이를 픽션 속에 녹여보려 한 탓도 있다. 내용과 핵심을 찾지 않으면 다 이해한 게 아니라고 생각하는 나의 주의주장 때문일까. 마지막으로 여성들은 왜 없는가? 왜 동양 철학자는 없는가? 이런 문제도 제기되었다. 이건 인정할 수밖에 없다. 나 역시 내가 받은 교육의 산물인지라 어쩔 수 없이 서구-마초-중심주의가 되어버렸다. 하지만 만물은 움직이는 법이다.『사이클을 탄 소크라테스』는 동양 문화권에서는 그다지 많이 번역되지 않았는데, 동양에서 읽힌다면 새로운 해석과 견해들이 더 나올 것이다. 전통적으로 주로 남자들이 많은 사이클계와 철학계에 서서히 변화가 생기며 그럭저럭 다양성이 생기고 있는 점은 나로선 그나마 다행이다.

　이렇듯『사이클을 탄 소크라테스』는 부실함이 많은 책이다. 언뜻 보이는 그 부실함의 소량만 앞에 제시한 것이다. 그럼에도 불구하고 나는 내 원래의 글을 부정하지 않는다. 개선하려고도 보완하려고도 하지 않는다. 오늘 글이 변했다면, 그글로부터 그런 변화가 온 것이다. 변증법이 그렇듯 테제가 안

티테제 안에 있다. 소크라테스의 제1상태가 제2상태 안에 존재한다. 나는 3년 전과 같은 저자일까? 데뷔 때와 같은 선수일까? 어렸을 때의 내가 지금의 나일까? 매우 철학적 질문이다. 사이클은 내게 아무것이 절대 아무것이 아니라는 것을 가르쳐줬다. 우리의 모든 경험은 우리 안에 통합되고 동화되며 체화된다. 이와 마찬가지로 재간행된 글은 비록 조금 진화했지만 지난 그 모든 이야기로부터 비롯되고, 그렇게 강화되어 새롭게 생겨난다.

이 책을 쓸 때 처음 가졌던 애초의 내 목표로 다시 돌아오지 않고는 이 후기를 완성할 수 없을 것 같다. 우선 겉만 보면 동떨어져 있는 두 대중을 하나로 모으고 싶었다. 문학하는 사람과 스포츠하는 사람. 이 두 카테고리에 붙어 있는 어떤 클리셰들을 분해하면서 말이다. 우선 문학하는 사람은 현실에서 유리된 몽상가들이어서 웃을 줄도 모르고 행동할 줄도 모른다는 식이다. 스포츠하는 사람은 머리에 든 게 하나도 없다는 식이다. 사람들이 나에게 약간 쉽게 갖다 붙이는 이미지, 가령 '인텔리 사이클 선수' 같은 이미지를 나는 처음엔 좀 경계했다. 하지만 이젠 그냥 내게 주어진 새로운 훈련, 즉 책 쓰기 훈련에 참여하면서 이런 다소 상투적인 이미지도 즐기기로 했다.

그렇디면 니의 목표는 달성되었는가? 전체적으로 보면

그렇다. 스포츠와 철학 두 가지를 다 대중화하고 싶었던 나의 이중 기획은 무모할 수 있다. 자칫하다가는 지나친 단순화의 오류에 빠질 수 있다. 지극히 평이한 발언만 하다 끝날 수 있다. 그렇다고 이를 배제하거나 쉽게 극복할 수도 없다. 전문적이면서도 동시에 세속적인 두 다른 분야에서 다 흥미를 끌기 위해서 나는 가파른 줄 위에서 곡예를 하는 기분이었다.

요즘 미디어테크나 다른 행사장에서 문학 모임을 할 때가 있는데, 그때 나에게 보낸 메시지들을 읽기도 한다. 나는 강박적으로 책을 읽는 독서광, 사이클을 열렬히 좋아하는 마니아, 열정적인 어린이, 또 대학 교수 등 매우 다양한 대중들을 만난다. 이들은 별다른 공통점이 없다. 서로 만날 일이 없는 사람들일 수도 있다. 그런데 책 한 권이 이 사람들을 모이게 한 셈이다.

『사이클을 탄 소크라테스』가 너무 단순하고 지나치게 피상적이라는 말도 들었다. 이와 반대로 너무 어려워 책장이 잘 안 넘어간다는 말도 들었다. 이렇게 완전히 근본적으로 대립되는 반응들은 차라리 나를 안심시킨다. 내가 희망하는 곳이 있다면 이 둘 사이 딱 중간 지점, 즉 서로 다른 대중들이 하나로 합류하는 지점이다. 문 하나를 열고 '철학의 투르 드 프랑스'로 들어왔다가 거기에서 다른 문을 열고 나갈 수 있으면 되는 것이다.

처음 투르에 출전했을 때 약간 과도한 미디어 노출에 불만을 토로했다면, 3년 후에는 그게 다소 희미해진 걸 확인하고 다행이다 싶었다. 물론 스포츠와 문학이라는 나의 이중 활동에 대해 지금도 물어보는 사람들이 있다. 개중에는 재치 있고 독창적인 질문이 많다. 주제는 여전히 같지만 다루는 방식은 변한 것이다.

지금 나는 내 활동 분야에서 각각 어느 정도 인정받은 기분이 든다. 2017년부터 나의 사이클 선수로서의 위상도 달라졌다. '투르 드 프랑스 2019'에서 나는 종합순위 12위를 했다. 그 밖의 몇몇 경기에서는 우승을 하기도 했다. 그렇다면 프랑스 최고의 선수들 중 하나에 들어갈 수도 있는데, 그렇다면 소크라테스를 본떠 나의 이중 타이틀("철학자치고는 썩 괜찮은 선수인데!")로 평가받는 것이 아니라 고유한 경기력으로 내 실력을 평가해줬으면 하는 바람도 크다.

역으로 이런 말을 들어도 좋겠다. "사이클 선수치고는 썩 겸손한 철학자인데!" 점점 더 사람들이 내 생각에 관심을 가져주고 내가 확신하는 철학적 발언에도 나름의 가치가 있다고 봐주는 것 같다. 내가 쓴 책 때문에 몇몇 방송 프로그램에 초대되었다면 그래서일지 모른다. 예전에는 내 프로필의 엉뚱함을 놓고 재밌어했다면, 지금은 구체적인 디테일을 찾는다. 헬멧 아래 감춰진 것을 찾는다. 현재의 내가 되기까지 그 과정을 알아보려고 하는 것이다. 한마디로 말해 나는 이제 기자들을 불평하지 않는다. 기자들은 인터뷰에서 이런 독창적인 삶의 과정과 방식을 다룬다. 『사이클을 탄 소크라테스』는 사실 아무것도 아닌데 말이다.

그래서일까? 나의 발언 태도도 변했다. 3년 전의 나는 그러지 못했지만 지금은 훨씬 자유롭게 말한다. 당시에 나는 이 '인텔리 사이클 선수'라는 페르소나주와 싸워야 했고, 그래서 늘 궁시렁거렸다. 사이클과 철학을 동시에 다루는 책 한 권을 서둘러 출판한 것도 그래서다! 언어터지기 위해 나 스스로 몽둥이를 든 셈이다. 동시에 나는 내가 잘 아는 두 분야와 테마를 동시에 다루다 보니 이들을 썩 잘 다루지 못하는 나를 봐야 했다. 나는 스스로 이 페르소나주의 사생아, 아니 포로가 된 기분이었다. 나름 편안한 이 함정에서 어떻게 빠져나갈 수 있을까?

과장하지만 않는다면 차라리 이 페르소나주를 철저히 연기해야겠다고, 사이클과 철학의 커넥션을 끝까지 밀고가야겠다고 나는 생각했다. 이 가공의 기상천외한 픽션은 그렇게 해서 나왔다. 이 철학자들의 투르 드 프랑스는 언제든 다시 "상자 속으로 들어가기"위한 완벽한 구실로, 마치 게걸음을 하듯 일부러 어긋나게 조합해서 유머를 만들어냈다. 훨씬 개인적인 철학적 성찰과 자동기술적인 문학적 글쓰기로 새로운 가능성을 열어보고도 싶었다. 『사이클을 탄 소크라테스』는 내가 상상했던 기대를 충족시키면서 하나의 출구가 되었다. 장래의 문학 경험을 위해서라면 사전적으로 필요한 것이었다.

이젠 철학과 사이클의 복합과는 또 다른 그 어떠한 것도 만들어낼 수도 있을 것 같다. 소설, 어린이를 위한 동화, 영화 시나리오 등 안 될 것이 없지 않은가? 무대는 언제든 열려 있다. 내가 이제껏 썼던 글들을 탈피하고 싶다는 말은 아니다. 스포츠와 철학을 연계시키는 것을 금하겠다는 말도 아니다. 그냥 어떤 모럴적인 계약으로부터 벗어나 자유롭고 싶다는 것이다. 어떤 특수한 장르에 나를 제한하고 싶지 않다.

다음 책은 어떤 것일까? 좋은 기회가 생긴다면, 그리고 하고 싶은 마음이 들면 뭐든 자연스럽게 하고 싶다.

사이클과 글쓰기는 집단적 모험이고 만남의 공간이다. 그런데 내가 여기 참여하는 첫 번째 이유는 훨씬 소박하다. 그냥 맛을 느껴서다. 취미가 있어서다. 나는 페달을 밟거나 글을 쓰는 데 있어 무엇보다 나 자신을 위해서 한다. 왜냐하면 그게 즐겁기 때문이다. 단순하고, 담백하고, 솔직하면서도 효율적인 삶.

미래에 관해서라면 한 가지는 확실하다. 사이클은 나의 제1 우선순위다. 그러나 절충주의가 나에겐 필요조건이다. 내 미래 계획들 가운데 문학이 아닌 것도 있다. 예전부터 나는 내가 나고 자란 오른 지방에 있는 농촌 숙소 혁신 사업에 참여하고 있다. 이 세 번째 임무 역시 앞의 두 가지 임무만큼이나 중요하고 명예로운 일이어서 나는 똑같은 진지함과 열정으로 하고 있다. 그럼 네 번째 소명은? 다섯 번째는?(제빵사? 기자?) 이 일들이 서로 고통스럽게 섞이지만 않는다면 내가 여러 활동을 함께 할 수 있다고도 보고 있다.

왜 이렇게 이 모든 프로젝트를, 이 모든 가면을 포개는가? 왜 한 가지 일에만 집중해서 거기서 성취를 얻고 기쁨을 맛보지 못하는가? 이 책에서 이미 언급했지만 이걸 부인하지는 않는다. 분주히 다양한 일들을 하는 것이 일종의 공허감 때문이라는 것을. 그리고 대단히 숭고한 상승 같은 것은 없다고 이미 환상이 깨져서일지 모른다. 권태는 나의 동력이자 내 영감의 원천이다. 그것 때문에 도리어 나는 높이 올라간다. 질스마리아의 니체처럼 나는 훌륭한 산악인으로서 '바다에서 6,000피트 떨어진 곳에, 인간들이 사는 세상에서 떨어져 저 멀리 높은 곳에' 있고 싶다. 아마도 지금 이 후기를 대서양 위를 날아가는 비행기 안에서 쓰기 시작한 탓도 있을 것이다. 그것도 한밤중에 말이다. 아르헨티나 경기를 마치고 돌아가는 길이다. 더욱이 비행기 안에서 시작한 글을 만일 에트나산 정상에 버금가는 숙소 리푸지오 사피엔차에서 마치게 된다면 더욱 그럴 것이다.

이 상징적 장소는 이 책에서 하나의 대서사시적인 극장 무대 역할을 해주었다. 이것은 엠페도클레스에 대한 오마주이면서, 소크라테스가 신비롭게 사라진 곳으로 나는 상상했다. 시칠리아 화산, 안개 가득한 그 높은 고도에서 길을 잃은

300

소크라테스. 리푸지오에서의 훈련 캠프 다음에 이 단락을 넣은 것은 정말 실질적인 이유도 있었다. 저산소증에 노출되고 싶어서였다. 나의 신체기관을 이런 적대적인 장소에 놓고 싸워 이기면서 익숙해지도록 하기 위해서. 이렇게 혹독하고 힘든 순간들로 가득한 훈련 주간을 보내면서 나는 나를 문학적 몽상 속으로 들이밀기도 했다. 그래야 재빨리 이 감각이 손으로 쓰는 이야기로 전달되니까 말이다. 그로부터 1년 후 나는 투르 드 시칠리아의 마지막 스테이지에서 우승했다. 그 도착점은 바로 같은 호텔 앞이었다. 때로는 픽션과 리얼이 만나 우리가 익히 알고 있는 이 뚜렷한 경계를 무너뜨린다. 노동의 장소이자 무위의 장소, 흥분의 장소이자 명상과 관조, 고통, 그리고 찬양의 장소인 이 에트나는, 모두 알겠지만 사이클과 글쓰기, 더 나아가 세계를 질주하며 살아가는 나의 삶의 방식을 압축적으로 상징해준다. 놀이처럼 하면서도 제법 진지하게 하는, 내가 질주하는 이 세계는 유동하는 파도와 같다. 나는 이곳에 잠기고도 싶고, 동시에 이 파도를 타고 그 끝에 있고 싶기도 하다.『사이클을 탄 소크라테스』에 던져진 시선을 겪으며, 몇 년 후 나는 이런 야망을 갖게 되었다. 대열에서 이탈하고 싶다. 현재의 나를, 과거의 나를, 그리고 내가 만들어냈던 것들을, 나를 둘러싼 것들을 새로운 시선으로 바라보고 싶다. 특히 스테이지의 한 지점마저, 삶의 한 순간마저 온전히 담아내면서 나 자신을 즐기고 매순간 변화를 느끼고 싶다.

그렇다면 소크라테스는 지금으로부터 2500년 전 자신이 몸담고 있는 세계와 거리를 두기 위해 철학의 모험 속으로 뛰어든 것일까? 아니면 그 세계를 더 체화하기 위해? 글을 쓰지 않고 대화를 많이 하면서 절대 닫히지 않는 코스들을 연 것이라면, 권태 때문이었을까? 아니면 그저 놀이로? 그 후 그가 에트나산 정상으로 달아났을 때, 아니면 앙브뢩 호수로 도망쳤을 때, 그래서 주변인들을 방향을 잃고 방황하게 했을 때, 그는 어떤 메시지를 보내려고 한 것일까? 아니면 자신의 '악령'이라 부른 자의 요구를 받아들인 것일까? 소크라테스는 신성한 투르를 마쳤다. 이제 그는 더 많은 다른 투르도 할 수 있을 것이다.

2020년 2월 25일
에트나, 리푸지오 사피엔차에서

감사의 말

한 권의 책을 쓰는 것은 사이클의 스테이지만큼이나 긴 경주였다. 페달을 밟진 않았지만, 이 길을 나와 함께 달려준 필립 B., 크리스토프, 피에르 M., 필립 R., 에밀, 마리, 다니엘에게 감사드린다.

또한 요모저모로 '머리와 다리' 사이에서 굳이 하나를 선택하지 않도록 허락해준 브뤼노, 피에르 C., 클레망, J.-F. 발로데, 그리고 현재의 내 팀이자 과거의 내 팀이기도 한 코피디스 팀의 동료들에게도 감사의 말을 전한다.

역치와 초월, 나는 니체처럼 비상하고 싶다

"안 돼요! 의지를 보여요, 사력을 다하란 말이에요, 드디어 역치가 왔어요."

레그 익스텐션을 타면서 안간힘을 쓰고 있는 내 옆에 딱 붙어서 허벅지를 파괴해야 한다고, 고통이 와야 한다고, 그래야 근육이 만들어진다고 눈을 부릅뜨고 구령을 넣는 트레이너가 간혹 모르는 용어를 쓸 때면, 내 귀가 쫑긋한다. 나는 역치(易置)나 알았지 이런 역치(閾値)는 처음 들어봤다. 가쁜 숨을 몰아쉬며 잠시 쉬는 구간에서 사전을 찾아보니, "생물이 외부 환경의 변화, 즉 자극에 대해 어떤 반응을 일으키는 데 필요한 최소한의 자극 세기. 감각세포에 흥분을 일으킬 수 있는

305

최소의 자극 크기를 말하며, 문턱값이라고도 한다"라고 나온다. 한데 '문턱값'이라는 표현이 아주 맘에 들었다. 영어 '스레시홀드(threshold)'의 번역어인 것 같아, 다시 프랑스어로도 찾아봤다. 문지방, 문턱을 뜻하는 '쇠유(Seuil)' 외에 다른 특화된 단어는 없다. 생사를 넘나드는 듯한 문턱, 전쟁과 평화를 넘나드는 듯한 문턱, 이것만이 측정되는 값을 갖는다니, 그리고 이 고통의 한계선을 지나야만 진짜 운동이라고 생각하니, 이젠 해낼 수 있을 것 같고, 해내야만 한다는 생각이 들었다. 역치(閾値)라는 단어를 '영접'한 날, 내 삶의 역치(易置)도 왔다. 생활습관을, 식습관을, 사고습관을, 그리고 내 몸의 내재역량을, 체중을 완전히 바꿔놓은 것이다.

작년 이맘때쯤, 그러니까 투르 드 프랑스 경기가 시작되던 7월 초 무렵 번역을 시작하여, 뜨거운 8월을 보내고, 초가을 9월 중순경 번역을 마쳤는데, 정확히 9월 19일로 기억한다. 가을 고추잠자리가 내 노트북 모서리에 사뿐히 앉았다—나는 자판 치는 것을 멈추었고, 분명 좋은 일이 생길 거라고 생각했다. 나는 『사이클을 탄 소크라테스』 번역의 대부분을 북한산 근처 야외 카페를 찾아다니며 했다. 특히 내 집에서 가까운 북한산 족두리봉 가는 길 모퉁이에 있는 가비공방 테라스에서 했다. 도입부와 전반부는 조용히 내 방 안에서 했지만, 스테이지 경기가 본격 시작되면서부터는 밖으로 나가 자연

공기를 들이마시지 않으면 안 되었기 때문이다.

　플랑슈데벨뷰, 페르수르드, 갈리비에, 페리괴, 베르주라크, 또 특히나 압도적인 포르드발레스, 너무나 평화롭고 황홀한 앙브룅 등 보주, 피레네, 알프스 산맥의 그 아름답고 광활한 정경들이 펼쳐지고 있었다. 프랑스에서 10여 년을 살았지만, 한 번도 가보지 않은, 아니 그런 지역이 있는지조차 알지 못한 내 초라하고 여유 없던 유학시절에 대한 작은 원통함이 일었다. 아니다, 반드시 다시 가보리라 마음먹었다.

　기욤 마르탱이 재현하는 2017년 스테이지 21구간의 모든 지역들을 이미지 검색하며 PPT를 만들었고, 경기 하일라이트 동영상을 모두 보았고, 투르 드 프랑스를 소재로 한 영화와 다큐멘터리도 틈틈이 보았다. 사이클 용어를 점검하기 위해 국내 동호회 블로그들을 수시로 찾아 들어가 읽었다. 자전거를 배워보려고 강습을 신청해보기도 했다. 신청자가 너무 많은 탓에 계속 밀려나 아직 수강을 못했지만, 올해 가을에 다시 도전할 생각이다─아니, 자전거도 못 타냐고? 자전거를 배워야 할 나이인 다섯 살 때부터 너무나 생각이 많고 '관념적'이어 운동에는 일절 관심이 없었다. 그렇다고 "신체를 경멸하는 자"는 아니었다.

니체는 『차라투스트라는 이렇게 말했다』에서 "신체를 경멸하는 자들"에게 이렇게 말한다.

신체를 경멸하는 자들에게 나는 말하고자 한다. 저들이 다르게 배우고 다르게 가르쳐야 한다는 것이 아니다. 단지 자기들의 신체에 작별을 고하고 입을 다물라고 할 뿐이다.

또 마지막 행에서는 이렇게 말한다.

나는 그대들의 길을 가지 않는다. 그대 신체를 경멸하는 자들이여! 내게 그대들은 위버멘슈에 이르는 다리가 아니다!

니체는 영혼이나 정신, 감각을 "작은 이성", 신체를 "큰 이성"이라고 말한다. 또한 우리가 철저히 이것이 나의 자아라고 믿고 있는 그 자아 뒤에 진짜 자기가 있는데, 그게 바로 '신체'라고 말한다. 우리가 근골격계, 신경정신계, 도파민, 엔도르핀 등 흥분과 쾌락을 불러일으키는 호르몬계 등의 상호적 연관성에 관해 모르는 것은 아니다. 그러나 나는 내 몸 자체이기 때문에 내 몸을 매 순간 망각한다. 대기 속에서 숨 쉬며 살아가는 우리가 대기를 늘 의식하거나 호흡을 늘 의식하는 것은 아닌 것처럼 말이다. 인간에게는 두 개의 기표가 있다고 하는데, 몸이라는 기표와 언어라는 기표가 그것이다. 문명인, 교양인이 된 우리는 언젠가부터 각별히 '언어'에 치중한다. 사실 저 뒤에 있는 진짜 자기의 "놀잇감"에 불과한 감정과 생각과 고뇌와 번민이 '혀'를 통해 언어로 발설된 것에 불과한데, 언어가 우리를 압도하고 짓누른다. 사회적 인간관계 속에서 우리는 늘 타자 앞에 선 현존재이다. 그래서 말이 많고도 많은 것일까? 말은 나를 과시하는 무기이자, 나를 방어하는 무기이다. 언어라는 무기는 방어용으로만 절제해서 써야 하는데, 이유 없이 찔러대는 공격용 무기로 돌변한 지 오래다. 세상은 말이 많고도 많다. 창과 칼이 부딪히고 또 부딪힌다.

나는 내 안의 어떤 발열이 언어로 불처럼 옮겨 타지 않도록 늘 자제하려고 하면서도 그 방법을 찾지 못해 절망하고 있었다. 그러던 중 기욤 마르탱이 에픽테토스를 언급하는 장에서 나는 나를 치는 죽비소리를 들었다.

스토아 철학의 중심 요소는 우리에 의해 좌우되는 것과 우리가 아닌 외부 요소에서 유래한 것을 명확히 구분하는 데 있다. 그러니까 이 후자는 추상화하고(그도 그럴 것이 우리가 이보다 더 우세하지 않기에), 전자는 우리에 의해 좌우되는 것이므로, 이것은 우리가 행동하고 대처할 수 있는 것이므로 바로 여기에 온 에너지를 집중해야 한다.

나는 여태껏 내 외부에 있는 것을 좌지우지하고 통제하

려고 했지, 나 자체를 좌지우지하고 통제하려고 한 적은 별로 없는 것 같다. 내가 통제할 수 있는 것은 오로지 나, 나 자신, 내 몸 자체이다. 타자 또는 외부의 것은 그 어떤 소음이나 진상, 폭력이어도 내가 통제할 수 없는 것이다.

이 책 서두에서 기욤 마르탱은 "벨로조프(vélosophe)"라는 신조어를 만들어낸다. 프로 사이클 선수이면서 철학 석사 학위를 받고 글을 쓰는 이른바 지성인의 일을 동시에 하는 이유에 대해 그는 다소 강박적일 정도로 설명한다. 일반적인 통념을 깨고자 하는 것이다. 그러나 역치를 느낄 만큼 지독하게 운동을 해본 사람은 안다. 신체가 곧 지성이라는 것을. 걷기나 산책 정도로 가볍게 운동을 하는 사람은 이 정도까지는 인식하지 못한다. 그들에게는 여전히 신체와 정신이 분리되어 있다. 기욤 마르탱은 철학의 길보다는 사이클의 길을 갈 것으로 보인다. 운동은 철학에 비해 너무 진지해짐으로써 생길 리스크가 덜하기 때문이라고 그는 말한다. 절대화에 대한 유혹으로부터, 형이상학의 허상으로부터 일정한 거리두기를 하는 확실한 방법이다. 왜냐하면 내 몸 하나가 바위 하나를 올라가지 못하면서, 그 바위의 풍광을 멀리서 바라보며 자연주의 풍의 목가시를 부르는 동안 이미 내 몸 안에는 죽음이 와 있기 때문이다. 아니, 운동하지 않을수록, 죽음은 내 몸 안에 미리 앞서 와 있기 때문이다.

소크라테스, 플라톤, 아리스토텔레스, 아낙사고라스, 니체, 플로베르, 사르트르, 데카르트, 아인슈타인, 칸트, 쇼펜하우어, 헤겔, 후설, 마르크스, 하이데거, 프로이트, 파스칼, 디오게네스, 헤라클레이토스, 마르쿠스 아우렐리우스, 마키아벨리, 플로티노스, 에픽테토스, 하버마스, 베르그송, 오컴의 윌리엄, 스피노자, 에라스무스.

혹시 빠진 사람이 있을까 봐 걱정될 정도로 많은 철학자들이 여기 등장한다. 이 위대한 그리스, 독일, 프랑스, 네덜란드 등의 철학자들이 2017 투르 드 프랑스 경기에 참여하여 스테이지 21구간을 동행한다. 물론 중도 탈락자도 있다. 아인슈타인, 사르트르처럼 선수가 아닌 감독이나 코치로 뛴 자도 있고, 하버마스처럼 기자들을 상대하는 대외협력관으로 활동한 자도 있다. 철학에 정통하지 않으면 이런 이야기를 착상할수 없을 정도로 모든 스테이지 구간마다 적재적소에 이 철학자들을 등장시킨다. 또 그들이 따낸 옐로저지, 화이트저지, 그린저지, 폴카도트저지에도 함의가 있다. 사이클 용어 타임트라이얼, 펠로톤, 브레이크어웨이, 낙차는 왠지 인생과도 닮아 있다. 아니, 철학 용어이기도 하다. 선두에게 주는 옐로저지는 스피노자가 땄고, 소크라테스도 늘 옐로저지를 욕망한다.

소크라테스 이상으로 니체의 활약이 크지만 제목을 소크라테스에 내준 이유를 나는 나름 생각해봤다. 철학의 대표자

여서? 아니, 난 소크라테스의 별명인 '아토포스(atopos)'를 환기해보았다. 아토포스는 '토포스(몸, 형체)가 없는'이라는 뜻이다. 특정한 범주에 넣을 수 없을 정도로 독창적이고 독특하며 그 누구와도 잘 비교되지 않는 특이한 인물이어서 붙은 별명이라고 한다. 몸(topos)이 없는(a-topos) 곳에 진짜 '몸'이 있는 것 아닐까? 소크라테스의 말들은 이런 연상을 하기에 충분할 정도로 종잡을 수 없어 더 매력적이다. 마조히스트처럼 고통을 스스로 불러낼 때만이, '개성'이, '자아'가 박탈되고, 무아 상태가 된다. 그 완전한 즉각적 소모 속에, 의지가 퇴각하여 기계적 자동 상태가 된다. 순간, "자아를 버려요!" "몸이 기계가 되어야 해요!" 또 내 귓청을 때리는 트레이너의 환청이 들린다.

날씨 탓을 하는 마르쿠스 아우렐리우스를 혼내는 스포츠 팀장 에픽테토스는 누가 뭐라 해도 검소한 생활을 하고, 평생 홀로 살면서 재산도 거의 없었던 스토아 철학의 거장 아닌가. 나는 에픽테토스를 정말 좋아한다. 또 데카르트는 이런 말을 한다. 삼각형은 세 개의 변으로 이루어져 있어 우리 눈에 보이고 인식하고 분석하지만, 만일 천 개의 변으로 이뤄진 도형이라면, 상상할 수 없다. 그렇다, 내 정신의 눈으로 내 눈앞에서 현존시켜 볼 수 있는 것, 그것부터 우선 철학하고 상상해보자는 다짐이 인다.

보디 프로필을 찍는 청춘남녀들에 대한 편견도 나는 사라졌다. 남을 의식해서 하는 운동이라면 절대 그 긴 기간 고통을 감내해낼 수 없다. 구슬 같은 땀을 흘리며 상체 하체 운동에 전념하는 헬스장의 수많은 청춘들을 보며, 고대 그리스어 '칼로스 카가토스(Kalos kagathos)'를 읊조려본다. 아름답고 선한. 신체적 자질을 통해 성신석 사실이 점쳐진다는 것이다.

아인슈타인의 $E=MC^2$이 장난스럽게 $E=CM^2$으로 바뀌어도 M, 즉 질량의 중요성은 간과되지 않는다. 나는 이제 번역가 류재화가 아니라 질량이다. 내 직업이나 사회적 자아는 타자를 위한 도구적 인간으로 기능하기 위한 허울 좋은 명예였다. 나는 이제 단백질과 체지방, 근골격과 무기질, 체수분의 총합이다. 나의 에너지, 나의 속도도 이제 나의 질량이 좌우한다. 불필요한 체지방의 감소로 나는 내 미래의 병이 오는 길을 지체시킨다.

운동만이 중요한 게 아니다. 식습관의 완전한 변화, 내 몸에 최적화된 적정량의 소식. 혈당을 높이는 음식들과의 결별, 음식이 아닌 가짜 음식, 죽은 음식들인 초가공식품과의 결별. 아리스토텔레스가 마케로니 알라 노르마 파스타를 먹을 때, 플라톤은 대추야자 몇 알과 무화과 몇 알을 먹었고, 소크라테스는 그리스식 샐러드로 가볍게 배를 채웠다. 다이어트(식이요법) 하나로 이 세 철학자의 서로 다른 세계관을 가볍고 뼈있게 촌철살인 한다. 미소가 절로 지어진다. 화이트저지를 왜 영원한 청년 플라톤이 받았는지 짐작이 간다. 자연론적 유물론에 가까운 아리스토텔레스는 수많은 것들에 관심을 갖는 호기심의 발동자인데, 좀 탄수화물 과다 섭취로 보인다!

포르드발레스를 올라가는 동안 블레즈 파스칼과 니체가 마주치는 장면은 너무나 사랑스럽고 감동적이다. 이곳의 풍광은 가히 놀랄 만한 곡선을 자랑한다. 우리는 파스칼의 바로크적 감수성을 안다. 이 장세니스트의 상수적 피로와 욕망의 제어 의지도 익히 들어 안다. 파스칼의 "생각하는 갈대(Roseau pensant)"의 핵심은 '갈대'보다는 '생각하다'의 현재분사 'pensant'에 있다. 나를 집어삼키는 무한한 세계에 내가 먹히지 않기 위해 나는 춤을 추듯 '생각한다'. 그러나 제도기 컴퍼스의 조작 원리처럼 정교하게, 제한적인 기하학 상태에서 생각하라는 것이다. 다시, 트레이너의 환청이 들린다. "힘들면 포기하지 말고, 생각을 해요, 생각을 하란 말이에요!" 여기서 생각을 하라는 말은 작도(作圖)하듯 내 한계와 역량을 기하학적으로 조직하라는 말이다.

스테이지 4 몽도르프-비텔 구간의 지도를 보면 험준한 협곡이나 고난이도 없이 정말로 지루한 평원 구간이다. 철학을 좀 알면 눈치챘겠지만, 역시나 베르그송이 등장한다. 물리적 시간, 과학적 시간, 객관적 시간과 반대로 지속시간은 그것을 경험하는 사람이 조절할 수 있다. 북아메리카 인디언에게서 많은 영감을 받은 베르그송은 사물과 존재를 명사, 즉 체언으로 굳혀 규정하는 서양의 사고 습관에서 벗어난다. 모든 사물과 존재는 사물과 존재가 아니라 잠깐의 "멈춤" 상태이다. 베르그송은 그것을 창조적 연속성의 "응결된" 형태에 다름 아니라고 말한다. 날아다니는 새도 잠시 멈춘다. 걷는 인간도 잠시 멈춘다. 달도, 별도, 바람도, 나무도, 웅덩이도 그렇게 잠시 멈춘다. 태양도 그렇게 멈춘 '곳'이라면, 신도 그렇게 잠시 멈춘 '곳'이라면. 그렇게 명사로 개념화되고, 통속화될 뿐이다. 그러다 다시 흘러가야 한다. 다시 움직여야 한다.

투르 경기가 거의 끝나갈 무렵, 시상대와 샴페인이 기다리는 샹젤리제보다 영화의 엔딩 신처럼 나른하고 평화롭게, 성취감을 느끼면서도 알 수 없는 우울감이 올라오는 앙브룅 호수 장면이 나는 잊히지 않는다. 소크라테스는 잠시 대열에서 이탈해 앙브룅 호수로 도망친다. 그리고 나르키소스처럼 수면에 자신을, 아니 '나 아닌 나'를 비춰본다. 비로소 왜 이 책의 제목이 "사이클을 탄 소크라테스"인지 더 알 것도 같다. 자신이 몸담고 있는 세계와 일정한 거리를 두기 위해 잠시, 별안간, 사라질 줄도 알아야 하는 것이다. 니체는 소크라테스를 이렇게 명명했다. "소크라테스, 글을 쓰지 않는 자." 니체의 위버멘슈는 내 몸 안에서 일어나는 일이지, 내 밖에서 일어나는 일이 아니다. 우리는 늘 나를 극복하기를 원하지만, 그것이 내가

315

아닌 다른 사람이 된다는 뜻은 아닐 것이다. 내가 내 몸 안에 그대로 머물면서, 그러나 그 안에서 나를 내쫓고, 나를 되던지고, 다시 나한테 되잡힌다. 나를 끝없이 거부하고 부정하고 파괴할 때만 내가 새로 생성되는 이 엄연한 진리.

얼마 전, 투르 드 프랑스 2023 경기가 막을 내렸다. 올해 경기는 스페인 빌바오에서 출발해 샹젤리제까지 총 21구간에 걸쳐 약 3,400킬로미터를 달렸다. 덴마크의 요나스 빙에고르가 슬로베니아의 타데이 포가차르를 누르고 2년 연속 정상에 올랐다. 그리고 우리의 기욤 마르탱은 종합순위 10위에 랭크되었다. 브라보! 자신을 한계까지 밀어붙이는 이 아름다운 스포츠에 철학이 결합된 이토록 기발한 책은 '벨로조프'만이 쓸 수 있을 것이다.

마침 지인 중에 '벨로조프'가 한 분 있어 원고를 교정보는 단계에서 한번 읽어달라고 부탁했다. 매일 한강변을 사이클을 타고 달리는 '벨로조프' 김학명 님에게 감사드린다. 번역 노동자에게 필수적으로 따라다니는 테니스 엘보와 어깨 근육 통증이 최근 내 강도 높은 근력 운동으로 싹 사라졌다. 24시간 몸을 생각할 것을 요구하며 내 근골격계를 책임지고 있는 나인성 트레이너 님에게도 감사드린다. 또 함께 작업해본 적이 한 번도 없었지만 선뜻 번역을 맡겨준, 듣기만 해도 편안해지는 이름의 출판사 '나무옆의자'에도 깊은 감사를 드린다. 마지막으로, 사이클 경주하듯 진도 나가는 것이 제법 힘들었던 스테이지 21구간의 번역을 인내할 수 있게 카페 공간을 내준 가비공방에 감사드리며, 특히 뇌를 강력하게 조여준 스모크 향미의 과테말라 안티구아에도 감사드린다.

류재화

옮긴이 **류재화**

고려대학교 불어불문학과를 졸업하고 파리 소르본누벨 대학에서 파스칼 키냐르 연구로 문학박사 학위를 받았다. 고려대학교, 한국외국어대학교 통번역대학원, 철학아카데미 등에서 프랑스 문학 및 역사와 문화, 번역학 등을 강의하고 있다. 옮긴 책으로 파스칼 키냐르의 『심연들』 『세상의 모든 아침』, 클로드 레비스트로스의 『달의 이면』 『오늘날의 토테미즘』 『레비스트로스의 인류학 강의』 『보다 듣다 읽다』, 발자크의 『공무원 생리학』 『기자 생리학』, 모리스 블랑쇼의 『우정』 등이 있다.

사이클을 탄 소크라테스

초판 1쇄 인쇄 2023년 8월 22일
초판 1쇄 발행 2023년 8월 31일

지은이 기욤 마르탱
옮긴이 류재화
펴낸이 이수철
주 간 하지순
디자인 최효정
마케팅 오세미
영상콘텐츠기획 김남규
관 리 전수연

펴낸곳 나무옆의자
출판등록 제396-2013-000037호
주소 (10449) 경기도 고양시 일산동구 호수로 358-39 동문타워1차 202호
전화 02) 790-6630 팩스 02) 718-5752
전자우편 namubench9@naver.com
페이스북 @namubench9
인스타그램 @namu_bench

ISBN 979-11-6157-153-9 03100